上海市高校085内涵发展专业建设资助项目

运动生物化学

左 群 主编

北京体育大学出版社

责任编辑　吴光远
责任校对　李志诚
版式设计　小　小

图书在版编目（CIP）数据

运动生物化学/左群主编. —北京：北京体育大学出版社，2015.11（2021.5重印）
ISBN 978-7-5644-2120-5

Ⅰ. ①运… Ⅱ. ①左… Ⅲ. ①运动生物化学 Ⅳ. ①G804.7

中国版本图书馆CIP数据核字（2015）第279633号

运动生物化学　　　　左　群　主编

出版发行：北京体育大学出版社
地　　址：北京市海淀区农大南路1号院2号楼2层办公B-212
邮　　编：100084
网　　址：http://cbs.bsu.edu.cn
发 行 部：010-62989320
邮 购 部：北京体育大学出版社读者服务部010-62989432
印　　刷：北京虎彩文化传播有限公司
开　　本：710mm×1000mm　1/16
成品尺寸：170mm×240mm
印　　张：16.75
字　　数：277千字
版　　次：2015年11月第1版
印　　次：2021年5月第5次印刷
定　　价：45.00元

编写委员会

主　　编　左　群

副 主 编　邱俊强

顾　　问　冯美云

编写成员　（按照姓氏笔划顺序）

许春艳　崔玉鹏　阎守扶　韩雨梅

编者的话

运动生物化学是在分子水平上研究运动与机体的化学组成、物质代谢、能量代谢的特点和规律及其相互关系的一门基础学科。运动生物化学是生物化学的一个分支，属于体育科学学科之一。目前运动生物化学的基本原理和技术广泛应用于运动实践中，在运动训练和体育教育专业学生的知识结构中占有重要地位。运动生物化学的基本原理和方法，以及在运动实践中的广泛应用，已成为广大体育工作者从事体育锻炼、体育教学或运动训练不可缺少的理论基础，对运动训练、体育教学、体育锻炼的科学化具有重要指导意义。作为一门直接为运动实践服务的专业基础课，运动生物化学教材的编写就应该强化与运动实践的紧密结合，突出运动生物化学理论知识为体育锻炼和运动训练服务的特点。为了适应这种要求，本书在编写思路、内容和风格上，力求通过案例分析、图文结合、拓展阅读等多种方式，体现和促进运动生物化学基础理论知识与运动实践的结合和运用。

全书共分为 3 大部分，第 1 部分运动生物化学的基础知识，主要介绍人体的基本化学组成，包括糖、脂类、蛋白质、核酸，以及水、无机盐和维生素，同时介绍酶和生物氧化过程；第 2 部分介绍运动时骨骼肌的物质代谢、能量代谢和利用，以及运动能力的生物化学；第 3 部分为运动训练和体育锻炼的生物化学，着重介绍运动生物化学知识在运动实践中的应用。全书编写分工如下：绪论和第 8 章（阎守扶教授，首都体育学院）；第 1 章（许春艳副教授，北京体育大学）；第 2、3、4、7 章（左群副教授，上海体育学院）；第 5、11 章（崔玉鹏教授，首都体育学院）；第 6 章（韩雨梅副教授，山西大学）；第 9、10 章（邱俊强教授，北京体育大学）；冯美云教授对本书在结构框架和撰写要求等方面给予了极大的帮助和指导。

本书适用于体育院校运动训练、体育教育、休闲社会体育等专业本科学生使用，同时也适用于运动人体科学、运动医学或相关专业学生使用，运动人体科学专业研究生的教学也可参考使用。各专业学生在使用时，教学内容可按学生培养目标和学时情况加以选择利用。

教材编写过程中，全体参编人员认真负责，付出了大量心血。由于时间比较仓促，加上编写人员的水平和经验有限，书中尚存在许多不足之处，敬请批评指正。希望在今后的教学实践中，不断修正、完善和补充新的内容，使本书的质量得到进一步的提高。

本教材的编写和出版得到了上海体育学院的大力支持，教材在编写过程中参考和引用了其他教材和著作的研究成果，在此一并表示感谢！

目 录

绪 论

［本章要点］ 客观认识什么是运动生物化学，是学好、用好本门课程内容的基础。本绪论主要介绍运动生物化学的概念、任务和历史；分析运动生物化学的特点、原理和短板。同时还将讲述如何学习运动生物化学、运动生物化学运用的基础和运动生物化学的文献资源。

［重点名词］ 运动生物化学；课程；原理

一、什么是运动生物化学

（一）运动生物化学的概念

学习一门课程，通常是从对这门课程名称的理解开始的。

作为一门课程的名称既是对课程最本质的认识，也是对课程内涵和外延的确切而简要的说明。因此，对课程名称的理解不仅会影响到对该课程特质和边界的认知，而且还会影响到如何运用所学知识来思考问题。

课程从属于专业，课程主要是依据专业的培养目标而选定与之关系最为密切的知识，然后按照一定的排列组合形式和具体的教学要求而设定的。所以，对课程名称的解释，一方面会受到课程为谁而设、目的是什么的限制，另一方面也明显地受到人们认知的限制，带有明显的主观色彩。由此，我们会看到，同样是“运动生物化学”，在不同的教科书或学术专著中存在有不同的解释。但在涉及“运动生物化学”最本质的核心词语方面却是一致的，例如分子水平、代谢、运动和规律等(表0－1)。

表0-1 部分作者对运动生物化学的解释

序号	作者	书名	定义	出版社	时间
1	冯炜权等	运动生物化学原理	运动生物化学是从分子水平上研究人体在运动时人体化学组成以及物质和能量代谢的规律，特别强调，在掌握运动对身体化学变化的理论基础上为训练科学化、锻炼科学化、康复科学化等提供科学的手段、评定指标及运动处方的依据等……	北京体育大学出版社	1995
2	许豪文等	运动生物化学	运动生物化学着重于研究生物体在进行运动时体内发生的化学变化（代谢反应）以及在进行体育锻炼引起体内分子水平上适应性变化的一门学科	高等教育出版社	1998
3	谢敏豪等	运动生物化学	运动生物化学是生物化学的分支，是从分子水平研究运动人体的变化规律的学科	人民体育出版社	2008
4	张蕴琨等	运动生物化学	运动生物化学是研究人体运动时体内的化学变化即物质代谢及其调节的特点与规律，研究运动引起体内分子水平适应性变化及其机理的一门学科	高等教育出版社	2006

那么，什么是我们所说的运动生物化学呢？

（1）我们可以从对运动生物化学这个词的构成来理解。运动生物化学由运动、生物和化学3个词组组成，其中，化学是整个词语的核心。生物修饰化学，运动修饰生物化学。因此，化学既是运动生物化学最本质的特征，也是我们认识运动生物化学的基础，且涵盖面最宽。生物是将“化学”限制在有生命的物体中，而运动则是把生命体中的各种化学变化内容抑或研究限制在运动的范畴。因此，运动生物化学是生物化学的分支，生物化学是在化学的基础上演变而来。

（2）对化学、生物和运动3个词语内涵的理解，既是我们建立运动生物化学思维方式的基础，也是运用运动生物化学理论与方法进行评价的依据。目前，人们对化学的解释，认为化学是研究物质的组成、结构、性质和变化规律的学科，例如水的分子结构、乳酸的化学性质、葡萄糖分子的分解与合成的规律等。生物是指“自然界中所有具有生长、发育、繁殖能力的物体。生物能通过新陈代谢作用与周围环境进行物质交换。动物、植物、细菌、病毒等都是生物（引自《现代汉语词典》第5版，商务印书馆，2005）”。生物化学是人们主要运用化学的原理与方法，研究各种生命物质的变化及变化规律的一门学科，简称生命的化学。运动有2层含义：一层是指人们的体力活动，特别是指人的各种体育运动；另一层是指竞技运动，如运动员在训练、比赛和恢复等过程中发生的变化。因此，运动生物化学所关注的问题，既有普通人在体力活动，特别是体育锻炼中的机理是什么，也有运动员的训练、比赛的理论基础和评价手段。

（3）本教材对象主要是以体育教育、运动训练和休闲社会体育专业本科学生为主体。虽然3个专业的培养目标各不相同，但总体上可以划分为2个方面的内容：一方面是普通人，特别是儿童青少年体力活动及体育锻炼对身体健康的促进作用和运动习惯养成的理论与方法；另一方面是运动员或普通人在运动训练过程中的科学依据和评价手段。

因此，我们所说的运动生物化学主要是指运用生物化学的原理与方法，从分子水平上研究普通人体力活动和/或运动员训练、比赛中能量变化规律：评价身体适应性改变的程度或运动对机体产生的实际效应的一门课程。其中，能量变化的规律包括能量储备的变化、产物的变化和控制能力的变化；评价的部分包括评价指标的筛选、样品采集的手段、测试仪器工作条件的建立以及指标的数据处理等内容。

思考：

为什么说学习一门课程要从认识这门课程的名称开始？

（二）运动生物化学的任务

从运动生物化学自身的发展来讲，主要有4个方面的任务：一是研究身体化学组成的相互作用与运动能力的关系；二是研究运动时代谢过程的相互关系及其调节；三是研究运用生物化学原理与方法控制运动训练过程的技术与手段；四是研究运动促进身体健康、增强体质、科学锻炼的生化规律和评价机制。

从专业培养的目标与要求来讲，通过学习运动生物化学这门课程，一方面可以使我们正确运用运动生物化学的原理与方法，认识普通人或运动员在运动中能量代谢的变化特点和基本规律，为体育教学、运动训练以及指导普通人进行体育锻炼提供理论依据和评价手段；另一方面与相邻学科，诸如运动生理学、运动营养学、运动训练学和医务监督等课程共同建构起作为体育教育专业、运动训练专业和休闲社会体育专业学生的知识架构。

（三）运动生物化学的历史

我们可以从 2 个方面了解运动生物化学发展的历史轨迹。

从研究的窗口看（图 0－1）：首先，运动生物化学的产生滞后于生物化学。生物化学经历了 3 个阶段，即 19 世纪末以前的叙述生物化学阶段、20 世纪上半叶的动态生物化学阶段和 20 世纪 50 年代生物化学发展的分子生物学阶段。从时间节点看，一方面运动生物化学的发展也经历了 3 个阶段，即运动生物化学的萌芽阶段、运动生理生化阶段和运动生物化学独立发展阶段；另一方面运动生物化学明显受到生物化学研究进程和研究成果的影响，例如酶的概念、三羧酸循环、DNA 双螺旋模型和 PCR 技术的产生等都对运动生物化学的发展产生过巨大的影响。其次，就是人体生理学和运动生理学的研究进展也是运动生物化学发展的重要动力。例如人们在研究骨骼肌的结构与功能和运动能力的过程中，经历了从骨骼肌的解剖特征，到肌纤维的类型，再到骨骼肌的滑行学说，最后过渡到骨骼肌收缩的分子机制。正是这一系列的研究使人们对骨骼肌的认识逐步从生理走向了生化。第三，运动生物化学的发展与体育科学的发展，特别是竞技体育以及竞技体育的商业化的发展也有着密不可分的联系。例如，在运动员运动水平不断提高的同时，运动成绩增加的空间也在日趋减小，运动员之间的竞争却愈演愈烈。因此，在运动员的选材、运动训练的控制、体能的恢复等方面，无论是对指标量化程度，还是综合评价的准确度都不断提出了更新、更高的要求。运动生物化学成为了竞技体育最为重要的理论基础和技术支撑之一。

知识库：

以史为鉴，可以明得失，以史为鉴，可以知兴替。

了解一门课程的历史轨迹是我们学好一门课程的重要基础。运动生物化学和我们学习的所有课程都一样，都有其自己发生、发展的缘由和脉络。其中，人的认知能力、思维方式和科学技术的发展水平都会直接、间接地影响到人们对物质世界的研究进程。有的时候是人们的研究促进了技术的发展，有的时候是技术的进步推动了研究的速度。

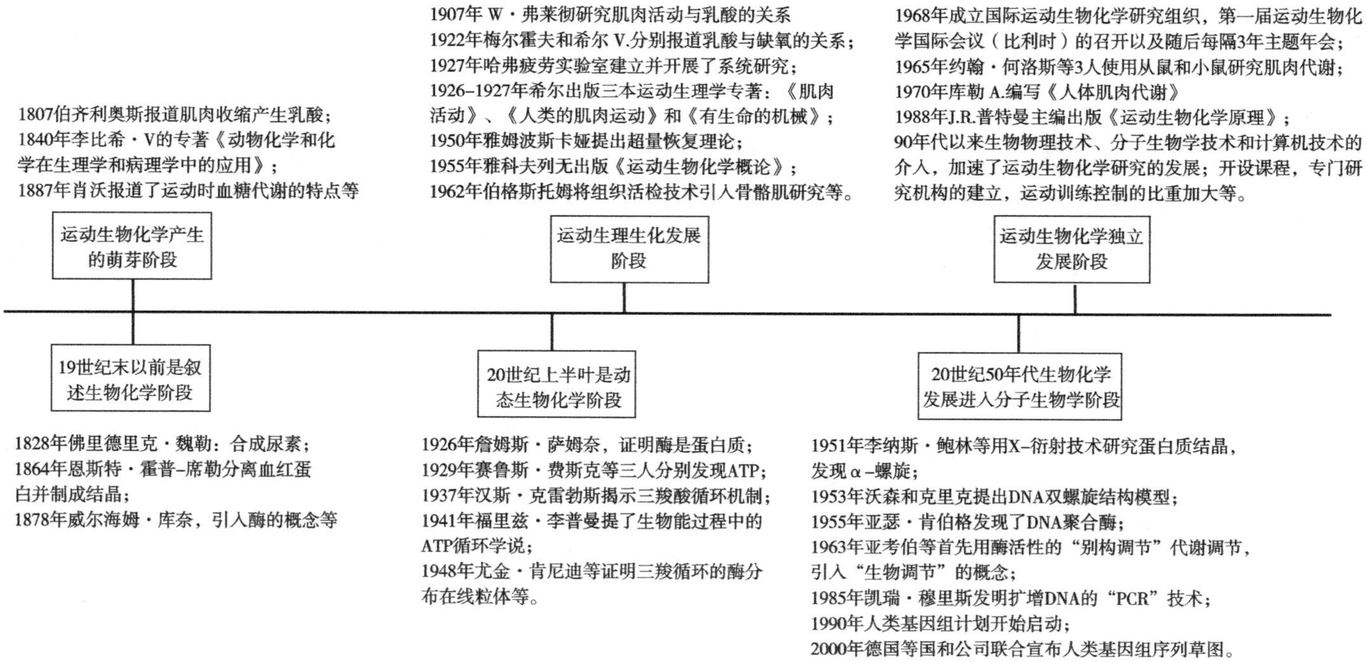

图0—1 生物化学和运动生物化学研究发展历史

从“家谱”的构成来看：运动生物化学“家族”的祖先是物理学、医学和化学。一个学科在自身发展的同时，不仅会受到相邻学科的影响，还会在共同发展的过程中，逐渐形成独立的理论体系和专有技术。由此，通过图 0－2 我们可以看到运动生物化学是运动生理学和生物化学的“孩子”。运动生理学是人体生理学和体育学“联姻”的结果，医学和化学的结合产生了生物化学，医学和物理学的结合产生了人体生理学。

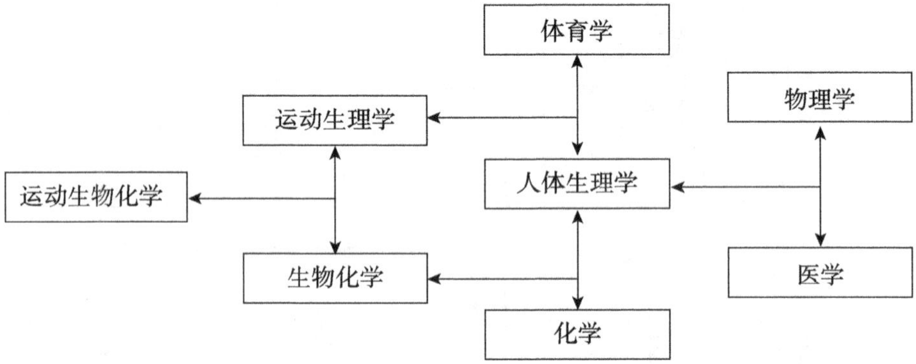

图 0－2　运动生物化学学科发展谱系

了解“家谱”，除了对运动生物化学学科发展过程的了解有帮助外，对于认识运动生物化学与相邻学科的关系也具有积极的帮助作用。例如我们可以从相邻 2 个学科的结合部选择研究的新的增长点；我们可以充分利用一个成熟学科的理论探索一个前沿问题，我们还可以借助新技术研究一个“古老”的问题。所以学科之间是可以互补共赢的。

提问：

按照“家谱”的方式，描述一下你最喜欢、最熟悉的一门课程。

二、运动生物化学的特点

（一）运动生物化学的特点

（1）在分子水平上研究运动过程中机体的应激特点或适应性改变的基本规律。

（2）能量代谢是贯穿运动生物化学的主线。从“原材料”糖、脂肪、蛋白质和维生素等的获得、体内的贮存到能量产生的环境条件与控制，再到能量的转换、代谢终产物的去留等，无一不是在能量代谢这条线索上展开的。

（3）糖、脂肪和蛋白质拥有各自稳定的代谢途径，运动无法改变代谢途径和分子间的逻辑关系。通过运动训练改变的仅只是机体代谢的调节控制和适应能力。

（4）运动生物化学既是构成运动训练理论与方法的重要理论基础之一，也是精确评价运动训练效果的常用手段之一。目前，运动生物化学已成为所有竞技运动项目科学管理中不可或缺的重要组成部分。

（二）运动生物化学的原理

知道运动生物化学的原理是什么，对于我们学好、用好运动生物化学具有十分重要的意义。关于对运动生物化学原理的解释，一般可以从生命本身的基本活动规律为出发点或者是以运动与机体生命活动的关系基础为出发点来认识什么是运动生物化学的原理。

（1）活的有机体与无生命物体的区别何在呢？主要有3个方面：一是它们的化学复杂性和结构组织性的程度。数千种不同分子组成细胞内错综复杂的内在结构，与之相比，无生命物质则为相对简单的化合物。二是活的有机体能从它们所生活的周围环境中摄取、转化并利用能量。这种能量能使有机体构建和维持它们体内复杂的结构，以及做机械、化学、渗透和别的形式的功。无生命物质不能以一种系统的、动态的方式利用能量来维持其结构和做功，相反它们更趋向于像一种无序的状态衰减，最终与其周围环境达成平衡。三是有机体的自我复制和自我组装能力，这正是生命的精髓之所在。

（2）代谢中能量的产生和消耗。在生物化学中，能量是一个中心问题。细胞和有机体依赖不断的能量供应阻止自然界中某一系统的能量总是衰减到最低状态这种趋势。信号的储存和表达需要消耗能量（图0-3），没有能量，富含信息的结构将不可避免地变得无序和无意义。细胞内发生的合成反应就像短跑选手的运动需要消耗能量。

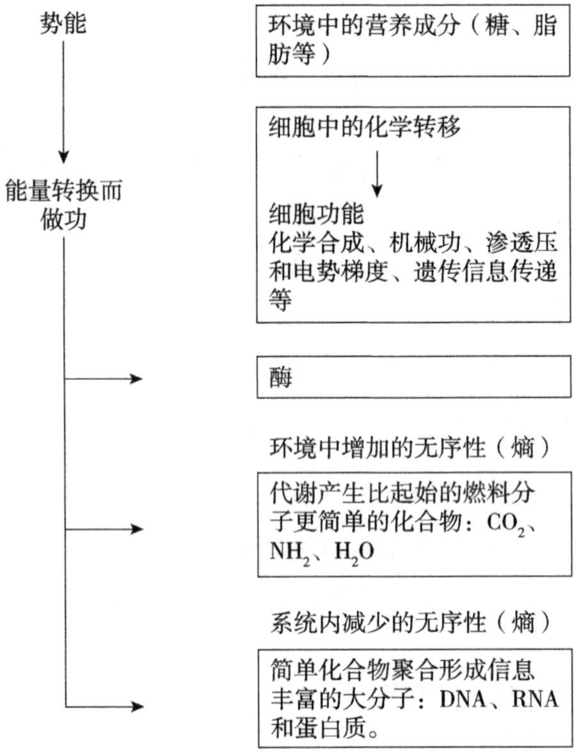

图0－3　能量的获取与细胞内能量变化

（3）生物电信息的传递。生命的延续需要其遗传信息以一种稳定形式被维持。遗传信息的有效贮存和准确表达决定了生命的特性，并确保它们在一代接一代的传递中保持连续性。

从运动与机体生命活动的关系基础来解读何谓运动生物化学原理时，对运动负荷与时间、应激与适应、变化与生化指标之间关系的理解和对所发生变化的认识是关键（图0－4）。

运动负荷和运动时间是自变量，它的不同排列组合形式形成了不同的运动刺激。人体接受这种刺激所发生的变化，完全遵循应激与适应的变化规则。其中，应激程度与运动刺激之间是一种对应关系，而适应性改变的程度则是受到时间因素的影响。在时间因素部分，一是运动持续的时间，二是间歇的时间。其中，间歇的时间不容忽视。

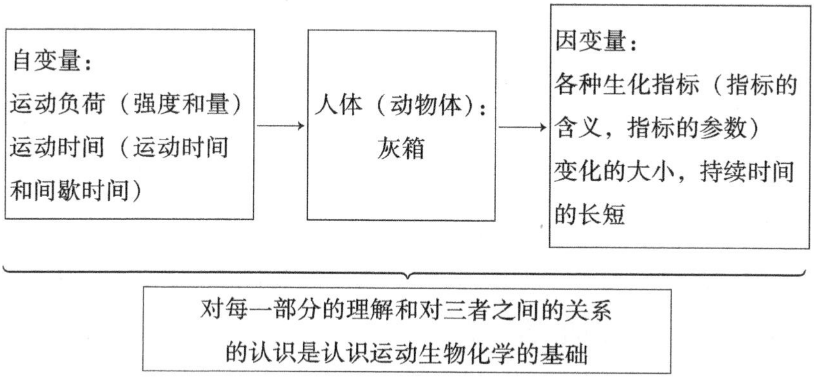

图0－4　实验三要素与运动生物化学

各种生化指标是因变量，其变化的大小与运动刺激和承受刺激机体的状态关系密切。因此，运动生物化学是通过对运动刺激和指标变化来评价、分析机体的应激和适应性改变的规律与程度。

到目前为止，已有的研究成果还无法证明运动可以改变糖、脂肪和蛋白质等的代谢途径。体内的各种代谢均受到生命活动规则的限制而无法超越。因此，运动生物化学：一是通过研究运动时代谢基质和代谢过程之间的相互关系以及运动时物质代谢调节的变化来认识运动对机体的影响；二是通过研究运动时细胞间信号转导与机体化学组成之间的相互关系来认识运动对机体的影响；三是积极发挥新技术和新设备的优势，运动生物化学已经从单纯地围绕能量代谢、酶水平控制逐渐过渡到基因多态性、基因芯片和核酸测序等分子生物学水平的研究。

思考：

为什么说能量的产生与利用是运动生物化学的核心问题？除此之外，你还能联想到什么？

（三）运动生物化学的短板

任何一门学科在拥有自身优势的同时，一定存在着自己力所不能及的地方。从认识层面上看，运动生物化学主要是从分子水平反映机体在运动过程中发生变化的特点和规律，而决定机体运动能力的因素则是多水平、多因素的；从技术层面上看，运动生物化学依赖仪器设备所提供的技术条件和参数范围，对测试环境有比较严格的要求，而在运动实践中，许多时候不可能都具备测试所需要的基本条件。从可操作性来看，大部分运动生物化学指标的采集都有损伤性，其中血液指标是可测试指标的主要载体。但从运动员可接受程度的来看，有创比无创采样的可接受性要低。

三、如何学习运动生物化学

（一）学习运动生物化学的方法

（1）对一门课程产生浓厚的兴趣是学好这门课程的关键。在学习运动生物化学的过程中，运动生物化学对运动能力的解释、运动生物化学提供的研究或测试手段、运动生物化学提供的评价指标和解释等，为我们打开了一扇认识人体运动的窗户。通过学习我们可以看到身体在运动中的各种变化，在发现这种变化并加以科学的解释，按照获得的数据调控运动负荷使被训练者按照预期目标发展等过程中获得最大的挑战和乐趣。诚如孔子所说："知之者不如好之者，好之者不如乐之者。"除此之外，在学习运动生物化学的过程中，一定会遇到许多问题，因此克服畏难情绪，保持学习的积极性也是学好运动生物化学的关键。因此，在学习过程中，可以先从简单的总结开始，然后逐渐加大难度。例如对糖的生物学功能的总结，可以先简单总结糖的生物学功能有哪几个方面，然后再进一步归纳总结每一个功能的缘由。这样做既可以步步深入，又能够难点分散，便于记忆和理解。

（2）运动生物化学是一门具有严密的逻辑性和系统性的学科，每一个章节互相联系、前后呼应。各个章节内的知识点也存在着密切的关系。对于这些联系，应该按照它们之间内在的规律理清脉络。例如能量代谢是运动生物化学的主线。我们可以把它看作是"树干"，章节为"枝条"，具体内容为"树叶"。除此之外，我们在学习时还需要不断地横向比较一些知识，例如糖酵解与糖的有氧氧化，糖、脂肪和蛋白质分解产能过程的异同点等。

（3）重视实验课的学习。运动生物化学是一门实践性很强的课程。一般来说实验课的作用体现在 2 个方面：一是通过实验课验证课堂讲述的各种原理或现象，从而加深对所学内容和概念的认知；二是通过实验课的学习掌握基本的实验技能，培养科学精神，养成科学研究的习惯。所以，积极参与实验课的学习是学好运动生物化学这门课程最好的方式之一。

（4）积极关注运动生物化学发展的新动态、新成果和新技术，有助于我们开阔思路、深入理解问题，为进一步充实自己的知识储备和发展潜能奠定扎实的基础。与此同时，坚持查阅文献，不断累积自己的“资源库”，对于加深理解何谓运动生物化学、更加自如地运用运动生物化学解决问题、提高自己的思辨能力同样也是极其重要的。

（5）在学习运动生物化学的过程中，积极联系自己身边的实际问题，不断地运用所学知识和技能，尝试性地去解释它、研究它也是我们学好运动生物化学的好方法。例如体育教育专业的学生可以关注中小学生在体育锻炼中身体所发生的变化与他们体质的关系；运动训练专业的学生则可以研究运动负荷与运动时间与运动效应之间的量效关系、时效关系和构效关系；而休闲社会体育专业的学生则可以积极关注体育锻炼对慢病的控制作用等。

思考：

为什么说学习方法很重要？什么是共性的地方，什么是学习运动生物化学需要专门注意的？

（二）运用运动生物化学的基础

（1）问题。就问题本身而言，一方面是产生它的各种因素。实际上这是一个非常复杂的问题，在我们的实践中是无法穷尽的，并且人们对问题的认识还会受到主观和客观因素的限制，因此，人们对问题的认识是有限度的。另一方面人们可以从不同的视角来关注某一个问题。例如我们可以从运动生理学或者是运动心理学的角度来研究运动员的比赛发挥问题。因此，我们在运用运动生物化学的时候，选择什么样的问题，特别是借助运动生物化学能够帮助我们发现什么、获得什么、解释什么，是我们考虑运用运动生物化学的重要前提。

（2）条件。许多运动生物化学技术对实验环境、仪器工作条件和样品处理都有明确的，甚至有些是非常苛刻的要求。因此，在运用运动生物化学技术开展实验研究或者是实施监控时，不仅要对仪器设备工作的环境条件、仪器设备、所需要的试剂标准清楚外，还要根据研究的实际需要选择具体的测试仪器和方法。选择的主要依据是，在能满足仪器工作条件的基础上，精度、效度、可获取指标种类和可操作性是选择标准。

（3）统计。对所获得的运动生物化学检测指标的数据处理是我们能否充分挖掘这个指标所携带信息的关键。因此，我们在运用运动生物化学研究运动中的问题时，除了提出研究假设、设计研究思路、确定研究方法之外，选择什么样的统计方法也是非常重要。在选择统计方法上，选择对的统计方法，远比正确完成计算过程更重要。

（4）文献。文献是我们获取信息的主要途径。通过查阅和所掌握的文献资料，可以知道都有谁在同样关注着我们所关注的问题；这些关注者都使用了什么样的研究方法与手段；这些关注者都有哪些观点或结论性的内容。我们可以充分利用文献提供的这些信息，选择我们的切入点和研究的基础，从而使我们的研究更加充分，更具有可持续性。

（三）运动生物化学的文献资源

（1）教材。目前，我国运动生物化学教材有 2 个大的类型。一类是以高等师范院校为主体的《运动生物化学》（简称高师版）和以体育学院为主体的《运动生物化学》（简称体院版），迄今依然保持这种格局，先后各自进行过 4 次以上的修订或改编。其中最主要的变化：一是从竞技体育为主体，逐渐转向竞技体育与大众健身并存；二是从理论逐渐向实践转变，实践部分，特别是一些新的研究成果和新的生化技术越来越多地纳入教材。除此之外，越来越多的独立作者或作者群体编写的《运动生物化学》教材的出现，极大地丰富了《运动生物化学》的教材资源。

谢敏豪，等主编. 运动生物化学. 人民体育出版社，2008.

张蕴琨，等主编. 运动生物化学. 高等教育出版社，2006.

冯炜权，等主编. 运动生物化学原理. 北京体育大学出版社，1995.

Viru. A. Viiru. M. Biochemical Monitoring of Sports Training，Human Kinetics，2001.

Poortmans J. R. Principles of Exercise Biochemistry（3rd）. Karger，2004.

（2）学术专著和相关专业书籍。最近几年有关运动生物化学的学术专著的出版种类和数量也在增加。例如许豪文编写的《运动生物化学概论》（高等教育出版社，

2001 年）和冯炜权等编写的《运动生物化学研究进展》（北京体育大学出版社，2006 年）。翻译出版的运动生物化学专著，当属 1982 年人民体育出版社出版的恩·恩·雅科夫列夫的《运动生物化学》和 2006 年出版的运动医学百科全书七卷本，其中 R·J·谢泼德等主编的《运动耐力》、帕沃·V·科米主编的《体育运动中的力量与快速力量》、芭芭拉·L·德林克沃特主编的《女子体育运动》和奥迪特·巴尔－奥尔主编的《儿童与青少年运动员》都大量涉及到运动生物化学的最新研究成果。除此之外，运动生理学、运动营养学等领域的许多图书也在不同程度涉及到运动生物化学所关注的问题和研究的内容。

（3）公开课视频资源。通过网络我们可以搜索到许多与运动生物化学相关联的视频资源。其中，国内外著名大学或教育机构拍摄的公开视频课程，是我们学习运动生物化学、拓展认识问题、选择研究方向、解释研究结果的重要帮手。

教育部 中国大学视频公开课程：http：//www. icourses. cn/cuoc/.

新浪网 新浪公开课：http：//open. sina. com. cn/.

搜狐网 搜狐视频 教育：http：//tv. sohu. com/open/.

超星学术视频 http：//ssvideo. chaoxing. com/login. asp.

（4）网络资源。只要有网络，我们在任何一个终端，任何一个时间点，只要我们输入想要查找文献的关键词，搜索引擎就可以帮助我们查到尽可能多的同类文献资源供我们选择。

美国运动医学会 http：//www. acsm. org/.

美国生理学会 http：//www. the－aps. org/.

英国运动医学杂志 http：//bjsm. bmj. com/.

中国知网 http：//www. cnki. net/.

本章小结

运动生物化学是运用生物化学的原理与方法，从分子水平上研究普通人体力活动和/或运动员训练、比赛中能量变化规律，评价身体适应性改变的程度或运动对机体产生实际效应的一门课程。运动生物化学主要有 4 个方面的研究任务：一是研究身体化学组成的相互作用与运动能力的关系；二是研究运动时代谢过程的相互关系及其调节；三是研究运用生物化学原理与方法控制运动训练过程的技术与手段；四是研究运动促进身体健康、增强体质、科学锻炼的生化规律和评价机制。从生命本身的基本活动规律为出发点或者是从运动与机体生命活动的关系基础为出发点介绍了什么是运动生物化学的原理和短板。从学习的动机、运动生物化学的特点介绍了运动生物化学的学习方法，什么是是运用运动生物化学的理论和技术的基础，同时介绍了学习运动生物化学的文献资源。

思考题：

1. 为什么会有不同的运动生物化学的定义，它们的共性在哪里？差异在哪里？

2. 为什么学习一门课程需要了解这门课程的历史？

3. 如何认识运动生物化学的特点、原理和短板？如何理解三者之间的关系？

4. 为什么说运用运动生物化学的基础包括问题、条件、统计和文献4个方面的内容？你如何看这4者之间的关系？

（阎守扶）

第一章　机体的化学组成

[本章要点]　人体是由糖类、脂类、蛋白质、核酸、水和无机盐等分子组成。核酸是遗传的物质基础，蛋白质是构成生物体细胞结构的基本物质。糖类、脂类是人体安静及运动时能量来源的主要物质。水、无机盐、维生素的含量及代谢平衡对人体正常的生理功能和运动能力均起着重要的作用。本章主要阐述上述物质的组成、结构和生物学功能。

[重点名词]　糖类；脂类；脂肪酸；蛋白质；氨基酸；常量元素；微量元素；维生素

在人体的化学组成中，糖类、脂类和蛋白质是主要组成成分，也是运动时能量的主要来源。作为遗传物质基础的核酸，对生命活动起着决定性的作用。水和无机盐构成机体的内环境，在维持体内酸碱平衡和渗透压平衡中发挥着重要作用。维生素和微量元素则对酶的催化活性起着辅助作用。这些化学组成各司其职，共同维持机体的正常生理机能。

第一节　糖　类

糖（carbohydrate）是自然界分布最广的生物分子，是构成生物体的重要成分之一，约占人体干重的 2%。按作用分，人体内的糖主要有结合糖和自由型糖 2 类，糖脂、糖蛋白等属于结合糖；自由型糖又以游离态和化合态 2 种形式存在，其中糖原（化合态）是糖的储存形式，血液中葡萄糖（血糖，游离态）是糖的运输形式。

一、糖类的化学组成及分类

（一）糖类的化学组成

糖类是一类多羟基醛和多羟基酮及其缩聚物和衍生物的总称。所有的糖都含有碳（C）、氢（H）、氧（O）3种元素，大部分糖分子内H、O元素的原子个数之比为2:1，与水一致，所以糖类可以用通式 $C_n(H_2O)_n$ 表示，也被称为碳水化合物，实际上，糖类分子中是不含水分子的，只是人们习惯使用而已。有些糖的元素组成并不一定符合这一规律，例如脱氧核糖（$C_5H_{10}O_6$）；有些元素组成符合这一规律的化合物并不是糖，如乳酸（$C_3H_6O_3$）。

（二）糖的分类

糖类按照其水解程度可分为单糖、寡糖和多糖3类。

1. 单　糖

单糖是最简单的糖，根据分子内所含碳原子的数目，单糖可分为丙糖、丁糖、戊糖、己糖等。机体内重要的戊糖有核糖和脱氧核糖，是核糖核酸和脱氧核糖核酸的组成成分。重要的己糖主要有葡萄糖、果糖和半乳糖，3者的化学式都是 $C_6H_{12}O_6$。

（1）葡萄糖。葡萄糖（图1－1）既是生物体内最丰富的单糖，又是许多寡糖和多糖的组成部分。有些糖类全部都由葡萄糖构成，如淀粉；有些糖则是由葡萄糖和其他单糖化合而成，如蔗糖。葡萄糖较少以单糖形式存在于天然食品中。

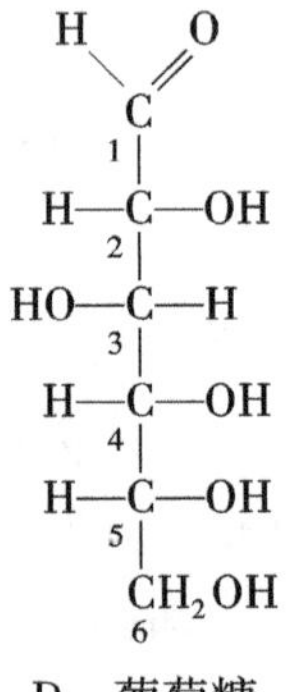

D－葡萄糖

（直链式）

图1－1　葡萄糖的分子结构

（2）果糖。果糖（图 1－2）是糖类中甜度最高的糖，大量存在于水果和蜂蜜中。果糖与半乳糖只有在肝脏内转变为葡萄糖后才能被机体利用。

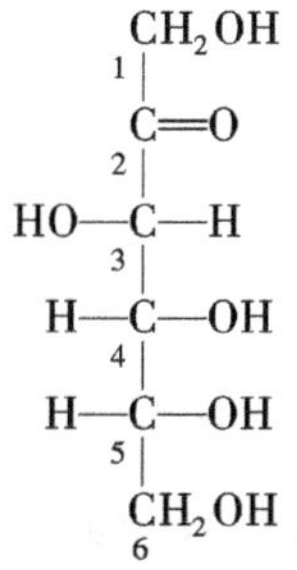

图 1－2　果糖的分子结构

（3）半乳糖。半乳糖与葡萄糖及果糖分子组成相同，但结构却不同。自然界中，半乳糖不以游离形式存在，母乳中半乳糖在体内合成，并非从食物中直接获得。

2. 寡　糖

寡糖又称低聚糖，由 2～10 个单糖分子以糖苷键结合而成。在细胞内，含有 3 个以上单糖分子的寡糖都不是游离的，而是与脂类或蛋白质形成复合糖。常见的寡糖是二糖，由 2 分子单糖缩合而成，如麦芽糖、蔗糖和乳糖等（图 1－3）。

（1）麦芽糖。由 2 分子葡萄糖以糖苷键结合而成。淀粉消化过程中就会产生麦芽糖。化学式为 $C_{12}H_{22}O_{11} \cdot H_2O$。

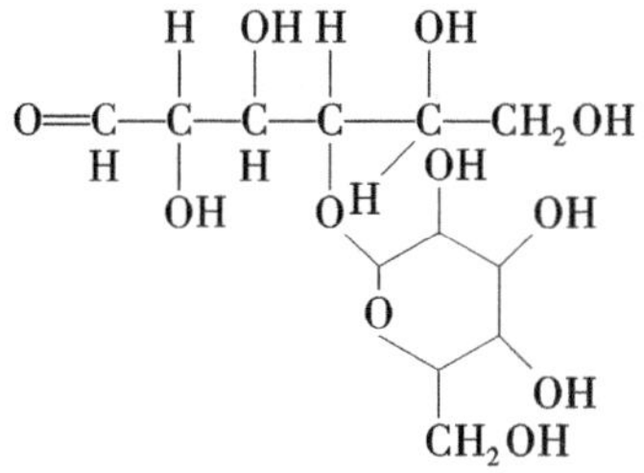

图 1－3　麦芽糖的分子结构

（2）蔗糖。蔗糖是自然界分布最广的二糖，由 1 分子葡萄糖和 1 分子果糖组成。甘蔗、甜菜中蔗糖含量较多。化学式为 $C_{12}H_{22}O_{11}$。

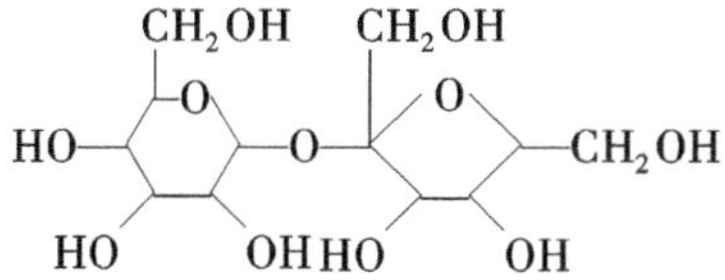

图 1－4　蔗糖的分子结构

（3）乳糖。乳糖由 1 分子葡萄糖和 1 分子半乳糖缩合而成，存在于乳制品中，如牛奶中含有的糖就是乳糖。化学式为 $C_{12}H_{22}O_{11}$。

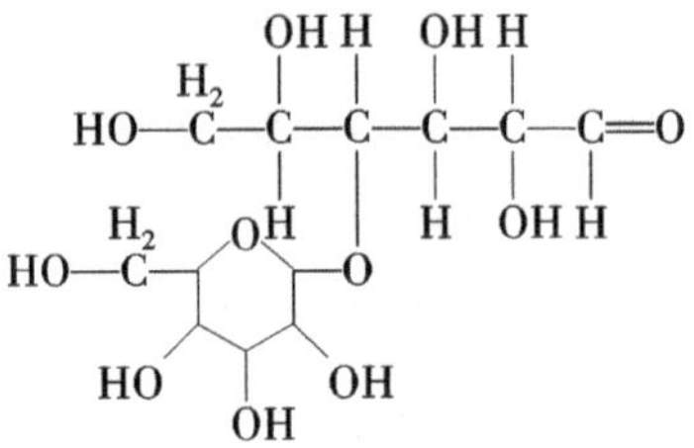

图 1-5　乳糖的分子结构

3. 多　糖

多糖是由 10 个或 10 个以上单糖分子组成的高分子化合物，结构复杂，数量和种类众多。比较重要的多糖有 3 种，分别是淀粉、糖原和纤维。

（1）淀粉。淀粉主要存在于植物的根茎和种子中，是植物存储葡萄糖的主要形式。淀粉是人类最经济的能量来源，被水解为葡萄糖后，经过氧化释放能量。

（2）糖原。糖原又称动物淀粉，是葡萄糖在动物体内的储存形式，主要存在于肝脏和肌肉中，分别称为肝糖原和肌糖原。糖原（图 1-6）的链较长且分支较多，有利于糖原快速降解，提供能量。化学式为 $C_{24}H_{42}O_{21}$。

（3）纤维素。纤维素是自然界中分布最广的一种多糖，是植物细胞的主要结构成分。人体无法消化纤维素，但食物纤维素具有减少胆固醇的吸收等重要作用。

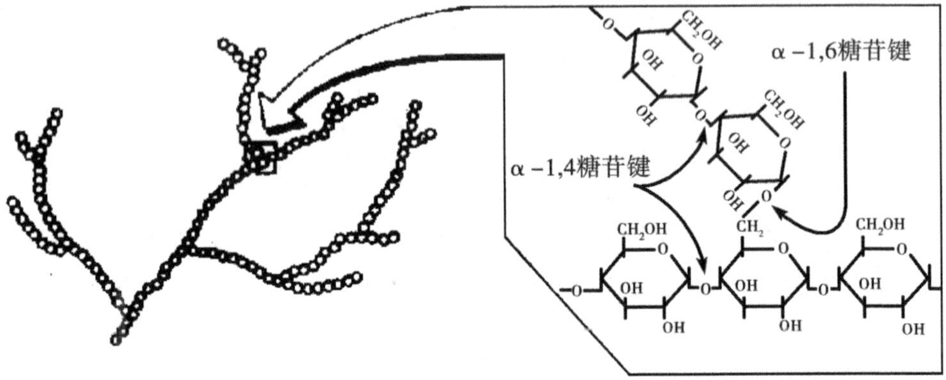

图 1-6　糖原的结构

二、糖的生物学功能

（一）糖在人体内存在形式与储量

正常人体内运输形式的血糖和储存形式的糖原共计约500 g，运动员可达550～750 g。

1. 血　糖

血液中的葡萄糖称为血糖。血糖是糖的运输形式，可供各组织器官利用。血糖浓度通常比较稳定，正常人空腹血糖值为3.89～6.11 mmol/L。血糖主要为大脑和红细胞提供能量，血糖浓度保持相对恒定具有重要的生理意义。血糖浓度过低，会出现脑功能障碍，产生头晕等现象，甚至出现低血糖昏迷。耐力运动中，当血糖浓度显著降低时，会出现中枢神经系统机能紊乱，机体出现疲劳。

2. 糖　原

人体内的糖原以糖原颗粒形式存在于细胞质，在肌肉和肝脏中合成并贮存。其中，肌糖原约为肌肉重量的1%～2%，总重量大约350～400 g，约占体内糖原总储量的75%，耐力项目运动员肌糖原储量更为丰富。肝糖原占肝重的5%～10%，总量约75～100 g。肝糖原含量受饮食因素的影响较大，空腹7～8 h肝糖原储量几乎耗尽。

肌糖原可提供运动时骨骼肌所需要的能量，尤其是维持高强度和持久运动时的能量；肝糖原分解释放葡萄糖以维持血糖浓度。

思考：

某马拉松运动员赛前紧张，无食欲，空腹参加比赛，结果未到赛程一半即退出比赛。为什么？试分析其原因。

（二）糖的生物学功能

1. 构成身体成分

糖是组织细胞的重要组成成分，人体各组织、器官均含有糖类。如核糖和脱氧核糖组成细胞中核酸的成分；有些多糖是骨关节的润滑剂，如糖胺聚糖中的透明质酸存在于皮肤、眼的玻璃体等结缔组织中，起润滑和保护作用。有些多糖与蛋白质和脂类结合形成复合糖，参与信号传导。

2. 提供机体所需的能量

人体正常生理活动中，60% ~70% 的能量由糖提供。同时，糖是人体运动时重要的能源物质之一。1 g 葡萄糖在体内完全氧化分解可释放约 17 kJ 的能量，同时，糖在无氧条件下也可以分解供能，所以糖能为肌肉在不同运动状态下提供能量。

3. 调节脂肪代谢

在糖的参与下，体内脂肪才能完全氧化并释放能量。如果糖摄入量过少，部分脂肪不能被完全氧化，其产物酮体具有酸性，酮体的大量堆积会使机体发生酮性酸中毒。因此提高体内糖储备和利用，可以调节脂肪代谢，减少酮体的生成。

4. 降低蛋白质分解

体内蛋白质主要起维持细胞结构和组织再生的作用，满足机体生长需要，供能作用相对较少。但是，当体内糖储备明显下降时，蛋白质参与氧化供能的比例会增加。因此，机体保持足够的糖储备，有利于减少蛋白质的供能和消耗。

第二节　脂　类

脂类（1ipids)）被定义为生物系统中存在的不溶于水的（或微溶于水的）有机化合物，是维持生命所必需的营养物质。脂类不仅参与机体的物质和能量代谢，还广泛地参与机体代谢的调节。

一、脂类的化学组成及分类

（一）脂类的化学组成

脂类都含有碳（C）、氢（H）、氧（O）这 3 种元素，有的还含有氮（N）和磷（P）。

（二）脂类的分类

脂类可分为 3 类：单纯脂、复合脂及衍生脂。

1. 单纯脂

脂肪酸与醇脱水缩合形成的化合物，又称中性脂。脂肪属于单纯脂。

2. 复合脂

单纯脂加上磷酸、糖或蛋白质等其他物质而形成的衍生物。包括磷脂、糖脂和脂蛋白等。

磷脂组成复杂，种类繁多。主要的磷脂包括甘油磷脂和鞘磷脂，是生物膜的主要成分。磷脂在体内分布比较广泛，主要存在于脑、骨髓、神经组织及心脏、肝脏、肾脏等器官。

3. 衍生脂

由单纯脂类和复合脂类衍生而来，常见的有固醇类及其衍生物，如胆固醇、胆汁酸等。

胆固醇（cholesterol）是人体中主要的固醇类化合物。胆固醇是机体合成其他固醇类化合物的原料，又是脊椎动物细胞膜的重要成分。人体内的胆固醇有些已经酯化，形成胆固醇酯。

二、脂　肪

（一）脂肪的组成

脂肪是体内最为丰富的脂类物质，不仅是机体产能最多的营养物质，也是机体最为有效的储能形式。脂肪是由 1 分子甘油（glycerol）和 3 分子脂肪酸（fatty acid）形成的三酰甘油，又称甘油三酯（triacylglycerol，TG，化学式为 $C_{39}H_{74}O_6$）（图 1 - 7）。形成脂肪的 3 个酯酰基可以相同或不同，相同的为单纯甘油酯，不同的为混合甘油酯。绝大多数天然脂肪是混合甘油酯。由于甘油的分子比较简单，而脂肪酸的种类和长短却不同，因此脂肪的性质和特点主要取决于脂肪酸的不同。

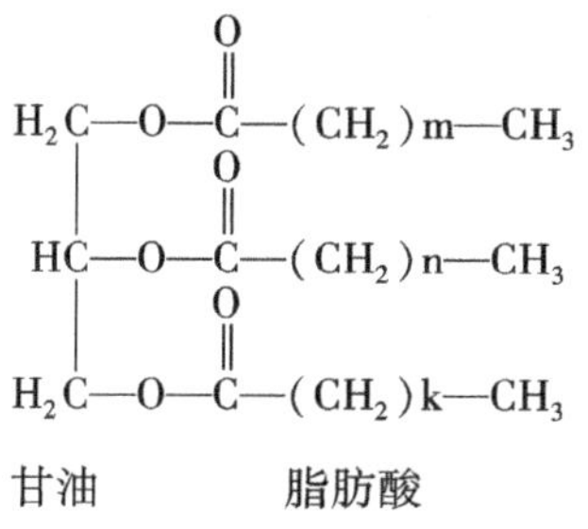

图 1 -7　脂肪（甘油三酯）的分子结构

（二）脂肪酸

1. 脂肪酸的分类

根据碳原子数目，脂肪酸可以分为短链脂肪酸（$C_2 \sim C_4$）、中链脂肪酸（$C_5 \sim C_{10}$）和长链脂肪酸（$C_{12} \sim C_{26}$）。根据所含双键数目的多少，脂肪酸可以分为饱和脂肪酸和不饱和脂肪酸。通常 4～12 碳的脂肪酸不含双键，都是饱和脂肪酸；碳链更长时可出现 1 个甚至多个双键，分别称为单不饱和脂肪酸和多不饱和脂肪酸。

人体内常见的脂肪酸见表 1－1。哺乳动物体内能合成饱和脂肪酸和单不饱和脂肪酸，不能合成多不饱和脂肪酸，如亚麻酸等。

表 1－1　人体内常见的脂肪酸

脂肪酸	别名	表达式
十八碳酸	硬脂酸	$C_{17}H_{35}COOH$
十六碳酸	软脂酸	$C_{15}H_{31}COOH$
十八碳烯酸	油酸	$C_{17}H_{33}COOH$
*十八碳二烯酸	亚油酸	$C_{17}H_{31}COOH$
*十八碳三烯酸	亚麻酸	$C_{17}H_{29}COOH$
*二十碳四烯酸	花生四烯酸	$C_{19}H_{31}COOH$
二十四碳烯酸	神经酸	$C_{24}H_{48}COOH$

注：* 为必需脂肪酸。

2. 脂肪酸的来源

体内脂肪酸可分为营养必需脂肪酸和非营养必需脂肪酸 2 大类。非营养必需脂肪酸既可从膳食摄入，也可自身合成；而营养必需脂肪酸机体自身不能合成，只能从外界获得。这里所说的非必需并不是指机体不需要，而是指是否必需依赖于外界的摄取。营养必需脂肪酸和非营养必需脂肪酸都是人体所需要的。

三、脂类的生物学功能

（一）储存并提供能量

脂肪是重要的供能和储能物质。体内 1 g 脂肪完全氧化可产生约 37 kJ 的能量，1 g 糖或蛋白质完全氧化产能约 17 kJ。

（二）细胞的重要结构成分

复合脂是生物膜不可缺少的组成成分，如磷脂对生物膜的结构具有重要作用，糖脂既是细胞结构成分，也是血型物质及膜抗原成分。

（三）为机体提供脂溶性维生素

脂溶性维生素的消化、吸收和转运必需要有脂肪的参与，当脂类消化吸收不良时，脂溶性维生素的吸收也会相应减少。

（四）防震和隔热保温

皮下脂肪可减少热量散失，维持体温恒定。相对于田径等其他项目运动员，游泳运动员拥有相对较厚的皮下脂肪。此外内脏器官周围的脂肪垫有缓冲外力冲击，保护脏器的作用。

（五）其他功能

随着脂肪源性的瘦素、脂联素和抵抗素等的相继发现，脂肪组织的内分泌功能也引起关注，许多脂类还是机体众多信号分子的前体。由胆固醇在肝脏转化生成的胆汁酸在脂类的消化吸收中具有重要作用。

思考：

对控体重运动员来说，膳食中限制脂肪的摄入对机体会有何影响？

第三节 蛋白质和氨基酸

蛋白质（protein）是生物体中含量最丰富的大分子物质，占人体固体成分的45%。机体几乎所有的器官都含有蛋白质。蛋白质是生命物质的基础，生命活动几乎都是通过蛋白质来体现。

一、蛋白质的组成

（一）蛋白质的化学组成

在元素组成上，蛋白质主要由C、H、O、氮（N）、硫（S）组成，有些蛋白质还含有少量磷（P）或金属铁（Fe）、铜（Cu）、锌（Zn）等。其中蛋白质的含氮量均比较接近，大约占16%，动植物组织中含氮物又以蛋白质为主，因此测定生物样品中的含氮量，就可以推算出样品中蛋白质的大致含量。

（二）氨基酸

氨基酸（amino acid，AA）是蛋白质的基本组成单位，自然界中氨基酸有300多种，但构成蛋白质的氨基酸只有20种。这些氨基酸都是α－氨基酸，即1个碳原子同时与1个氨基（含氮部分）和1个羧基相连，根据与该中心碳原子相连的侧链R的不同，可以将组成蛋白质的氨基酸分为20种。基本结构见图1－8。

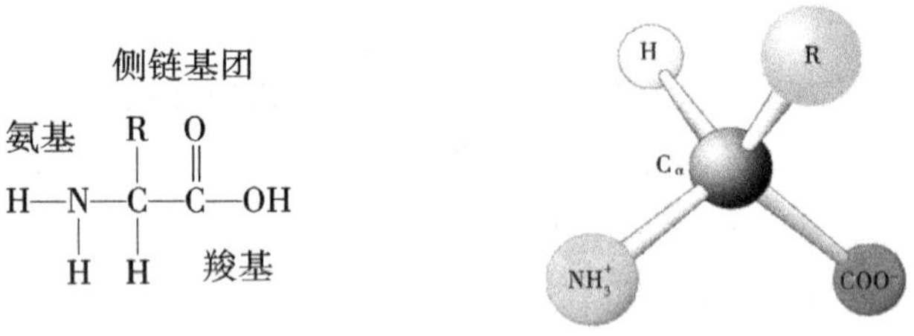

图1－8　氨基酸结构通式示意图

人体内20种氨基酸从营养角度，可分为2大类：必需氨基酸和非必需氨基酸（表1－2）。

1. 必需氨基酸

必需氨基酸是指人体自身不能合成或者合成速度不能满足机体需要，必需从食物中摄取的氨基酸。必需氨基酸有8种，对于生长发育的婴儿来说，组氨酸也是必需氨基酸（表1－2）。

2. 非必需氨基酸

这类氨基酸并不是人体不需要，而是能在体内合成，不一定通过食物直接供给，称为非必需氨基酸（表1－2）。其中半胱氨酸和酪氨酸，有时也被称为半必需氨基酸，它们在体内分别由蛋氨酸和苯丙氨酸转变而成，如果饮食能直接提供这 2 种氨基酸，则人体对蛋氨酸和苯丙氨酸的需要分别减少 30% 和 50%。

表 1-2 组成蛋白质的 20 种氨基酸

氨基酸	英文名称	英文缩写	
丙氨酸	Alanine	Ala	A
精氨酸	Arginine	Arg	R
天冬氨酸	Aspartic acid	Asp	D
半胱氨酸	Cysteine	Cys	C
谷氨酰胺	Glutamine	Gln	Q
谷氨酸	Glutamic acid	Glu	E
组氨酸	Histidine	His	H
异亮氨酸 *	Isoleucine	Ile	I
甘氨酸	Glycine	Gly	G
天冬酰胺	Asparagines	Asn	N
亮氨酸 *	Leucine	Leu	L
赖氨酸 *	lysine	Lys	K
甲硫氨酸 *	Methionine	Met	M
苯丙氨酸 *	Phenylalanine	Phe	F
脯氨酸	Praline	Pro	P
丝氨酸	Serine	Ser	S
苏氨酸 *	Threonine	Thr	T
色氨酸 *	Tryptophan	Trp	W
酪氨酸	Tyrosine	Tyr	Y
缬氨酸 *	Valine	Val	V

注：* 为必需氨基酸。

二、蛋白质的结构特点

作为生物大分子，蛋白质的结构非常复杂。蛋白质特定的氨基酸组成和结构是其生理功能的分子基础。在研究蛋白质的结构时，通常人为地将其分为 4 种结构，分别是一级结构、二级结构、三级结构和四级结构（图 1-9），其中二级结构、三级结构和四级结构又称为蛋白质的空间结构或构象。并非所有蛋白质都具有四级结构，由一条肽链组成的蛋白质具有一、二和三级结构，只有由 2 条或 2 条以上肽链形成的蛋白质才可能具有四级结构。

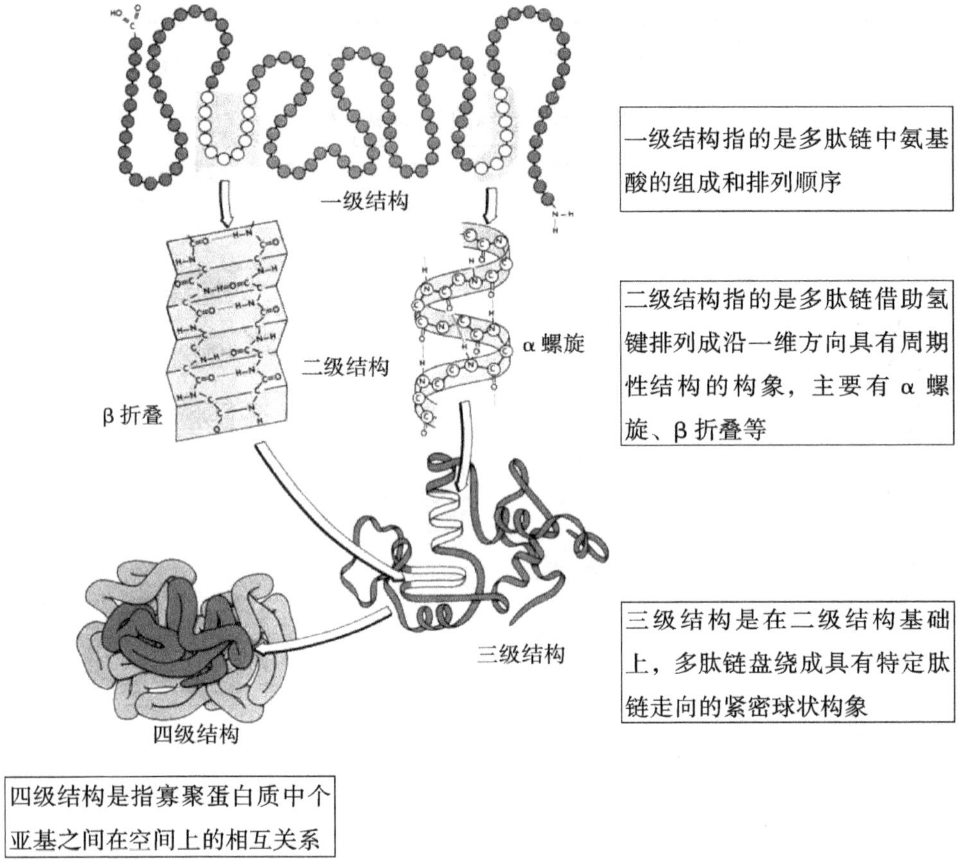

图 1－9　蛋白质的结构层次

（引自 Raven & Johnson，1992）

（一）蛋白质的一级结构

蛋白质的一级结构由氨基酸的排列顺序所决定，氨基酸和氨基酸之间通过肽键（peptide bond）相连形成的分子称为肽。由 2 个氨基酸构成的肽是二肽，三肽、四肽等以此类推。通常将由 2～10 个氨基酸构成的肽称为寡肽（oligopeptide），由更多个氨基酸构成的肽称为多肽（polypeptide）（图 1－10）。

人体中存在着很多具有不同生物活性的寡肽和多肽，如谷胱甘肽是由谷氨酸、半胱氨酸和甘氨酸通过肽键连接而成的三肽，是机体重要的抗氧化剂。此外，很多激素和生长因子等也属于寡肽或多肽。

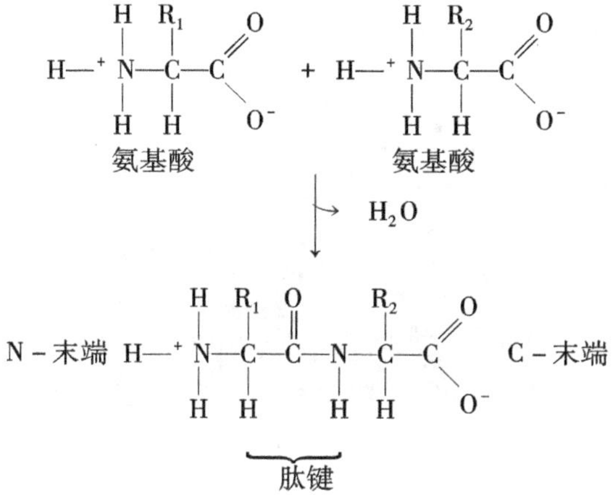

图 1－10　肽键的形成

（二）蛋白质的空间结构

蛋白质的空间结构非直线型，而是三维空间的折叠和盘曲，构成特有的空间构象。

蛋白质的二级结构是指蛋白质分子中某一段肽链的局部空间结构，主要形式包括有 α 螺旋、β 折叠等；在二级结构的基础上，由于氨基酸侧链基团的作用，多肽链扭曲形成更为复杂的空间结构，称为三级结构；在具有 2 条及 2 条以上多肽链的蛋白质分子中，各条肽链形成的三级结构被称为亚基，各亚基在空间呈现特定的三维立体排布，形成蛋白质的四级结构。

（三）蛋白质的结构与功能的关系

机体内的每种蛋白质都执行着不同的生物学功能，这些功能又与其特有的一级结构和空间结构密切相关。

蛋白质的一级结构是其生物学活性及空间结构的基础。各种蛋白质之间的差别在于氨基酸组成、数目及排列顺序的不同。蛋白质一级结构的不同直接影响到其空间结构，进而影响到功能。以镰状细胞贫血为例，正常的血红蛋白是由 2 条 α 链和 2 条 β 链构成，镰状细胞贫血时 β 链 N 端的第 6 个氨基酸由谷氨酸突变为缬氨酸，在低氧情况下异常血红蛋白聚合成长棒状聚合物从红细胞中析出，使整个红细胞扭曲成镰刀状，导致细胞与氧结合能力降低，引起细胞破裂溶血（图 1－11）。

图 1－11　镰刀形贫血病

三、蛋白质的生物学功能

（一）构成机体的组成

蛋白质是细胞的基本组成，很多蛋白质起到类似“缆绳”的支持作用，给生物结构以强度及保护。如肌腱和软骨的主要成分是胶原蛋白，具有很高的抗张强度。韧带含有弹性蛋白，形成蛋白质的缆绳，具有双向抗拉强度。

（二）运载功能

某些蛋白质具有运载功能，如血红蛋白是转运 O_2 和 CO_2 的载体，转铁蛋白可以运载铁等。

（三）绝大多数酶的组成成分

大多数酶都是具有催化功能的蛋白质，催化机体的代谢反应。如乳酸脱氢酶可催化乳酸脱氢，转变成丙酮酸，以完成机体内乳酸的消除。

（四）收缩与运动功能

某些蛋白质赋予细胞和器官收缩的能力，可使其改变形状或运动。如骨骼肌的收缩功能需要肌动蛋白和肌球蛋白协助完成。

（五）免疫防御作用

机体内最重要的起保护作用的蛋白质是抗体或免疫球蛋白，它们可以抵抗细菌或病毒的感染，起到防御作用。

（六）调节代谢反应

调节糖代谢的胰岛素、与生长和生殖有关的促甲状腺素等是蛋白质类激素；促肾上腺皮质激素、胰高血糖素等是多肽类激素。

（七）参与代谢供能

蛋白质是机体3大能源物质之一，1 g蛋白质完全氧化能产生约17 kJ的能量。一般情况下，蛋白质可以参与供能，只有在饥饿、长时间低糖膳食或长时间大强度运动时，体内糖储备大量消耗，脂肪供能又受到限制时，体内非结构性蛋白质分解加速，蛋白质供能作用明显加强。

第四节 核 酸

核酸（nucleic acid）是一切生命的遗传物质基础，存在于所有生物体内。核酸分为脱氧核糖核酸（deoxyribonucleic acid，DNA）和核糖核酸（ribonucleic acid，RNA）。DNA是储存、复制和传递遗传信息的主要物质基础，RNA在蛋白质合成过程中起着重要作用。

一、核酸的化学组成

核酸主要由C、H、O、N、S和P 5种元素组成。核酸中P的含量相对恒定，平均占9%～10%。因此，常通过测定样品中P的含量来计算组织中核酸的含量。

就像氨基酸是蛋白质的基本组成单位一样，核苷酸（nucleotide）是核酸的基本组成单位。核苷酸由磷酸、戊糖和碱基3部分组成，核苷酸与核苷酸之间通过3′，5′磷酸二酯键连接成线性多核苷酸链分子，因此核酸又称为多核苷酸（图1－12）。

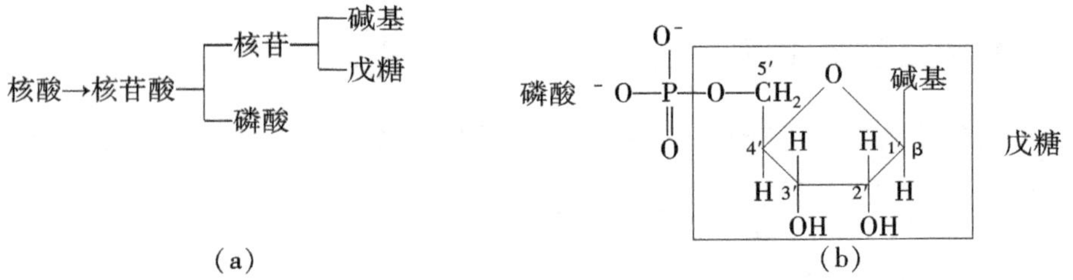

图1－12　核苷酸的构成和结构通式

（a：核苷酸的组成，b：核苷酸的通式）

（一）碱　基

核酸中的碱基主要有5种，根据碱基杂环的化学结构，分为嘌呤和嘧啶2类。DNA中的碱基主要有4种：腺嘌呤（A）、鸟嘌呤（G）、胞嘧啶（C）和胸腺嘧啶（T）。RNA中的碱基也有4种，3种与DNA相同，只是尿嘧啶（U）代替了胸腺嘧啶（表1－3）。

表1－3　两类核酸的基本化学组成

基本化学组成	DNA	RNA
嘌呤碱	A、G	A 、G
嘧啶碱	C、T	C、U
戊糖	核糖	脱氧核糖
酸	磷酸	磷酸

（二）戊　糖

核酸中的戊糖包括核糖和脱氧核糖（图1－13）。根据核酸中所含戊糖种类的不同，核酸分为核糖核酸和脱氧核糖核酸。DNA由脱氧核糖组成，RNA由核糖组成。

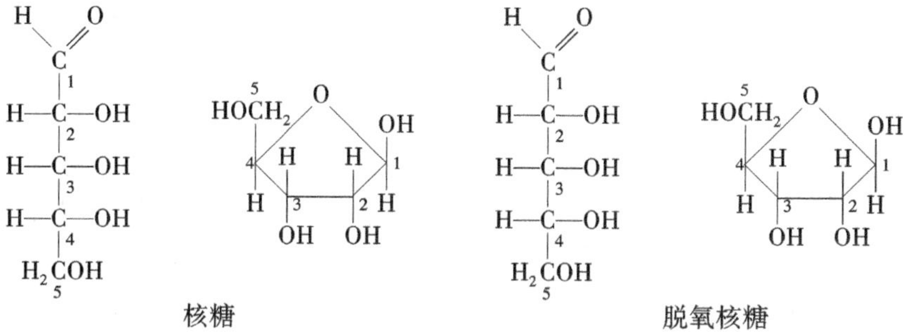

图 1－13　戊糖的结构式

二、核酸的结构

（一）DNA 的结构

DNA 的结构分为一级结构与空间结构。DNA 的空间结构又分为二级结构、三级结构等。通过高级空间结构，DNA 可以有规律的压缩体积，减少 DNA 在细胞中所占的空间。同时，可使 DNA 长链不致散乱的发生缠绕，有利于复制、转录及其调控过程的顺利进行。

DNA 的一级结构是指 4 种脱氧核苷酸的排列顺序，通常又称为 DNA 顺序（或序列）。人类基因组计划就是通过对人类基因组 3×10^9 bp（base pair，DNA 碱基对）全序列的分析和人类基因的染色体图谱制定，来达到了解 DNA 结构、认识 DNA 的功能的目的。

DNA 的二级结构是指两条脱氧多核苷酸链反向平行盘绕所形成的双螺旋结构（图 1－14）。2 条脱氧核糖核苷酸链以一共同轴为中心相互螺旋缠绕构成了双螺旋结构的主体。2 条链中碱基 A 和 T 通过 2 个氢键配对，C 和 G 通过 3 个氢键配对，共同维系 DNA 的空间结构。

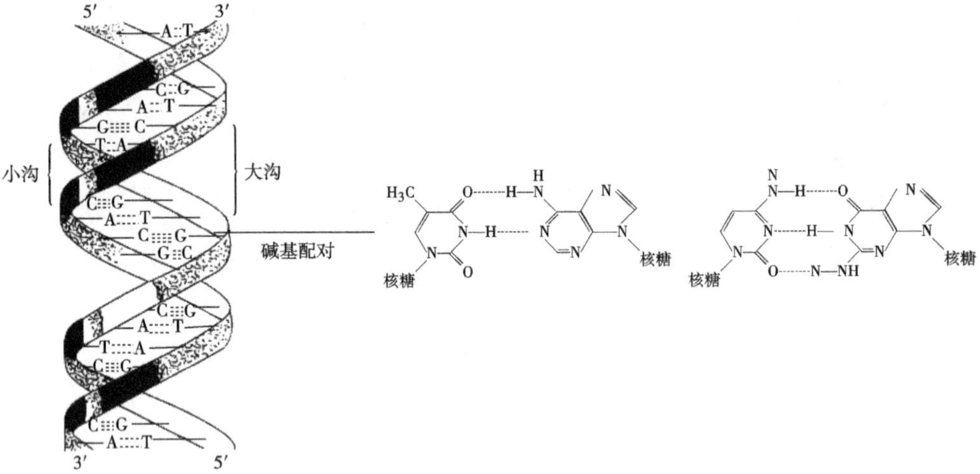

图 1－14　DNA 的双螺旋结构及其碱基配对

（二）RNA 的结构

RNA 的结构也分为一级结构和空间结构，空间结构又分为二级结构和三级结构等。RNA 分子通常以单链形式存在，也存在单链回折而形成的局部双螺旋结构。

RNA 的种类繁多，具有不同的功能，某些 RNA 分子还具有酶的催化活性。参与基因表达过程的 RNA 分为 3 类：核糖体 RNA（rRNA）、转运 RNA（tRNA）和信使 RNA（mRNA）。

三、核酸的生物学功能

（一）生物体的遗传物质

核酸具有储存、复制和传递遗传信息的功能。图 1－15 显示了 DNA 指导蛋白质合成的过程。DNA 是遗传信息的载体，以基因为基本单位，将决定着 RNA 和蛋白质结构的信息贮存在 DNA（有些病毒为 RNA）分子中。RNA 参与遗传信息表达的过程，mRNA 作为一个“信使”，载有来自 DNA 的信息，编码蛋白质中氨基酸的序列；rRNA 是蛋白质合成场所核糖体的组成部分；tRNA 的主要功能是在蛋白质生物合成过程中，起着转运氨基酸的作用。

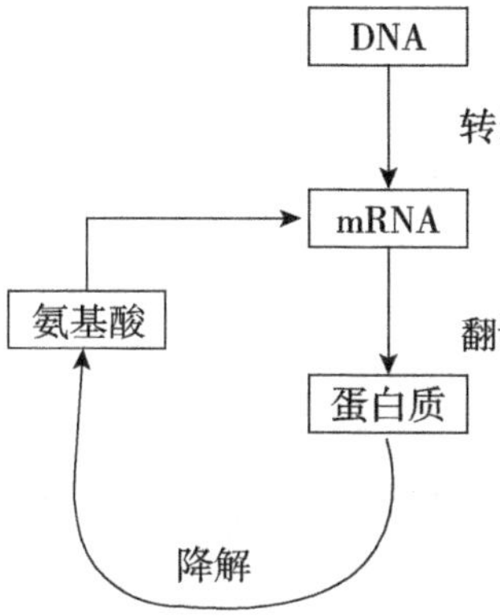

图1－15 从DNA到蛋白质的过程

（二）参与物质代谢和能量代谢

在机体物质代谢和能量代谢过程中，一些单核苷酸的衍生物起着重要作用。例如，三磷酸腺苷（ATP）是人体生命活动过程的直接能量来源，同时也是能量释放、转移和利用的中心物质；环磷酸腺苷（cAMP）作为第二信使，是很多激素发挥作用的媒介物。

体育锻炼和运动训练能够促进蛋白质的合成，蛋白质的合成是通过核酸的活动来实现的。研究运动对核酸的影响，可从分子水平阐述体育锻炼和运动训练对机体的影响。此外，运动能力受遗传因素影响，研究基因多态性与运动能力的关系可以为运动员基因选材及制定个性化训练方案提供一定理论支持，提高训练效果。

第五节 水和无机盐

水是有机体含量最为丰富的成分，也是构成体液的主要成分。体液是指分布于细胞内外的液体，由水、电解质、低分子有机化合物和蛋白质等构成。人体内许多代谢都是在体液中进行，体液在确保代谢的正常进行和维持组织器官正常功能方面发挥重要作用。如果体液的组成、浓度和分布异常及酸碱失衡都会影响到各组织器官的功能，严重时危及生命。

一、水

细胞营养物质的运输及代谢废物的排出需要水的参与。因此，机体对水的需要远超过对其他任何营养成分的需求。

（一）水的平衡

健康成人每日摄入的水量和排出的水量基本相等，约为 2 500 mL，称为水平衡（表 1－4）。

表 1－4　水的摄入和排出

水的摄入/%	日均量/（mL/d）	水的排出/%	日均量/（mL/d）
饮料摄入（60%）	1 500	尿液（60%）	1500
食物摄入（30%）	750	皮肤、呼吸蒸发（28%）	700
代谢生成（10%）	250	汗液（8%）	200
		粪便（4%）	100
总计	2 500	总计	2 500

一般而言，人体每天大约要排出 1 500 mL 的水用于清除体内废物，因此，每天至少要补充 1 500 mL 水。由于存在个体差异及气候条件、活动强度及生理状况等不同，饮水量也会有所变化。为维持体内水平衡，原则是多丢失多补充、少丢失少补充。运动会引起体内水丢失增加，即使失水量仅为体重的 1% ~2%，也会使肌肉做功的能力减退。因此，运动中应及时补水，避免脱水的发生。

由运动引起的体内水分和电解质丢失过多称为运动性脱水。尤其是高温高湿环境下进行大负荷运动时，人体大量出汗而未及时补充所造成。另外，在按体重级别进行比赛的项目中，如摔跤、举重等运动员为参加低体重级别的比赛而采取快速减体重措施，造成机体脱水。根据脱水的程度可以分为 3 类：轻度脱水、中度脱水和重度脱水。当失水量达体重的 2% 时，为轻度脱水，表现为口渴、尿少、尿比重增加及工作效率降低等。失水量达体重的 4% 时，为中度脱水，除上述症状外，可见皮肤干燥、口舌干裂、声音嘶哑及全身软弱等表现。如果失水量超过体重的 6%，为重度脱水，可见皮肤黏膜干燥、高热、烦躁、精神恍惚等。若失水量超过体重的

10% 以上，可危及生命。

脱水的第一个症状就是口渴，此时人体大约已失去约 500 mL 体液。因此，人们应该每天定时补水，而不是等到出现口渴时再去补水。运动员尤其要注意水的补充。

（二）水的生物学功能

1. 构成体液

健康成人体液总量约占体重的 60% 左右（45% ～70%）。肌肉和器官重量的 74% 左右是水，脂肪组织含有约 20% ～30% 的水。因此，肌肉质量高的人体内含水量要高于体脂含量高的人。随着年龄的增长，肌肉质量下降，体内的含水量也会随之下降。

2. 调节体温

水的蒸发热大，1 g 水在 37℃时完全蒸发需要吸收 2.14 kJ 热量，故出汗能带走大量的热，对维持运动时的体温具有重要作用。同时，水的比热大，1 g 水升高 1℃，可吸收 4.2 J 热量，能够起到“热缓冲”的作用，使得生物体的温度相对恒定，不随气温或者代谢反应而改变。此外，水具有流动性，随血液循环使机体温度均匀，避免局部体温升高过多。但在湿热的环境中，由于空气湿度大，汗液不能有效蒸发，体温容易升高。在这种情况下，运动员必须采取相应措施避免中暑。

3. 维持组织的形态和功能

水在维持组织器官的形状、硬度和弹性方面起着重要作用。有相当一部分的水与蛋白质、黏多糖等结合，形成结合水，没有流动性，用来维持组织的形态。如心脏含水（主要是结合水）约 79%，但仍具有坚实的形态。

4. 运输物质并参与物质代谢

水是良好的溶剂，很多化合物都能溶于水中，这是保证代谢反应顺利进行的首要条件。水还可以直接参与体内的物质代谢反应。此外，水的黏度小，流动性大，有利于营养物质的运输和代谢废物的排出。

5. 润滑和保护作用

水具有不可压缩性，存在于关节腔中的滑液可以起到润滑和缓冲的作用。此外，胸膜腔和腹膜腔的浆液、呼吸道和胃肠道的黏液等都起到良好的润滑作用。同样，水还能为那些比较敏感的组织如脊髓提供防震保护，眼睛内的房水能保持视网膜和晶状体的正常压力。

二、无机盐

无机盐在人体含量不多，占体重的4%～5%，但种类很多，且功能各异。

（一）概　述

根据在体内的含量，可将无机盐分为常量元素和微量元素。通常将在体内含量大于体重0.01%的矿物质元素称为常量元素，也称宏量元素，有钙（Ca）、钠（Na）、钾（K）、氯（Cl）、硫（S）、磷（P）、镁（Mg）这7种元素。将在体内含量小于体重0.01%的元素称为微量元素。已知人体必需的微量元素有铁（Fe）、锌（Zn）、铜（Cu）、锰（Mn）、碘（I）、硒（Se）等14种。无论是常量元素还是微量元素，在体内各司其职，都很重要。

（二）无机盐的生物学功能

总的来讲，无机盐的生物学作用主要包括以下5个方面：（1）组成组织和体液的成分；（2）维持体液的酸碱平衡和渗透压平衡；（3）维持神经、肌肉的应激性；（4）一些无机离子是酶的激活剂、抑制剂或辅助因子；（5）参与构成化合物的组成。

（二）与运动关系密切的无机盐

1. 钠与运动

钠是人体重要的常量元素之一，体内钠主要存在于细胞外液，占总钠量的44%～50%，细胞内液含量较低，仅9%～10%。骨骼中的钠含量也高达40%～47%。食盐氯化钠（NaCl）是人体获得钠的主要来源。钠在运动方面的作用主要表现为：（1）维持机体酸碱平衡；（2）维持神经肌肉的应激性；（3）维持细胞膜的通透性。

运动员钠的丢失主要是通过大量出汗导致，尤其是在高温环境下进行大强度训练时，可随汗液丢失大量氯化钠，出现肌肉软弱无力、食欲减退、恶心、呕吐、头痛、腿痛和肌肉痉挛等症状。

2. 钾与运动

钾是人体内重要的无机盐之一。体内98%的钾存在于细胞内，其余存在于细胞外。钾在体内的分布与器官大小及其细胞数量和质量有关，其中70%的体钾贮存于肌肉。钾在运动方面的作用主要表现为：（1）调节体液的电解质和酸碱平衡；（2）当葡萄糖由细胞外液向细胞内转移时需要钾参与，每合成1 g糖原，需要6 mg钾；（3）在细胞内合成蛋白质的过程中，需要钾参与，每合成1 g蛋白质约需18 mg钾。因此，当糖原和蛋白质的合成代谢增强时，钾的供给量也应增加。

3. 铁与运动

人体内铁总量约为4～5 g，以2种形式存在：一为“功能性铁”，是铁的主要存在形式，占总铁量的60%～75%，存在于血红蛋白；3%存在于肌红蛋白，1%为含铁酶类（细胞色素、细胞色素氧化酶、过氧化物酶与过氧化氢酶等），这些铁参与氧的转运和利用；另一为“贮存铁”，以铁蛋白和含铁血黄素形式存在于血液肝、脾与骨髓中，约占体内总铁量的25%～40%。

铁在机体中参与氧气和二氧化碳的转运、交换和组织呼吸过程，与运动能力有着密切关系。缺铁将导致缺铁性贫血，影响运动员的运动能力。

4. 钙与运动

钙是构成人体的重要组分。99.3%的钙存在于骨骼和牙齿组织，只有0.1%的钙存在于细胞外液，全身软组织含钙量为0.6%～0.9%。

钙在运动方面的作用主要有：（1）参与骨骼的构成；（2）调节神经、肌肉组织的能量代谢，触发肌肉收缩和神经兴奋；（3）参与多种酶类的激活作用。运动员在运动中有时发生肌肉抽筋现象，可能与钙、镁离子代谢紊乱有关。体育活动能够改善骨代谢，促进骨质和矿物质含量增加，提高骨密度。

5. 锌与运动

作为必需微量元素，锌广泛分布于人体所有的组织和器官，以肝、肾、肌肉、视网膜、前列腺等器官含量较高。血液中75%～85%的锌分布在红细胞中，3%～5%分布于白细胞，其余分布在血浆中。锌对生长发育、免疫功能、物质代谢和生殖功能等均有重要作用。锌与运动的关系表现在以下几个方面：（1）影响骨骼肌蛋白质和DNA合成，影响骨骼肌的生长和发育，影响能量代谢等；（2）通过锌酶系统影响雄性激素的合成与分泌；（3）锌是超氧化物歧化酶的重要组成成分，影响机体的抗氧化作用。

思考：

高温环境下运动员训练过程中饮用纯净水好还是饮用运动饮料好，为什么？

阅读材料：

1. 封文平. 高温环境下运动及补液对水、电解质和相关激素变化的研究[D]. 北京体育大学博士论文，2010.

2. 许弟群，王人卫. 补液对湿热环境中青少年中长跑运动员运动时感觉反应的影响[J]. 中国运动医学杂志，2013，32（3）：204－209.

第六节　维生素

维生素（vitamin）是维持机体正常功能所必需，体内不能合成或合成量很少，主要由外界供给的一类小分子有机物质。与糖类、脂类和蛋白质等营养物质相比，维生素具有以下特点：（1）维生素既不参与构成机体的组织成分，也不是体内的能源物质，但在代谢过程中发挥着重要作用；（2）维生素摄取不足会出现缺乏症状，但若应用不当或长期过量摄取，也会出现中毒症状。

一、维生素的分类

维生素种类很多，化学差异性很大。按其溶解性质，维生素分为脂溶性维生素和水溶性维生素。溶解性决定了维生素的吸收、在血液循环中运输的方式以及在体内储存和流失的程度。

（一）脂溶性维生素

脂溶性维生素包括维生素 A、D、E、K，它们不溶于水，易溶于脂肪或有机溶剂，在食物中常与脂类共存，并随脂类一同吸收。当长期腹泻等因素导致脂肪吸收不良时，脂溶性维生素的吸收也大为减少，甚至会引起缺乏症。脂溶性维生素可以储存在体内，以肝脏储存量最为丰富。若长期摄入过多会蓄积，出现中毒现象。

（二）水溶性维生素

水溶性维生素包括维生素 C 和 B 族维生素。水溶性维生素易溶于水，不溶或者微溶于有机溶剂。由于体内过剩的水溶性维生素会随尿液排出体外，在体内很少蓄积，少有中毒现象发生。正因为水溶性维生素在体内储存量很少，所以必需经常从食物摄取。B 族元素通常以构成酶的辅助因子的方式参与机体代谢。

二、与运动关系密切的维生素

（一）脂溶性维生素与运动

1. 维生素 A 与运动

维生素 A 对视觉的形成非常重要，维生素 A 的主要活性形式——视黄醇是视网膜感觉光线明暗的基础物质，是构成视觉的必需成分。缺少维生素 A，眼睛容易疲劳，暗处视物不清，严重的还会出现夜盲症。维生素 A 的需要量与机体劳动强度、生理病理情况及视力的紧张程度有关。对视力要求比较高的射击、射箭项目运动员对维生素 A 的需求量更高些。

2. 维生素 D 与运动

钙离子是维持神经肌肉兴奋性的物质基础，也是引起肌肉收缩的关键物质，而神经肌肉兴奋性的高低与骨骼肌收缩能力的强弱是运动的前提和基础。维生素 D 的最主要功能是促进钙和磷的吸收，调节钙和磷的代谢。

3. 维生素 E 和运动

研究显示，剧烈运动能增加体内自由基产生。维生素 E 具有抗氧化作用，可以中断脂质过氧化链反应，有助于维持细胞膜的稳定性和流动性，保护细胞膜结构不受氧化损伤。运动员在大强度训练期间，适量摄取维生素 E 有利于消除疲劳。

（二）水溶性维生素与运动

1. 维生素 B_1 与运动

在持续性的高强度有氧运动中糖代谢是主要的能量来源，维生素 B_1 是糖代谢辅酶的重要成分。维生素 B_1 的缺乏将影响糖代谢反应的进行。缺少维生素 B_1 可能还会导致血红蛋白生成量减少。运动员连续 10 ~ 14 天食用维生素 B_1 缺乏的膳食，肌肉耐力就会降低；当维生素 B_1 的摄入量正常时，肌肉的耐力随之恢复正常。

维生素 B_1 的需求量与运动强度有关，体力活动使维生素 B_1 的消耗量增加。运动负荷越大，维生素 B_1 的消耗量也随之增加。耐力性运动和神经系统负担较重的运动，特别是有氧运动如游泳、健身操等都需要较多的维生素 B_1。

2. 维生素 B_2 与运动

维生素 B_2 是电子转移过程中 2 种辅酶——FAD 和 FMN 的组成成分。这 2 种辅酶对于氨基酸代谢、葡萄糖和脂肪酸及甘油代谢都十分重要。同样，维生素 B_2 的需求量与运动强度有关，运动强度越大，能量消耗越多，维生素 B_2 的需求量也相应增加。

3. 维生素 B_6 与运动

作为酶的辅助因子，维生素 B_6 参与蛋白质和氨基酸代谢，也参与糖异生的代谢过程。此外，维生素 B_6 与血红蛋白（Hb）、肌红蛋白（Mb）中细胞色素的生成有关。维生素 B_6 缺乏将引起巨幼红细胞性贫血。

4. 维生素 B_3 与运动

维生素 B_3 是 2 种辅酶——NAD 和 NADP 的组成成分。这 2 种辅酶存在于所有细胞中，通过糖酵解、三羧酸循环、电子转移等过程产生能量。此外，维生素 B_3 也与脂肪酸 β 氧化和蛋白质合成有关。

5. 维生素 C 与运动

维生素 C 的作用表现为：(1) 促进胶原蛋白、肾上腺素以及肾上腺皮质激素合成；(2) 在氢离子转移系统中发挥作用；(3) 机体的抗氧化剂；(4) 促进机体对铁的吸收等。维生素 C 与运动的关系非常密切，如维生素 C 与维生素 E 联用起到抗氧化的作用，有益于提高肌肉收缩功能。

6. 泛酸与运动

泛酸（维生素 B_5）可以合成辅酶 A（CoA），泛酸辅酶 A 与能量代谢途径有关，如糖酵解、脂肪酸氧化、三羧酸循环。泛酸还与糖异生、乙酰胆碱以及蛋白质降解和氨基酸合成有关。泛酸广泛存在于食物中，人们很少缺乏。

知识库：运动员必需补充维生素吗？

维生素的缺乏会导致运动能力降低。研究显示，对于缺乏维生素的运动个体进行维生素的补充可适当增进其运动能力。但对于平衡膳食的运动个体，没有证据显示维生素的额外补充可以提高其运动能力。

一般人群中维生素缺乏症的发生率很低。理论上讲，运动训练会造成体内水的流动加快，改变其吸收效率；尿液、汗液使维生素排泄量增加；剧烈运动时能量代谢的增加会使维生素的消耗也增加，这些因素都会影响运动个体维生素的需要量。但如果细心挑选食物的话，即使运动量最大的运动员也几乎永远不会承受维生素缺乏带来的痛苦，即平衡膳食的运动员一般不需要额外补充维生素。但是，对于剧烈运动的运动员，应对他们的维生素状态实时监测。对于一些特殊状态下的运动员，如控体重、饮食无规律或摄入低能量者，应建议他们进行适当的维生素补充。

本章小结

糖类、脂类、蛋白质和核酸是机体基本结构组成。

糖类又称碳水化合物，包括单糖、寡糖和多糖。单糖中与运动关系最为密切的是葡萄糖。多糖中糖原是葡萄糖在人体内的储存形式，分为肝糖原和肌糖原。糖具有构成身体成分、提供机体所需的能量、调节脂肪代谢、降低蛋白质分解等作用。

脂肪是脂类的基本组成成分。脂肪的性质主要取决于脂肪酸的不同。通常将机体正常生长所需，但自身不能合成，必需依赖于食物提供的脂肪酸称为营养必需脂肪酸。脂类除提供能量外，还是细胞的重要结构成分，此外，脂类还是脂溶性维生素的重要载体。脂肪还具有内分泌、防震、隔热保温等作用。

蛋白质是生命信息的体现者，是细胞和组织的重要组成成分。氨基酸是蛋白质的基本组成单位，组成蛋白质的氨基酸有 20 种。从营养学角度氨基酸分为必需氨基酸和非必需氨基酸 2 类。氨基酸通过肽键连接成肽，包括寡肽和多肽。蛋白质具有构成机体组织，维持正常新陈代谢，参与供能等作用。

核酸包括 DNA 和 RNA。DNA 是遗传物质，RNA 包括 mRNA、tRNA、rRNA，其主要功能是实现遗传信息的复制和表达。

水是人体中含量最多的成分，是维持人体正常功能活动的营养物质之一，具有构成体液、调节体温、维持组织形态功能、运输并参与物质代谢、润滑作用等。人体水的摄入量和排出量应保持平衡。无机盐具有维持体液渗透压平衡和酸碱平衡，维持神经、肌肉兴奋性，构成组织细胞成分，维持细胞正常的新陈代谢等功能。

根据维生素的溶解性质通常将其分为 2 大类，分别是脂溶性维生素和水溶性维生素。维生素主要以组成辅酶或辅基的形式，参与体内的物质代谢和能量代谢。

思考题：

1. 试述糖类的生物学功能。
2. 什么是必需脂肪酸？脂肪的生物学功能都有哪些？
3. 什么是必需氨基酸？
4. 机体如何维持水平衡？
5. 无机盐有哪些生物学功能？运动时无机盐的丢失对运动能力有什么影响？

（许春艳）

第二章 酶

[本章要点] 生物体每时每刻都在进行着千万种化学反应，这是维持生命活动必不可少的过程。酶是具有催化功能的蛋白质，在机体代谢反应中起着关键作用。没有酶的催化，机体几乎所有的代谢反应都难以进行。本章主要介绍酶的化学组成和结构以及酶的催化作用特点，同时介绍同工酶的概念、分类和作用。在酶和运动的关系中介绍血清酶的分类和功能，以及运动对血清酶的影响。

[重点名词] 酶；酶活性；酶的活性中心；同工酶；血清酶

有生命物体的基本特征之一是新陈代谢，这是生物体自我更新的基本的生命活动过程。新陈代谢包括物质代谢和能量代谢，其中物质代谢是生物体内进行的各种化学反应过程的总称，也是表达各种生命现象和实现各种生理功能的化学基础。酶是生物细胞所产生的具有催化功能的蛋白质，机体复杂的生物化学反应过程之所以能进行，就是有赖于酶的催化作用。运动时，受机体能量需求的影响，酶的活动也加强，加速代谢反应的进行，满足机体的能量需求。

第一节 概 述

大多数的酶（enzyme，E）是由生物细胞所产生的具有催化功能的蛋白质，少数的酶是核酸（RNA 或 DNA）分子。所有的酶都含有 C、H、O、N 4 种元素。不论是蛋白质组成的酶，还是核酸分子的酶，它们的作用一致，都是催化生物体系中的化学反应的进行。没有酶的催化，体内的代谢反应将很难进行，所需要的化学反应时间也相当长。一旦有了酶的催化，体内的代谢反应可以在极其温和的条件下高效、有序、快速地进行，在最短的时间内满足生命活动的需求。

一、酶的化学组成和分子结构

（一）酶的化学组成

大多数酶的化学组成是蛋白质，按其分子组成可以分为2类：单纯蛋白酶和结合蛋白酶。机体大多数的酶以结合蛋白酶为主，单纯蛋白酶较少。

1. 单纯蛋白酶

单纯蛋白酶的组成全部由蛋白质组成，水解后的终产物都是氨基酸，再无其它物质。机体大多数的水解酶都是由单纯蛋白酶构成，如胃蛋白酶、脲酶、木瓜蛋白酶等。

2. 结合蛋白酶

和单纯蛋白酶的组成不同，结合蛋白酶除含有蛋白质部分外，还含有非蛋白质部分。结合蛋白酶的蛋白质部分称为酶蛋白，非蛋白质部分称为辅助因子。只有蛋白质和非蛋白质2部分结合起来组成的全酶才具有催化活性，结合蛋白酶的任何一部分单独存在都不具有催化活性。

酶的种类可以有很多，但辅助因子的种类通常较少，主要由小分子有机化合物或金属离子组成。小分子有机化合物以维生素尤其是B族维生素为代表，主要起到传递氢、传递电子或某些化学基团的作用。金属离子也是常见的辅助因子，如 Fe^{2+}（Fe^{3+}）、Cu^{+}（Cu^{2+}）、Zn^{2+}、Mg^{2+}、K^{+}、Mo^{6+} 等，在酶的构成中起到传递电子、维持和稳定酶分子的空间构象等作用。（表2－1、表2－2）

表2－1　含维生素的辅酶及其作用

辅酶名称	所含维生素	主要作用
焦磷酸硫胺素（TPP）	硫胺素（B_1）	转移醛基
黄素单核苷酸（FMN）	核黄素（B_2）	传递氢原子
黄素腺嘌呤二核苷酸（FAD）	核黄素（B_2）	传递氢原子
辅酶Ⅰ（NAD^+）	维生素PP（B_3）	传递氢原子
辅酶Ⅱ（$NADP^+$）	维生素PP（B_3）	传递氢原子
磷酸吡哆醛	维生素 B_6	转氨基作用
辅酶A（CoA）	泛酸（B_5）	转移酰基
羧化辅酶	生物素（B_7）	转移 CO_2
四氢叶酸（FH_4）	叶酸（B_9）	转移一碳单位

表2-2 金属酶及其作用

辅酶名称	所含金属离子	主要作用
细胞色素	Fe^{2+}/Fe^{3+}	传递电子，加速氧化还原反应
细胞色素氧化酶	Cu^{+}/Cu^{2+}	催化氧化还原反应生成水
碳酸酐酶	Zn^{2+}	加速 CO_2 生成 H_2CO_3 和分解
己糖激酶	Mg^{2+}	催化葡萄糖分解
丙酮酸激酶	K^{+}	催化糖代谢过程中丙酮酸的生成
琥珀酸脱氢酶	Fe^{2+}/Fe^{3+} (FAD)	传递电子
谷胱甘肽过氧化物酶	Se^{2+}	$2GSH + H_2O_2 \rightarrow GSSG + 2H_2$

（二）酶的分子结构

酶的本质是蛋白质，因此，酶的分子结构与蛋白质的结构特性有关，可以分为4类：单体酶、寡聚酶、多酶体系和多功能酶。

1. 单体酶

通常将由一条多肽链组成的酶称为单体酶。单体酶种类很少，大多数水解酶，如胃蛋白酶、核糖核酸酶等属于单体酶。

2. 寡聚酶

由2~10余条相同或不相同的多肽链聚合而成的酶称为寡聚酶，其最小单位的肽链称为亚基。单独的亚基一般无活性，必需相互结合后才有活性。如琥珀酸脱氢酶由2个亚基组成，乳酸脱氢酶由4个亚基组成。

3. 多酶体系

由几种不同功能的酶彼此聚合形成的复合体，称为多酶体系（multienzyme system），也称多酶复合体（multienzyme complex）。例如丙酮酸脱氢酶系就是由3种酶按照一定比例组成的多酶复合体，可以对底物连续进行催化，使丙酮酸的脱羧、脱氢、与辅酶A结合及氧化等反应得以迅速完成。特点是无游离态中间产物产生，不会发生副反应，酶的催化效率极高。

4. 多功能酶

有些多酶体系在进化过程中，由于基因的融合，多种不同催化功能存在于一条多肽链中，称为多功能酶（multifunctional enzyme）或串联酶（tandem enzyme）。通常一种酶只能专一性地催化一个化学反应，但多功能酶却具有多个活性中心，能催化不止一个化学反应。例如，人体中脂肪酸的合成中需要7次重复加成反应，这7种酶活性都在一条多肽链上，由一个基因所编码，形成的就是多功能酶。

二、酶的活性

（一）酶的活性中心

1. 酶的活性中心组成

通常将酶所催化的化学反应称为酶促反应（enzymatic reaction），在酶促反应过程中，将酶所催化的反应物称为底物（substrate，S），反应的生成物称为产物（product，P）。例如，唾液淀粉酶催化淀粉水解为麦芽糖的化学反应就称为酶促反应，淀粉就是酶作用的底物，麦芽糖是酶促反应的产物。

酶是具有一定空间结构的蛋白质，由许多化学基团组成。有些化学基团和酶活性密切相关，称为酶的必需基团（essential group）。必需基团在空间结构上彼此靠近，组成具有特定空间结构的区域，能与底物特异地结合并将底物转化为产物，这样的特定空间区域就称为酶的活性中心（active center）。除此之外，必需基团也可存在于酶活性中心以外，起到维持酶活性中心空间构象的作用。

酶活性中心内的必需基团有2种组成：一个是结合基团（binding group），作用是与底物相结合，生成酶—底物复合物（E－S）；另一个是催化基团（catalytic group），作用是影响底物分子中某些化学键的稳定性，催化发生化学反应，促进底物转变成产物。

酶促反应时，并不是整个酶分子都参与催化作用，酶的活性中心是酶分子中执行催化功能的部位，与酶的催化活性密切相关。正是有了酶的活性中心才使得酶促反应得以进行。如果酶的活性中心遭到破坏，酶的催化作用受到影响，催化功能将丧失。

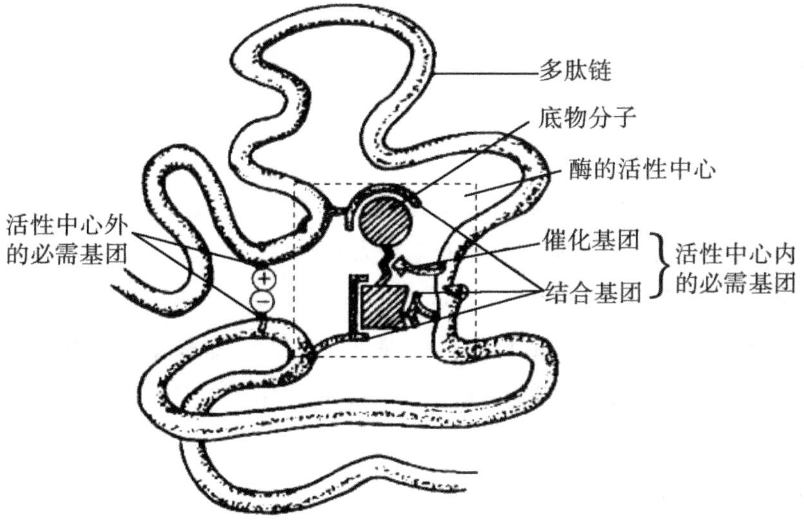

图2－1　酶的活性中心示意图（引自周爱儒等，2001）

2. 酶原激活

有些酶在细胞内合成或初分泌时没有催化活性，原因在于活性中心没有形成，或原有的活性中心被掩盖。当酶的活性中心形成或暴露出原有的活性中心后，酶就具有了催化活性。因此，将这些没有催化活性的酶的前体称为酶原（enzymogen），使酶原转变为有活性的酶的过程称为酶原激活（enzymogen activation）。

酶原激活在机体具有重要的生理意义。当机体不需要催化反应时，酶以无活性的酶原形式存在，可避免细胞自身消化或水解；当机体需要催化反应时，酶原可被激活为有活性的酶，在特定的组织部位发挥催化作用。体内许多水解酶如消化腺分泌的蛋白酶、参于血液凝固的凝血酶等均以酶原形式存在，发挥作用前需先经过加工，获得活性后，才能起到催化作用。

（二）酶活性

酶催化底物反应的能力称为酶活性（enzymatic activity），也称酶活力。通常用酶促反应速度来表示，酶催化反应速度愈大，酶活力愈高，反之活力愈低。

酶促反应速度可用单位时间和单位体积中底物的减少量或产物的增加量来表示。在一般的酶促反应体系中，底物往往是过量的，但产物却是从无到有。因此，一般以测定产物的增加量来表示酶促反应速度较为合适。

影响酶催化反应速度的因素主要有酶的浓度、底物浓度、产物浓度、温度、环境的酸碱度以及激活剂和抑制剂等。

1. 酶的浓度

当底物浓度大大超过酶的浓度，使酶被底物饱和时，反应速度与酶的浓度成正比关系。表现为酶的浓度越高，酶的催化能力就越强。

2. 底物和产物浓度

一般来说，底物浓度对酶的催化具有促进作用，产物浓度对酶的催化起到抑制作用。所以，反应刚开始时，酶的催化活性较高；当产物浓度达到一定水平时，对酶的抑制作用增加，反应速度逐渐减慢。

3. 温　度

温度对酶的影响具有双重作用。一方面，温度升高可以加速酶促反应的速度；另一方面酶是蛋白质，温度升高会加速酶蛋白的变性。在一定的温度范围内（0～40℃），温度每升高10℃，酶促反应速度可以相应提高1～2倍；超过一定温度后（>40℃），酶促反应速度下降。

通常将酶促反应速度达到最大值时所对应的温度称为酶促反应的最适温度。人体内酶的最适温度接近体温，在37～40℃之间。低温只会抑制酶的活性，不会使酶变性失活。当温度达到100℃时，所有的酶都会变性失活。

4. pH 值

酶也有最适 pH 值，在最适 pH 值范围内酶的催化能力最强，大于或小于最适 pH 值，都会降低酶活性。

人体中大部分酶的最适 pH 值接近7，但胃蛋白酶的适宜 pH 值为1～2的环境，胰蛋白酶的最适 pH 值在8左右。

5. 激活剂

能激活酶活性的物质称为酶的激活剂。激活剂种类很多，有：（1）无机阳离子，如钠离子（Na^+）、钾离子（K^+）、铜离子（Cu^{2+}）、钙离子（Ca^{2+}）等；（2）无机阴离子，如氯离子（Cl^-）、溴离子（Br^-）、碘离子（I^-）、硫酸根离子（SO_4^{2-}）、磷酸根离子（PO_4^{3-}）等；（3）有机化合物，如维生素C、半胱氨酸、还原性谷胱甘肽等。酶原在激活剂的作用下具有活性，如 Cl^- 是胃蛋白酶的激活剂。

胃酸分泌不足时，胃蛋白酶原的激活作用减弱，胃的消化能力下降。

6. 抑制剂

将能减弱、抑制甚至破坏酶活性的物质称为酶的抑制剂，它可降低酶促反应速度。酶的抑制剂有重金属离子、硫化氢、氢氰酸、氟化物、生物碱、乙二胺四乙酸、表面活性剂等。

运动时，随着骨骼肌的持续收缩和舒张，体温随之升高，有利于酶活性的增加，加快机体化学反应的速度。但随着大量产物的生成，尤其是酸性代谢产物的增加，引起内环境酸化，酶活性反而受到抑制，代谢反应速度减慢，最终导致肌肉的做功能力下降，出现疲劳。因此，运动时酶活性是动态变化的，以此来决定机体的代谢反应速度，最终影响运动能力的发挥。

三、酶催化反应的特点

和普通催化剂一样，酶也具有以下特点：（1）只能催化热力学上所允许进行的化学反应；（2）不改变反应平衡常数，但能缩短反应达到平衡的时间；（3）在化学反应的前后，酶自身没有质和量的改变。

与普通催化剂不同的是，酶能通过形成酶—底物复合物（E－S）降低反应的活化能（activation energy），加快反应速度。普通化学反应往往要通过加热的方法促进反应的进行，而人体即使在37℃，通过酶的作用，也能快速进行各种生物化学反应。

作为生物体内的催化剂，酶具有普通催化剂所不具备的特点，表现为以下几个方面。

（一）高效性

酶的催化效率极高，比普通催化剂高10^6～10^{13}倍，由此实现机体各种化学反应的快速进行。例如，1分子过氧化氢酶，每分钟可催化5×10^6个H_2O_2分解为H_2O和O_2，比铁粉催化H_2O_2分解的效率高10^{10}倍。又如，碳酸酐酶催化CO_2的水合反应，比未经催化的反应快10^7倍，以快速实现CO_2从组织到血液、然后到肺泡的转移过程。

（二）高度专一性

酶对其所催化物质的选择性比其它催化剂严格得多，不像普通催化剂那样能催化多种化合物。通常，一种酶只能作用于一类化合物，或作用于一定的化学键或一种立体异构体，生成一定的产物，这种现象称为酶的专一性或特异性。如唾液淀粉酶只能催化淀粉水解生成麦芽糖，而不能催化脂肪水解；同样胃蛋白酶只能催化蛋白质水解，而不能催化其它物质进行反应。这种高度专一性在一定程度上确保了酶催化反应的准确性，也确保了酶所催化的化学反应有条不紊地快速进行。

（三）不稳定性

酶的本质是蛋白质，分子结构易受强酸、强碱、高温、高压、紫外线、重金属盐等各种理化因素的影响而发生变性失活。因此，酶促反应需在常温、常压、pH 值接近中性的温和条件下进行。也只有在适宜的条件下，酶的催化活性才能达到最大。

（四）可调控性

在生物细胞内，酶催化反应的速度，受许多因素调节，可通过反馈抑制、共价修饰等方式调控酶的活性，通过诱导等方式调控酶的合成。通过酶的催化活性和酶含量的改变，增强或抑制酶的催化活性，调节化学反应速度。酶催化活性的可调控性，使生命活动过程中的各种代谢反应得以精确调节，以快速地适应周围环境的变化。

知识库：

什么是活化能？

活化能（activation energy）是指化学反应中，由反应物分子到达活化分子所需的最小能量。化学反应速率与其活化能的大小密切相关，活化能越低，反应速率越快；活化能越高，反应速率越慢。因此，降低反应的活化能可以有效地促进化学反应的进行。

长期以来，生物化学家们用中间产物学说（intermediate theory）来解释酶降低化学反应活化能，加快反应速率的原因。该学说认为，在酶促化学反应过程中，底物先与酶结合形成暂时的、不稳定的酶—底物中间复合物（E-S），然后酶—底物中间复合物再分解释放出产物和酶。通常用下式来表示：E+S=ES→E+P，其中ES为酶—底物复合物。当底物和酶互补结合形成过渡态中间复合物时，释放出一部分结合能，这部分能量的释放，使过渡态ES复合物处于比E和S低的能阶，从而使整个反应的活化能降低，加快了化学反应速率。（图2-2）

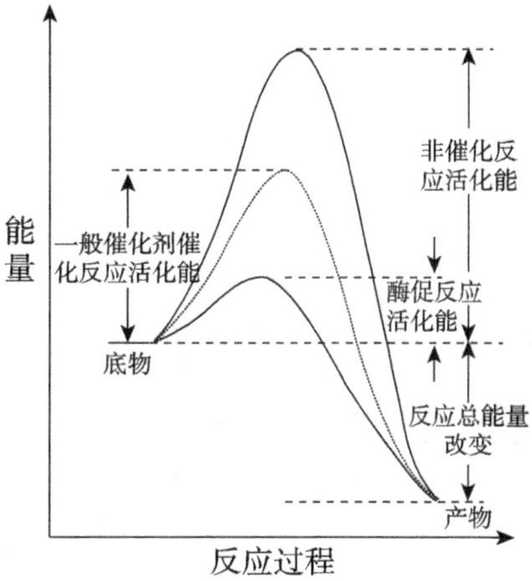

图2-2 酶促反应活化能的改变

四、酶的命名

酶的种类繁多，目前，大多采用习惯命名和系统命名2种方法来区分和了解酶。

习惯命名法主要根据酶所作用的底物或酶所催化的反应性质来命名，或者在上述命名基础上，加上酶的来源或酶的其他特点来命名。如水解ATP、蛋白质和脂肪的酶，分别称为ATP酶、蛋白酶和脂肪酶。起转移基团作用的酶称为转移酶，促进合成作用的酶称为合成酶等。习惯命名法的特点是简单、使用方便，但有时一种酶会有几个名称，容易引起混淆。

因此，国际上用系统命名法来区分酶。以4个数字分别代表酶的大类/亚类/亚亚类/序号，避免了习惯命名法出现的混乱。如葡萄糖磷酸转移酶，表示该酶催化从ATP中转移1个磷酸到葡萄糖分子上的反应。它的分类数字是E. C. 2. 7. 1. 1，其中E. C代表按国际酶学委员会规定的命名，2. 7. 1. 1的含义，第1个数字“2”代表酶的分类（转移酶类），第2个数字“7”代表亚类（磷酸转移酶类），第3个数字“1”代表亚亚类（以羟基作为受体的磷酸转移酶类），第4个数字“1”代表亚-亚类中的排号（D葡萄糖作为磷酸基的受体）。

第二节　同工酶

一、定　义

同工酶（isozyme，isoenzyme）是指催化相同的化学反应，而酶蛋白的分子结构、理化性质乃至免疫学性质不同的一组酶，即能催化相同的化学反应，但一级结构不同的一组酶。同工酶的一级结构虽然不同，但组成酶活性中心的空间结构相同或相似，所以能催化相同的化学反应。

同工酶存在于生物体的同一种属或同一个体的不同组织，或者同一组织或细胞的不同亚细胞结构中，含量分布不同。同工酶的这种分布特点使得不同的细胞、组织和器官具有不同的代谢特征，以满足不同组织的代谢需求。

已发现百余种酶拥有同工酶，与运动关系比较密切的有乳酸脱氢酶（lactate dehydrogenase，LDH）和肌酸激酶（creatine kinase，CK）同工酶。

二、乳酸脱氢酶

（一）组成和分布

同工酶的种类通常根据酶蛋白亚基的种类和数目来决定。乳酸脱氢酶是由 H 型和 M 型 2 种亚基组成的四聚体，M 型亚基为骨骼肌型，H 型亚基为心肌型。2 种亚基可以不同比例组成 5 种四聚体，分别为 LDH_1（H_4）、LDH_2（H_3M）、LDH_3（H_2M_2）、LDH_4（HM_3）和 LDH_5（M_4）。因此，乳酸脱氢酶有 5 种同工酶，其中又将 LDH_1 和 LDH_2 归为心型同工酶（H－LDH），LDH_3、LDH_4 和 LDH_5 属于肌型同工酶（M－LDH）。

不同组织的乳酸脱氢酶同工酶分布不同，存在明显的组织特异性（图 2－3）。人体内心肌、肾脏和红细胞中 LDH_1 和 LDH_2 的分布最多，骨骼肌和肝脏中 LDH_4 和 LDH_5 的分布最多，而肺、脾脏、胰脏、甲状腺、肾上腺和淋巴结等组织中以 LDH_3 的分布为最多。同样在骨骼肌中，慢肌纤维中 H－LDH 含量较高，快肌纤维中 M－

LDH 含量较高。

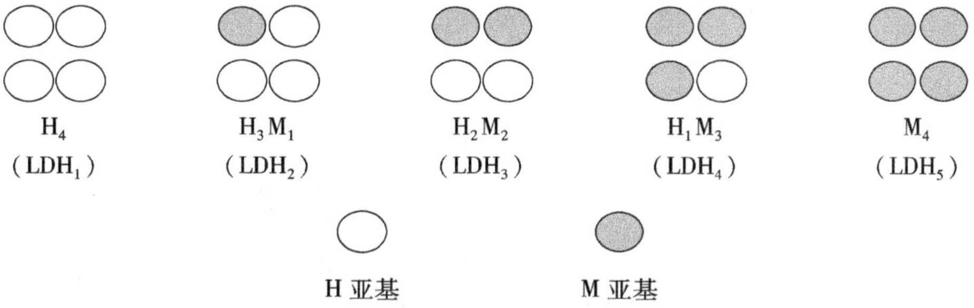

图 2-3 乳酸脱氢酶同工酶的种类

乳酸脱氢酶同工酶是观察肌肉和肝胆疾病或损伤的重要指标之一。例如，心肌受损时血清 LDH_1 含量会上升，肝细胞或骨骼肌受损时血清 LDH_5 含量会增高，表明血清 LDH 同工酶主要来自于相应的组织部位。

（二）功 能

乳酸脱氢酶主要催化丙酮酸和乳酸之间的反应：

$$\text{丙酮酸} \xrightleftharpoons{\text{LDH}} \text{乳酸}$$

乳酸脱氢酶同工酶的组织分布和它们的生理功能有关。LDH_1 和 LDH_2 对乳酸的亲和力比较高，易催化乳酸脱氢氧化生成丙酮酸，后者进一步完全氧化，最终生成 CO_2 和 H_2O，释放出能量，有利于乳酸的消除和利用；LDH_5 与 LDH_4 与丙酮酸的亲和力比较高，与丙酮酸的结合使它得氢还原生成乳酸。

心肌中 LDH_1 含量丰富，通过 LDH_1 的作用迅速将乳酸转变为丙酮酸，既有利于乳酸的消除，同时，丙酮酸的进一步氧化可释放出能量，提供给心肌活动所需。骨骼肌快肌纤维中 LDH_5 含量多，能将丙酮酸转变为乳酸，促进糖酵解反应的进行，有利于肌肉在短暂缺氧时仍可获得能量。

运动训练能使同工酶发生适应性变化，通过酶活性的改变来适应不同运动项目的需要。通常，耐力项目运动员 H-LDH 活性较无训练者要高，力量项目运动员 M-LDH活性较无训练者要高，就是同工酶对运动训练所产生的适应。

三、肌酸激酶

肌酸激酶（CK）是由 M 型和 B 型 2 种亚基组成的二聚体（图 2-4），通过亚基的聚合生成3种同工酶，分别是CK－MM、CK－MB、CK－BB。CK－MM主要存在于骨骼肌及心肌的肌原纤维外膜，靠近ATP利用的部位，约占CK同工酶总量的94%；CK－MB主要存在于心肌，少量存在于骨骼肌线粒体膜间质内，靠近ATP生成的部位，约占CK同工酶总量的2.1%～4.2%；CK－BB主要存在于非肌性组织，如脑、红细胞、前列腺等，仅占CK同工酶总量的0.1%左右。

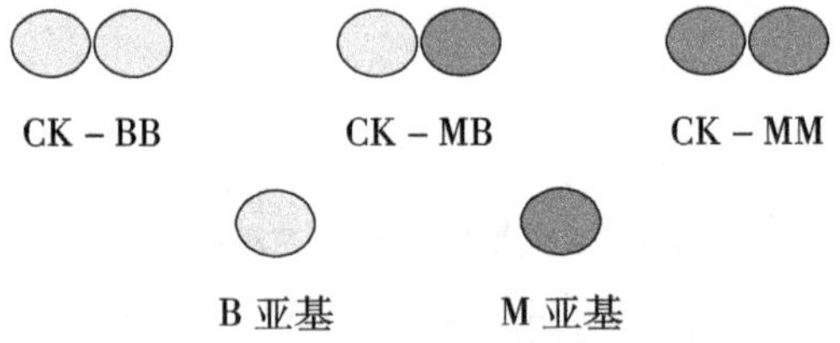

图2－4　肌酸激酶同工酶的种类

CK主要催化肌酸（creatine，Cr）和磷酸肌酸（creatine phosphate，CP）之间的反应。其中，CK－MM催化CP的分解，CK－MB催化CP的合成。反应如下：

$$CP + ADP \xrightarrow{CK-MM} ATP + Cr$$

$$Cr + ATP \xrightarrow{CK-MB} CP + ADP$$

正常血清中的CK同工酶几乎全为CK－MM型。运动时骨骼肌膜通透性增加或肌膜受损，都可使血清中CK－MM浓度升高；血清CK－MB水平升高预示心肌受损；而血清CK－BB浓度升高时，可能预示着红细胞破坏增加。

思考：

运动员骨骼肌发生急性损伤后血清中的LDH和CK同工酶谱会发生哪些变化？为什么？

第三节　酶和运动

一、酶对运动的适应

运动对机体是一种特异性的刺激，为了适应这种剧烈的生理变化，酶会做出相应反应来调节代谢反应速度，满足运动需求。

酶对运动的适应主要表现在以下 2 个方面。

（一）酶活性的调节

酶活性的调节是通过对现有酶分子结构的影响来改变酶的催化活性的一种调节方式。酶活性的调节是一种快速调节。

运动可通过神经、激素和某些代谢物的作用，使酶的分子构象发生改变，或者和某些化学基团发生可逆的共价结合，改变酶的催化活性，调节代谢反应的速度。酶的这种催化功能的适应性变化，可在极短的时间内完成，但维持时间也较短。如运动时肾上腺素分泌增加，激活磷酸化酶，加速糖原分解；运动时体温升高，能使酶的催化活性增加，加快反应速度；当运动产生大量 H^+ 时，会使机体 pH 值下降，偏离酶催化的最佳 pH 环境，酶的催化活性又出现下降。

（二）酶含量的调节

酶含量的调节是指通过改变细胞中酶蛋白合成或降解的速度来调节酶分子的绝对含量，影响其催化活性，从而调节代谢反应的速度。酶含量的调节是机体内迟缓调节的重要方式。

运动训练可刺激或诱导酶的合成量增加，提高参与代谢的酶量，促使物质和能量代谢速度加快。由于酶的诱导合成需要一定的时间，所以，酶量的适应性增加出现的时间较晚，但持续时间较长。同样，当缺乏运动训练的刺激后，酶的合成速度又会下降，同时分解速度增加，酶的催化能力也随之下降。

二、肌肉酶和运动

运动通常体现为肌肉的活动，通过骨骼肌的收缩和舒张来完成各种技术动作。肌肉的活动能使骨骼肌中催化物质代谢的酶的活性或含量产生变化，运动训练的方法和手段不同，酶产生的适应性变化也不同，且具有组织器官的变化规律。

通常有氧运动训练主要影响与有氧代谢相关酶的活性和含量，无氧运动训练主要影响与无氧代谢相关酶的活性和含量。因为有氧运动时，机体的有氧代谢需求增加，催化有氧代谢的酶的活性相应增加；无氧运动时，机体的无氧代谢需求增加，催化无氧代谢的酶的活性主要受到影响，有氧代谢的酶活性增加不明显。如长期有氧训练者能提高有氧代谢酶 a－酮戊二酸脱氢酶的活性，力量训练以及短距离跑训练能提高 ATP 酶和肌酸激酶的活性。另外，同一项目运动员训练水平越高，相关酶的活性也会越高，有利于运动时快速催化代谢反应的进行。

停训后，由于运动训练的刺激消失，酶蛋白的含量会因为合成速度下降、分解速度提高而下降，而且酶活性的调节能力也随之降低。所以，停训时间不宜太长，否则所获得的良好的酶活性效果有可能减退，最终表现为运动能力的下降。

三、血清酶和运动

（一）血清酶的概述

人体大多数酶存在于细胞内发挥催化作用，那些存在于血液中的酶，被称为血浆酶或血清酶。血清酶分为 2 种：一种是功能性的血清酶，一种是非功能性的血清酶。

（1）功能性的血清酶在血液中发挥着重要的催化作用，是血液中固有的酶。多数在肝脏合成，以酶原形式分泌入血，在一定条件下被激活，发挥催化作用。例如凝血酶原使纤维蛋白原转变为纤维蛋白，起到促进凝血的作用。

（2）血液中还存在多种非功能性酶，其中一部分来源于各组织细胞中参与物质代谢的酶类。这类酶大多数无器官专一性，只有小部分具有器官专一性。在血液中不起催化作用，只能反映有关脏器细胞被破坏或细胞通透性的情况。这里介绍的主要是这些非功能性的血清酶。

正常情况下，组织细胞中的酶会随细胞不断的更新或破坏释出少量进入血液，形成血清酶，主要包括有肌酸激酶、乳酸脱氢酶、谷草转氨酶、谷丙转氨酶等。

血清酶的去路主要有以下几条：（1）在血管内为蛋白酶所降解；（2）随尿排出体外；（3）在肝脏被清除掉。

正常安静情况下，人体的机能相对稳定，血清酶的来源和去路处于动态平衡状态，血清酶的浓度也相对稳定。当机体遭受强烈刺激，例如激烈运动、疾病或损伤等情况下，内环境发生急剧变化，就会表现出血清中多种酶的活性相对提高。比如，丙氨酸氨基转移酶（alanine aminotransferase，ALT），又名谷氨酸转氨酶或丙氨酸氨基转移酶（简称谷丙转氨酶，GPT），能催化谷氨酸和丙氨酸转变为α－酮戊二酸和丙酮酸，该酶广泛存在于肝、心、脑、肾、肠等组织细胞内，以肝脏含量最高。当肝细胞受损时，肝细胞通透性增加，导致血清中 ALT 大量增加。因此，血清 ALT 是敏感的肝功能检测指标之一。

（二）运动对血清酶的影响

运动作为一种刺激，也会对血清酶产生影响，所引起血清酶活性和种类的变化，随运动强度、运动时间、训练水平、运动环境、疲劳程度的不同而有明显的差异。

1. 机能状况

运动员安静时，血清酶活性处于正常水平。如果安静时运动员血清酶活性升高，是组织细胞机能下降或疲劳的一种表现。如果经过适应性调整后，安静时血清酶含量恢复到正常水平，是机能恢复或疲劳消除的表现；如果安静时血清酶含量一直处于较高水平，提示运动员有可能机能状况不佳或疲劳没有消除，要采取相应措施予以调整。

2. 运动强度或运动量

运动训练后血清酶活性升高的幅度与恢复的快慢，可反映运动强度和训练量的大小以及身体的适应情况。通常情况下，运动强度越大或运动时间越长，血清酶的升高越明显；运动强度越低或运动时间越短，血清酶的变化越不明显。当机体对原有的运动强度或运动量产生适应后，血清酶的变化幅度下降。

3. 训练水平

训练水平较高者，相同强度或量的运动后血清酶活性提高的幅度较低，且血清酶活性恢复到正常水平较快；训练水平低者则相反。训练水平较低的运动员，当训练水平提高后，相同强度运动后血清酶活性提高的幅度会降低，血清酶恢复到正常值的速度也会加快。

4. 其　他

此外，在缺氧、低压、寒冷或高热环境下训练，均能使血清酶活性升高比正常环境下明显。不同的运动方式如离心收缩比向心收缩更能提高血清酶的活性。

目前认为，运动时细胞膜通透性增加是血清酶升高的主要原因之一。剧烈运动时肌纤维收缩产生的牵拉能提高细胞膜的通透性，运动时肌肉缺氧、钾离子浓度升高、乳酸含量增多、血糖含量下降和 ATP 水平降低等均能加速细胞内的新陈代谢，促使酶分子释放入血。运动引起组织细胞局部损伤，也可使酶逸出，引起血清酶活性增高。

（三）测定血清酶活性的意义

血清酶的变化受运动强度和运动量的影响，测定血清酶的活性对评定运动训练效果、运动员的身体机能状况、疲劳消除等提供了重要手段。

同时，血清酶活性的增加直接和脏器细胞被破坏或细胞通透性增加有关，因此，测定血清酶的活性，尤其是同工酶含量的变化可以反映组织的损伤和修复状况，帮助诊断运动损伤性疾病。

案例分析：

某一男子足球运动员训练课前，血清肌酸激酶的活性为 20 IU/L，训练课后血清肌酸激酶的活性为 150 IU/L，次日晨起测得活性为 200 IU/L，第 3 天晨起测得活性为 120 IU/L。该运动员血清肌酸激酶活性的变化说明了什么问题？

本章小结

酶是生物细胞所产生的具有催化功能的蛋白质。酶的化学组成可分为单纯蛋白酶和结合蛋白酶 2 大类。酶催化底物反应的能力称为酶活性，酶的催化性能离不开酶的活性中心。酶催化反应的特点是高效性、高度专一性、不稳定性和可调控性。同工酶指催化相同的反应，而催化特性、理化性质及免疫学性质不同的一类酶。与运动关系密切的同工酶有 2 个，分别是乳酸脱氢酶和肌酸激酶。

酶对运动的适应主要表现在催化功能和酶含量的调节 2 个方面。通常有氧运动训练主要影响与有氧代谢相关酶的活性和含量，无氧运动训练主要影响与无氧代谢相关酶的活性和含量。运动对血清酶也会产生影响，所引起血清酶活性和种类的变化，随运动强度、运动时间、训练水平、运动环境、疲劳程度的不同而有明显的差异。测定血清酶的活性可以评定运动训练效果、运动员的身体机能状况、组织的损伤和修复状况，帮助诊断运动损伤性疾病。

思考题：

1. 酶的化学本质是什么？酶催化作用的特点都有哪些？
2. 什么是同工酶？乳酸脱氢酶的同工酶和运动有何关系？
3. 什么是血清酶？举例说明血清酶在运动实践中的作用。

（左 群）

第三章 生物氧化

［本章要点］ 生物体每时每刻都需要能量，这是维持生命活动必不可少的前提。生物体所需的能量主要由糖、脂肪和蛋白质经过生物氧化过程来提供。本章主要介绍生物氧化的概念和途径，以及生物氧化过程中 ATP 的生成。同时介绍 ATP 的结构特点和生物学功能，以及运动时骨骼肌 ATP 的利用和再合成。

［重点名词］ 生物氧化；呼吸链；底物水平磷酸化；氧化磷酸化；ATP

生物体的重要特征是进行新陈代谢，包括物质代谢和能量代谢。物质代谢是生物体内进行的各种化学反应过程的总称，伴随物质代谢过程发生的能量吸收、储存、释放、转移和利用的过程，称为能量代谢。能量代谢的主要方式是生物氧化，核心物质是 ATP。通过生物氧化，释放有机物质存储的化学能，转换成生物体能够直接利用的生物能 ATP，保证机体各种生命活动的进行。

第一节 生物氧化

一、概 述

生物氧化（biological oxidation）指糖、脂肪、蛋白质等营养物质在生物体内通过一系列的酶促反应，最终生成 CO_2 和 H_2O，并释放能量的过程。生物氧化是生物体内进行的一系列氧化还原反应，是在细胞或组织中的需氧呼吸作用，所以又称为细胞氧化或细胞呼吸，有时也称为组织呼吸。线粒体内进行的生物氧化是机体产生 ATP 的主要途径。

和体外反应不同，生物氧化是在生物细胞内进行的有酶催化的反应过程，具有以下特点：（1）在常温、常压、近中性 pH 值及有水环境下进行；（2）有酶、辅酶、电子传递体等参与；（3）能量逐步释放。与体外反应相比，生物氧化反应过程条件温和，逐步进行的反应模式有利于能量的捕获，ATP 生成效率高，有利于提高能量利用率。(表 3－1)

表 3－1 生物氧化和体外氧化的区别

内容	生物氧化	体外氧化
需氧与否	需氧	需氧
反应温度	一般在 37℃左右	温度剧烈
反应部位	主要在线粒体中进行	无
酶	有酶进行催化	无酶进行催化
氧化方式	加氧、脱氢（主要）、失电子	加氧
能量释放	逐步释放，能量的 40% 用于合成 ATP，60% 以热能的形式散发	突然释放，以光和热的形式散发
产物	CO_2 和 H_2O	CO_2 和 H_2O

二、生物氧化的途径

糖、脂肪、蛋白质在体内进行生物氧化时经历不同的过程，但有共同的规律，大体可以分为 3 个阶段。

第 1 阶段，是糖原、脂肪和蛋白质分解成各自的基本组成单位，分别是葡萄糖、脂肪酸和甘油、氨基酸。这个阶段能量释放很少，仅为其蕴藏能量的 1% 以下，且以热能形式散失，不能储存，有的甚至还要消耗 ATP。

第 2 阶段，是葡萄糖、脂肪酸和甘油以及大多数的氨基酸经不同的反应过程，生成共同的中间产物乙酰辅酶 A（acetyl coenzyme）。这一阶段释放的能量占总能量的 1/3，且可以生成少量的 ATP。

第 3 阶段，由乙酰辅酶 A 进入三羧酸循环（tricarboxylic acid，TCA）和氧化磷酸化（oxidative phosphorylation），是糖、脂肪和蛋白质分解代谢的最后共同通路。这一阶段释放的能量占总能量的 2/3，其中 60% 以热能的形式散发，40% 合成 ATP，是生成 ATP 最多的环节（图 3－1）。

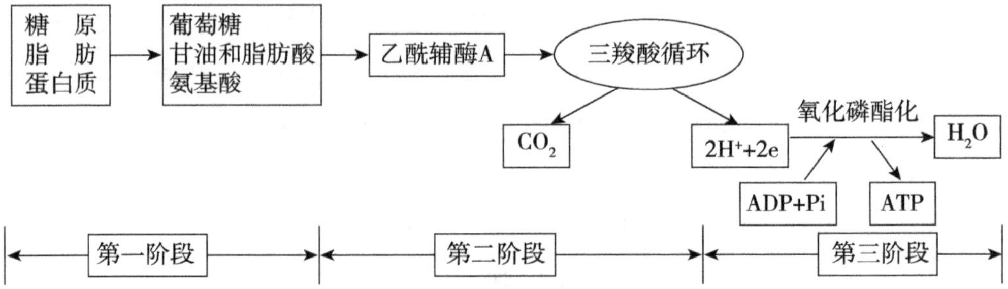

图 3－1 糖、脂肪、蛋白质生物氧化的途径

三、生物氧化中 CO_2 和 H_2O 的生成

生物氧化的最终产物是 CO_2 和 H_2O，但二者的生成不同步。CO_2 是通过一系列的脱羧作用生成，H_2O 是生物体以脱氢酶、传递体和氧化酶组成生物氧化体系，由代谢物脱下的氢与氧结合产生，反应的部位在线粒体的呼吸链上进行。在 H_2O 的生成过程中，生物氧化释放的化学能，通过与 ATP 的合成相偶联，转换成生物体能够直接利用的生物能 ATP，满足机体各种生命活动所需。

（一）线粒体的结构

线粒体由内、外 2 层彼此平行和高度特化的膜包围而成（图 3－2）。线粒体外膜起界膜作用，通透性比较高；线粒体内膜向内皱折形成嵴，嵴上有一些颗粒朝向线粒体基质，称为基粒。

线粒体的外膜和内膜将线粒体分成 2 个不同的区室：一个是内外膜之间的空隙，称为膜间隙；另一个是由内膜包裹形成的空间，称为线粒体基质。生物氧化发生的场所主要在细胞的线粒体中。

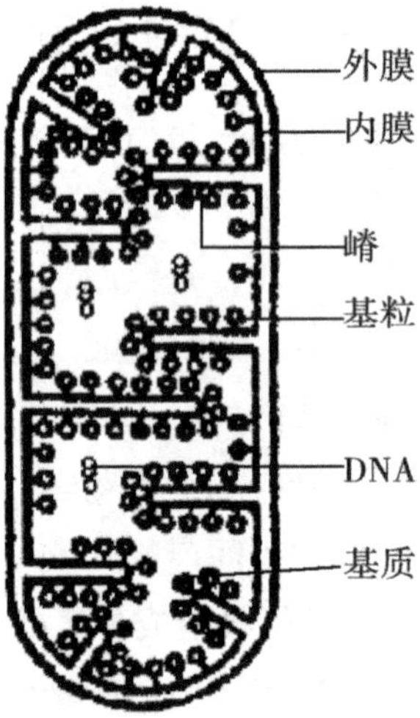

图 3－2 线粒体的结构示意图

（二）电子传递链

在线粒体内膜上，将一系列由递氢体（hydrogen carrier）或递电子体（electron carrier）按照一定顺序排列的连锁反应体系称为电子

传递链（electron transfer chain）。它与细胞摄取氧的呼吸过程相关，又称呼吸链（respiratory chain）。这些递氢体或递电子体往往以复合体的形式存在，主要功能是将代谢物脱下来的氢通过呼吸链的传递，最终与氧结合生成水。

在呼吸链中，酶和辅酶按一定顺序排列，氢和电子的传递有严格的顺序和方向。其中传递氢的酶或辅酶称为递氢体，传递电子的酶或辅酶称为电子传递体。递氢体和电子传递体都起着传递电子的作用（$2H \rightarrow 2H^+ + 2e$）。

电子传递链由4种具有传递电子功能的复合体组成，分别是：（1）复合体Ⅰ：NADH－泛醌还原酶；（2）复合体Ⅱ：琥珀酸－泛醌还原酶；（3）复合体Ⅲ：泛醌－细胞色素C还原酶；（4）复合体Ⅳ：细胞色素C氧化酶。（表3－2）

表3－2　组成电子传递链的4个复合体

复合体	酶名称	辅基	作用
Ⅰ	NADH－泛醌还原酶	FMN、Fe－S	将电子从NADH传递给泛醌
Ⅱ	琥珀酸－泛醌还原酶	FAD、Fe－S	将电子从琥珀酸传递给泛醌
Ⅲ	泛醌－细胞色素C还原酶	铁卟啉、Fe－S	将电子从泛醌传递给细胞色素C
Ⅳ	细胞色素C氧化酶	铁卟啉、Cu	将电子传递给氧

人体线粒体内最重要的呼吸链有2条：NADH呼吸链和$FADH_2$呼吸链（又称琥珀酸呼吸链）（图3－3、图3－4）。糖、脂肪和蛋白质分解代谢反应中脱下来的氢大多数以NAD^+为氢的接受体，通过NADH呼吸链来完成氢的氧化；少数以FAD为氢的接受体，通过$FADH_2$呼吸链来完成氢的氧化。

NADH呼吸链和$FADH_2$呼吸链虽然都是氢的接受体，但生成ATP的数量及应用有差别。NADH呼吸链应用最广，糖、脂肪、蛋白质3大营养物质分解代谢反应脱下来的氢，绝大多数是通过该呼吸链来完成氧化。$FADH_2$呼吸链不如NADH呼吸链普遍，只接受某些代谢物脱下来的氢，生成ATP的数量也较少。但无论是NADH还是FAD H_2呼吸链，都可将代谢物上脱下的氢与氧结合生成水，同时为机体生命活动提供能量。

不同组织和器官的线粒体含有的呼吸链的数目不同，例如肝细胞的每个线粒体内含有呼吸链数大约为5 000，而心肌细胞大约含有20 000，可见心肌细胞线粒体比肝细胞线粒体的氧化更为活跃，也进一步说明心肌的能量需求更高。

知识库：

1. NADH 呼吸链

NADH 呼吸链是体内最常见的一种重要的呼吸链。代谢物脱下来的 2H（$2H^+ + 2e$），交给 NAD^+ 生成 $NADH + H^+$，后者又在 NADH 脱氢酶的作用下脱氢，脱下的 2H 由黄素酶的辅基黄素单核苷酸（FMN）接受生成 $FMNH_2$，再由 FMN · 2H 将氢传递给泛醌（ubiquinone，UQ 或 Q，亦称辅酶 Q）形成泛醌 2H，再往下传递时泛醌 2H 的 2H 解离成 $2H^+$ 和 2e，$2H^+$ 游离于介质中，2e 则通过一系列 Cyt 的传递，最后交给氧生成氧离子（O^{2-}），后者与介质中的 $2H^+$ 生成 H_2O。每 2H 通过这条呼吸链氧化生成 H_2O 时，所释放的能量可以生成 3 分子的 ATP。（图 3－3）

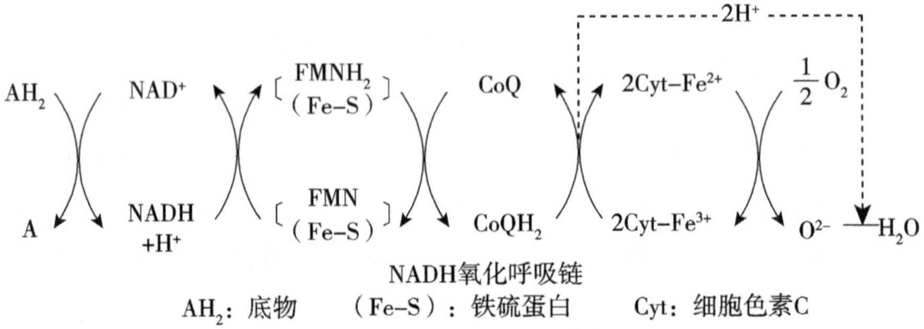

图 3－3　NADH 氧化呼吸链的组成及作用

（摘自：http：//class. ibucm. com/shengwuhuaxue/8/nf8_ 431. htm）

2. $FADH_2$ 呼吸链

$FADH_2$ 呼吸链是由琥珀酸脱氢酶、泛醌和 Cyt 所组成，琥珀酸脱氢酶中含有 FAD 与铁硫蛋白。$FADH_2$ 呼吸链与 NADH 呼吸链的区别是脱下 2H 不经过 NAD^+ 这个环节，每 2H 经此呼吸链氧化只能生成 2 分子的 ATP。这条呼吸链在体内不如 NADH 呼吸链普遍。（图 3－4）

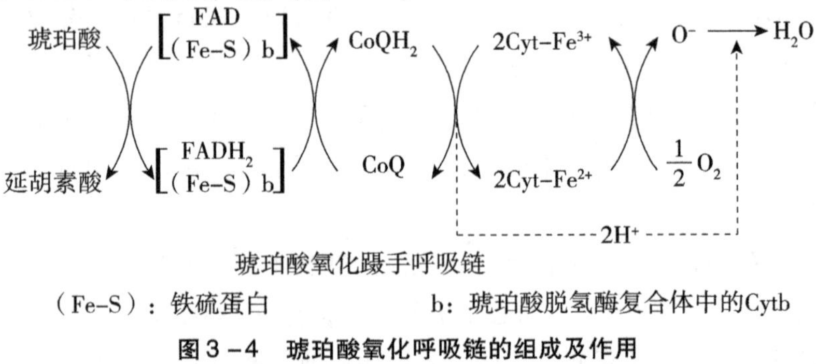

图 3－4　琥珀酸氧化呼吸链的组成及作用

四、ATP的生成方式

体内 ATP 的生成有 2 种方式，分别是底物水平磷酸化（substrate-level phosphorylation）和氧化磷酸化（oxidative phosphorylation）。生物氧化过程中氧化磷酸化是 ATP 生成的主要方式。

1. 底物水平磷酸化

底物水平磷酸化指在代谢反应过程中，底物因脱氢、脱水等作用使能量在分子内部重新分布，形成高能磷酸化合物，通过将高能磷酸化合物中的高能磷酸基团转移给 ADP 生成 ATP 的过程。

底物水平磷酸化作用的能量来自底物分子中能量的重新分布与集中，是机体捕获能量的一种方式。在糖酵解反应过程中，底物水平磷酸化作用是生成 ATP 的唯一方式。机体主要的底物水平磷酸化反应有 3 个，2 个发生在糖酵解反应过程中，1 个发生在三羧酸循环反应过程中：

$$1,3-\text{二磷酸甘油酸}+ADP \xrightleftharpoons{3-\text{磷酸甘油酸激酶}} 3-\text{磷酸甘油酸}+ATP$$

$$\text{磷酸烯醇式丙酮酸}+ADP \xrightarrow{\text{丙酮酸激酶}} \text{烯醇式丙酮酸}+ATP$$

$$\text{琥珀酰}\ CoA+H_3PO_4+GDP \xrightleftharpoons{\text{琥珀酸硫激酶}} \text{琥珀酸}+CoASH+GTP$$

底物水平磷酸化反应进行的场所主要有胞浆和线粒体，但底物水平磷酸化的作用和氧的存在与否无关，在 ATP 的生成过程中并没有氧分子的参与，也不需要通过电子传递链传递电子。

和氧化磷酸化反应相比，底物水平磷酸化是一种非氧化生成 ATP 的方式，生成 ATP 的数目约占机体 ATP 生成总数的 20%。对于酵解组织、红细胞以及组织相对缺氧时，通过底物水平磷酸化反应生成 ATP，是机体获得能量的重要方式。当机体由安静转为运动、输出功率增加或运动强度大于 100% $\dot{V}O_{2max}$时，氧化磷酸化反应不能及时提供机体所需要的 ATP，此时均通过底物水平磷酸化的方式生成 ATP。

2. 氧化磷酸化

氧化磷酸化指代谢物脱下的氢，经 NADH 或 $FADH_2$ 呼吸链氧化生成水时，所释放的能量用于 ADP 磷酸化生成 ATP 的过程。在结构完整的线粒体中，释放能量的氧化过程与吸收能量的磷酸化过程偶联在一起，将氧化释放的能量用于合成 ATP，这个过程就是氧化磷酸化。

氧化磷酸化是需氧生物生成 ATP 的主要方式，需要氧分子的参与，反应部位在线粒体内膜。正常人体所利用的的 ATP 约有 90% 来自于氧化磷酸化的方式生成，是维持生命活动所需能量的主要来源。

3. P/O 值

氧化磷酸化反应过程中，将每消耗 1 mol 氧原子所消耗无机磷原子摩尔数称为 P/O 值。P/O 值可以反映氧化磷酸化反应过程中 ATP 的生成数目，换句话说，在氧化磷酸化反应过程中，生成的 ATP 的数目由 P/O 值确定。实验表明，NADH 氧化的 P/O 值约等于 3，因此推断从 NADH 到分子氧，所释放的能量可生成 3 个 ATP；$FADH_2$ 氧化的 P/O 值约等于 2，可以生成 2 个 ATP。

五、生物氧化的意义

（一）生物氧化在生命活动中的意义

人体的各种生命活动包括消化吸收、肌肉收缩、神经冲动的发放、血液循环、生长发育、繁殖等等都需要能量。生物氧化过程中释放的能量大约有 60% 以热能的形式散发，用于维持体温；其余 40% 的能量用于合成高能化合物，供生命活动利用。

ATP 是各种生命活动的直接能量供应者，糖、脂肪、蛋白质等物质通过生物氧化，将储存的化学能转变为机体所能直接利用的生物能 ATP，保证了各种生命活动对能量的需要。因此，没有生物氧化，机体将无法从营养物质中获得足够的能量，生命活动将无从进行。

（二）运动时生物氧化的意义

运动时机体的能量消耗增加，包括肌肉和非肌肉组织，糖、脂肪、蛋白质等物质中的能量并不能直接被机体利用，也是要通过 ATP 的分解来获得能量。糖、脂肪、蛋白质通过生物氧化，持续不断地合成 ATP，保证了运动的持续进行。因此，生物氧化与有氧运动关系密切，是有氧运动能力的基础。同时，通过生物氧化释放能量，保证了运动后机体的恢复。

第二节 三磷酸腺苷

机体可利用的直接能量来源是三磷酸腺苷（adenosine triphosphate，ATP），糖和脂肪等物质中所蕴含的能量要转化为 ATP 后才能被机体利用。ATP 在能量的生成、转移、储存和利用中起着核心作用。

一、概 述

（一）ATP 的分子结构

一般将水解反应时释放的标准自由能高于 20.92 kJ/mol（5 kcal/mol）的化合物称为高能化合物。高能磷酸化合物指含有高能磷酸键的高能化合物，如 ATP、二磷酸腺苷（adenosine diphosphate，ADP）、磷酸肌酸（creatine phosphoric，CP）等，其所含的磷酸酯键，常用"～"表示。

ATP 分子由 1 个腺嘌呤、1 个核糖和 3 个磷酸基团组成，分子简式为 A－P～P～P。其中"A"代表腺苷，"T"代表 3 个的英文前缀，"P"代表磷酸基团，"～"代表高能键。当 ATP 分子末端的 2 个高能磷酸酯键（β 或 γ）水解时，释放出的自由能 $\Delta G = -30.5$ kJ/mol。因此，ATP 是细胞内的一种高能磷酸化合物。（图 3－5）

ATP 的水解反应及能量释放如下：

$ATP + H_2O \rightarrow ADP + Pi \quad \Delta G = -30.5$ kJ/mol

$ATP + H_2O \rightarrow AMP + PPi \quad PPi + H_2O \rightarrow 2Pi \quad \Delta G = -30.5$ kJ/mol

知识库：

1. 自由能（free energy）是指一个体系的总能量中，在恒温恒压条件下能够做功的那一部分能量。它衡量的是在一个特定的热力学过程中，系统可对外输出的"有用能量"。

2. 焦耳（简称焦）是国际单位制中能量、功或热量的导出单位，符号为 J。1 卡路里＝4.184 焦耳，常表示为 1 cal＝4.184 J 或 1 kcal＝4.184 kJ。

表3-2中，由于磷酸烯醇式丙酮酸、3-磷酸甘油酸磷酸、CP等的磷酸基团转移势能分别高于ATP末端高能键释放的能量30.5 kJ/mol，能够满足ATP形成末端高能磷酸酯键时所需要的能量。因此，磷酸烯醇式丙酮酸、3-磷酸甘油酸磷酸、磷酸肌酸均能够为ATP的再合成提供能量。

表3-2 某些磷酸化合物水解的标准自由能变化

化合物	$\Delta G^{0}{}'$/（kJ/mol）	磷酸基团转移势能 $\Delta G^{0}{}'$/（kJ/mol）
磷酸烯醇式丙酮酸	-61.9	61.9
3-磷酸甘油酸磷酸	-49.3	49.3
磷酸肌酸	-43.1	43.1
乙酰磷酸	-42.3	42.3
磷酸精氨酸	-32.2	32.2
ATP（→ADP+Pi）	-30.5	30.5
ADP（→AMP+Pi）	-30.5	30.5
AMP（→腺苷+Pi）	-14.2	14.2
葡萄糖-1-磷酸	-20.9	20.9
果糖-6-磷酸	-15.9	15.9
葡萄糖-6-磷酸	-13.8	13.8
甘油-1-磷酸	-9.2	9.2

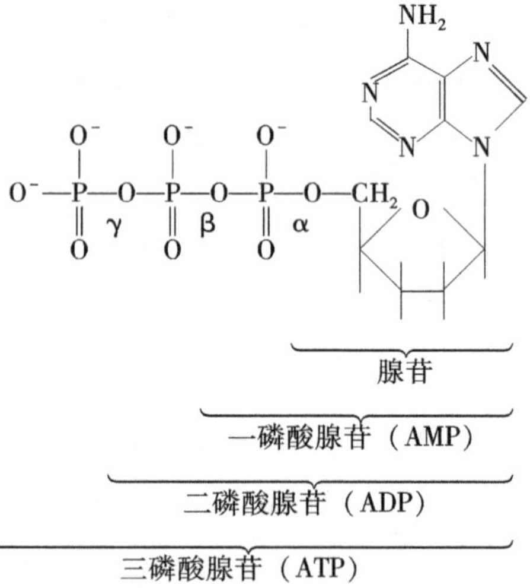

图3-5 ATP的分子结构

（二）ATP 的生物学功能

ATP 是体内最重要的高能化合物，是各种生命活动能量的直接供应者，也是生物体内能量的载体（携带者和传递者）。生物体内能量的储存和利用都以 ATP 为中心。

1. ATP 是生命活动的直接能量来源

ATP 是唯一的能将化学能转化为其他能量形式的能源物质。通过 ATP 水解的放能反应与各种需要能量的生物反应相偶联，直接提供能量给细胞代谢，驱动机体完成各种生命活动，如骨骼肌收缩、膜转运、化学合成、生物电传导等。因此，ATP 是机体用来做功和完成各种生命活动的直接能量来源。（图 3－6）

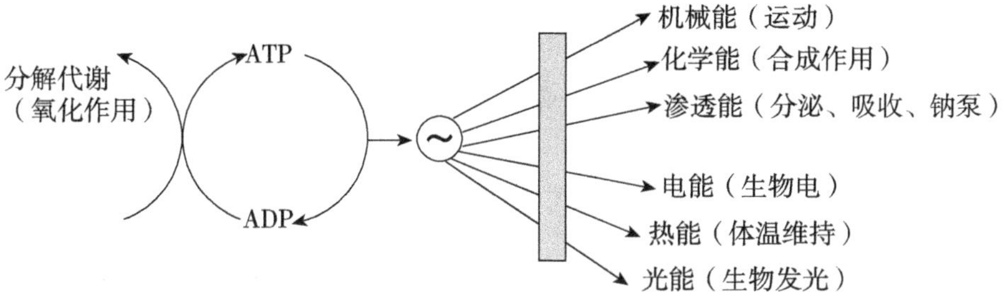

图 3－6 ATP 的生物学功能

2. ATP 是生物体内能量的载体

生物体的各项生命活动都需要能量，细胞内的糖、脂肪等能源物质结构稳定，有利于能量的大量储存，但不利于及时分解和利用。ATP 末端的高能磷酸键在一定条件下能够迅速水解，同时也容易再合成。因此，糖、脂肪等能源物质通过转化为 ATP 分子中的能量后，利用 ATP 末端高能键的快速水解，驱动机体完成一系列的生命活动。因此，通过 ATP 这一活跃的化学能形式，可以有效地实现机体能量的供给和利用。

3. ATP－ADP 循环是能量转换的基本方式

人体中 ATP 的总量大约只有 0.1 mol，但人体细胞每天就需要水解 200～300 mol 的 ATP，这意味着每个 ATP 分子每天要被重复利用 2 000～3 000 次。ATP 不能被大量储存，只能在消耗的同时迅速再合成，以此来满足机体的大量需求。

ATP 的再合成是在 ATP 酶的作用下，利用原料 ADP 和 Pi，重新获得能量后生成。反应式如下：

$$ADP + Pi + 能量 \xrightarrow{ATP合成酶} ATP + H_2O$$

ATP的再合成不是ATP水解的逆反应，当机体能量供应充足时有利于ATP的合成；机体对能量的需求增加时，更多地是进行ATP的水解反应。二者的区别见表3-3。

表3-3　ATP的分解与合成反应的区别

特点	ATP的分解	ATP的合成
酶	ATP水解酶	ATP合成酶
反应部位	所有需能部位	胞浆、线粒体
能量来源	高能磷酸键中的能量	有机物分解释放的能量
反应性质	释放能量	储存能量

（三）ATP与能量的储存和利用

生物体内能量的生成、贮存和利用总是围绕ADP磷酸化的吸能反应和ATP水解的放能反应进行的。

1. 能量贮存

ATP是细胞的“能量货币”，当ATP的生成超过ATP的利用时，ATP并不大量储存，而是在肌酸激酶的作用下，将其末端高能磷酸基团转移给肌酸，生成磷酸肌酸（CP），以磷酸肌酸的形式贮存。不像ATP，磷酸肌酸分子中的高能磷酸键不能直接被利用。因此，磷酸肌酸就成为了生物体内能量的贮存形式之一。

$$ATP + Cr \longrightarrow ADP + CP$$

2. 能量的利用

当机体能量供不应求时，在肌酸激酶的作用下，磷酸肌酸将贮存的高能磷酸基团转给ADP生成ATP，满足机体的能量需求。因此，ATP才是能量的直接供应者，不是能量储存者。

$$ADP + CP \longrightarrow ATP + Cr$$

因此，ATP在能量的生成、储存和利用中始终起着核心作用。

二、运动时骨骼肌 ATP 的利用和再合成

（一）ATP 的储备量

细胞内的 ATP 被分隔存在于线粒体、细胞核和其他亚细胞器内，或者结合在细胞浆内某些组成成分上。不同组织细胞内的 ATP 含量相差很大，即使是同类细胞，受到年龄、性别、生理状况等影响也会有较大差异。

人体骨骼肌细胞内 ATP 的浓度，一般在 4.7 ~ 7.8 mmol/kg 湿肌，心肌细胞内的 ATP 浓度较低，约 4.5 mmol/kg 湿肌。骨骼肌细胞 ATP 储量少，当自身储备的 ATP 被大量消耗时，肌细胞不能直接从血液或邻近细胞吸收 ATP，只能靠再合成保证能量需求。所以，从能量代谢的角度来看，ATP 的储备量并不是主要影响因素，ATP 消耗后的再合成才是维持能量平衡的主要影响因素，ATP 再合成的速率和效率直接影响机体生命活动的进行。

（二）运动时骨骼肌 ATP 的利用

运动时机体总的能量消耗比安静时增加几倍到几十倍，甚至数百倍以上，尤其以骨骼肌的能量消耗最为明显。骨骼肌中虽然有糖原、脂肪和蛋白质等能源物质，但这些物质分解释放的化学能不能直接被骨骼肌利用。只有 ATP 分解释放的能量能够直接为肌纤维利用，成为肌肉收缩的直接能量来源。研究显示，安静时骨骼肌的能量转换速率为 1 mmol ATP/kg 肌肉/s，极量强度运动时能量转换速率增加，达到 4 mmol ATP/kg 肌肉/s。这就意味着运动时能量消耗增加，主要和骨骼肌收缩利用 ATP 的增加有关。

运动时骨骼肌中的 ATP 主要用于如下部分。

（1）肌肉活动时，储存在肌细胞中的 ATP 不断进入横桥，在 ATP 酶的作用下分解释放能量，引起横桥摆动，肌丝相对滑动，肌肉收缩作功。这部分的能量占肌肉总能量消耗的 60% ~70%。

（2）肌质网膜上钙泵（Ca – ATP 酶）消耗 ATP 释放能量，转运 Ca^{2+}，调节肌肉松弛。这部分的能量占肌肉总能量消耗的 20% ~30%。

（3）肌膜上钠泵（Na，K – ATP 酶）消耗 ATP，转运 Na^{+}/K^{+} 离子，调节膜电

位。这部分的能量占肌肉总能量消耗的10%左右。

作为骨骼肌的唯一直接能源物质，ATP的含量和分解速度对骨骼肌的做功能力具有重要影响。

（三）运动时骨骼肌ATP的再合成

研究发现，机体ATP的储备量少，且组织分布各异，含量较高的有骨骼肌和心肌。但骨骼肌中ATP的含量也仅有4.7～7.8 mmol/kg湿肌（20～27 mmol/kg干肌），约80 g左右。以最大速率进行分解的话，骨骼肌中的ATP在1～2 s内就会耗尽，肌肉将出现僵直。高水平的长距离项目运动员每天ATP的消耗量最高可达到体重的75%～80%。仅靠骨骼肌自身储备的ATP远远不能满足这种需求。事实上，骨骼肌中ATP的含量始终处于比较稳定的状态，原因在于ATP消耗的同时不断地再合成，得以保证机体有足够的ATP来满足肌肉的持续收缩和舒张。

1. 运动时骨骼肌中ATP的再合成主要通过3种途径来实现

（1）磷酸肌酸分解，将其高能磷酸基团转移给ADP生成ATP。

（2）通过糖酵解反应生成ATP。

（3）糖、脂肪、蛋白质有氧氧化的过程中生成ATP。

2. 运动时骨骼肌的三大供能系统

根据运动时骨骼肌ATP的合成途径，提出运动时骨骼肌的三大供能系统，也即构成运动时骨骼肌的能量供应体系，分别如下。

（1）ATP和磷酸肌酸分解所构成的磷酸原供能系统（ATP－CP）。

（2）糖无氧分解构成的糖酵解供能系统。

（3）糖、脂肪、蛋白质有氧氧化构成的有氧氧化供能系统。

前2个供能系统不需要氧气的参与，又称为无氧供能系统。正是依靠这3大供能系统，使得ATP在消耗的同时得以再合成，源源不断地供应给骨骼肌收缩和舒张利用，完成各种运动活动。

思考：

运动员通过直接外源性补充ATP来提高运动能力，这种说法对吗？为什么？

本章小结

生物氧化指糖、脂肪、蛋白质等物质在生物体内完全氧化，最终生成 CO_2 和 H_2O 并释放能量的过程。生物氧化的过程离不开呼吸链，人体线粒体内最重要的呼吸链有 2 条，分别是 NADH 呼吸链和 FADH2 呼吸链。ATP 的生成主要有 2 种方式，分别是底物水平磷酸化和氧化磷酸化。生物氧化过程中氧化磷酸化是 ATP 生成的主要方式。通过生物氧化，将营养物质糖、脂肪和蛋白质中所蕴含的化学能转化为 ATP，保证了机体各种生命活动所需。

作为生物体的能量货币，ATP 是机体可直接利用的能量来源。ATP 在机体储备少，依靠消耗的同时再合成，满足机体的需求，在能量的生成、转移、利用和储存中起着重要核心作用。运动时骨骼肌 ATP 的再合成由磷酸原供能系统（ATP－CP）、糖酵解供能系统和有氧氧化供能系统来实现，构成运动时骨骼肌的三大供能系统。

思考题：

1. 什么是生物氧化？生物氧化的作用和特点是什么？
2. 试比较底物水平磷酸化和氧化磷酸化反应的区别。
3. ATP 的生物学功能都有哪些？
4. 运动时骨骼肌 ATP 主要利用在哪些方面？

（左　群）

第四章　糖代谢和运动

［**本章要点**］　糖是大强度运动时骨骼肌的主要能量来源，在运动供能中具有重要作用。本章主要介绍糖代谢和运动的关系，包括糖酵解和糖有氧氧化的反应过程和特点，影响糖酵解和糖有氧氧化反应的因素，以及运动时糖供能的特点。同时介绍糖原合成和糖异生，乳酸的生成和消除，以及乳酸和运动能力的关系。

［**重点名词**］　糖酵解；糖有氧氧化；糖异生；乳酸循环

糖是运动时既能通过无氧代谢，又能通过有氧代谢合成 ATP 的唯一细胞燃料，在运动供能中占据重要地位。糖代谢包括糖原分解与合成，其中与运动关系密切的有糖酵解、糖有氧氧化、糖原合成、糖原分解和糖异生等反应过程。这些代谢反应相互联系，相互作用，共同影响运动时骨骼肌的能量供应，对运动能力起着重要影响作用。

第一节　糖的分解代谢

糖的分解代谢是人体获得能量的重要途径之一，代谢底物主要有糖原和血糖。运动时骨骼肌可利用的糖分解主要有糖酵解和糖有氧氧化过程。

一、糖酵解

（一）糖酵解反应过程

糖原或葡萄糖无氧分解生成乳酸（lactic acid），并生成 ATP 的过程称为糖酵解（glycolysis）。糖酵解反应在细胞质内进行，不需要进入线粒体，是不需氧的反应过程。

1. 糖酵解反应的基本过程

糖酵解反应由 12 步连续的化学反应组成，具体可以分为 3 个阶段：（1）磷酸丙糖生成阶段，该阶段为耗能反应过程；（2）丙酮酸生成阶段，为产能反应过程；（3）乳酸生成阶段。

糖酵解总的反应过程见图 4－1、图 4－2。

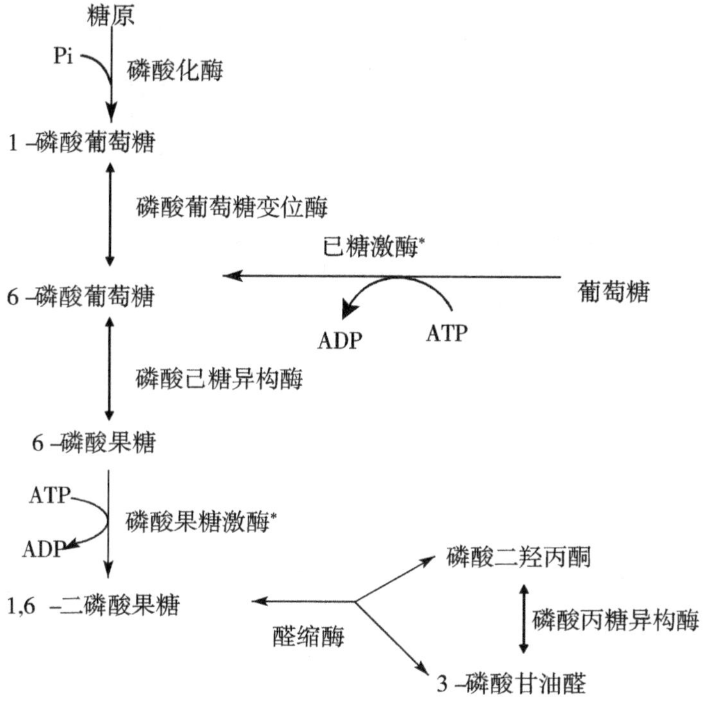

图 4－1 糖酵解反应第 1 阶段：磷酸丙糖的生成（＊表示限速酶）

第 1 阶段：消耗 ATP 的阶段。

当反应底物为葡萄糖时，有 2 步不可逆反应步骤（葡萄糖→6－磷酸葡萄糖；6－磷酸果糖→1，6－二磷酸果糖），需要消耗 ATP 来提供反应所需的能量。当反应底物来源于肌糖原的分解时，不需要消耗 ATP，比葡萄糖节省 1 个 ATP 的消耗。

第 2 阶段：ATP 的生成阶段。

分别由 1，3－二磷酸甘油酸和磷酸烯醇式丙酮酸通过底物水平磷酸化的方式生成 ATP。

第3阶段：乳酸的生成阶段。

在氧供不足的情况下，3－磷酸甘油醛氧化生成1，3－二磷酸甘油酸时生成的NADH·H^+，在细胞质内通过乳酸脱氢酶的作用，将氢提供给丙酮酸，使丙酮酸还原生成乳酸。

糖酵解总的反应方程式为：

1分子葡萄糖＋2ADP＋2Pi→2乳酸＋2ATP＋$2H_2O$

1分子葡萄糖单位的肌糖原＋3ADP＋3Pi→3乳酸＋3ATP＋$3H_2O$

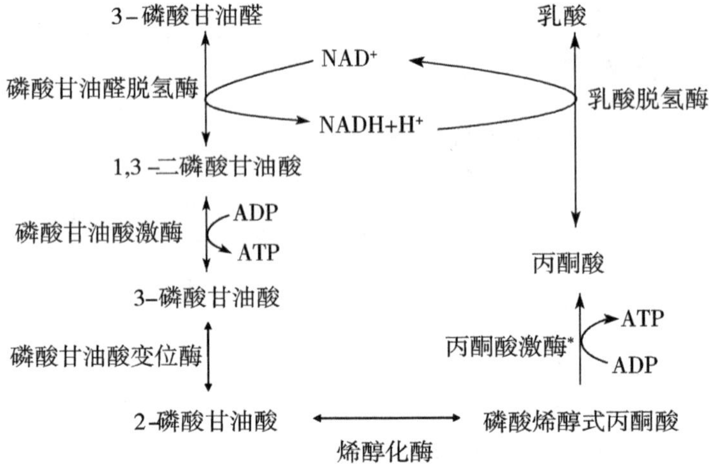

图4－2　糖酵解反应第2、第3阶段：丙酮酸、乳酸的生成（＊表示限速酶）

2. 糖酵解反应的特点

（1）糖酵解反应过程中均以底物水平磷酸化的方式生成ATP，ATP生成的数目与糖酵解反应的底物有关。当底物为葡萄糖时，经糖酵解反应可以净生成2分子的ATP；当底物来源于肌糖原的分解时，可以净生成3分子的ATP，比葡萄糖的分解多生成1个ATP。

（2）通过糖酵解反应，糖中所蕴含的化学能并未完全释放，部分转化为乳酸中的能量。因此，和糖的有氧氧化相比，糖酵解反应的产能效率只有5%，能量没有得到充分利用，最终要通过乳酸的完全氧化得到释放。

3. 糖酵解反应的影响因素

糖酵解反应过程中有3步不可逆的步骤，分别由己糖激酶（hexokinase，HK）、磷酸果糖激酶（phosphofructokinase，PFK）和丙酮酸激酶（pyruvate kinase，PK）催化，它们均为限速酶。

所谓限速酶，指的是在连续的酶促反应过程中，某一个或某几个酶活性较低，影响整个代谢反应的速度，将这些酶称为限速酶。限速酶易受激素、底物、代谢产物等调控，提高限速酶的活性能提高整体代谢反应的速度。PFK 是糖酵解反应中最为关键的限速酶，其活性的高低决定整个糖酵解反应速度的快慢。因此，凡是能影响 HK、PFK、PK 的活性，尤其是 PFK 活性的因素，均能改变糖酵解反应速率，影响糖酵解反应供能。

阅读：

作为糖酵解的中间产物，1，6－二磷酸果糖是磷酸果糖激酶的激活剂，能正反馈调节磷酸果糖激酶的活性，加速糖酵解反应合成 ATP。因此，外源性的补充 1，6－二磷酸果糖对提高糖酵解反应速度，改善缺氧环境下运动机能，提高抗疲劳能力具有重要作用。

参考文献：

1. 崔玉鹏，高红，许葆华，周丽丽，杨则宜．补充复方 1，6－二磷酸果糖及谷氨酰胺对训练大鼠游泳运动能力和运动后骨骼肌损伤的影响［J］．中国运动医学杂志，2006，25（1）：26－30.

2. 白旭宇，周云川，刘卫东，范云生，陶晓黎．1，6－二磷酸果糖对世居高原运动员身体机能的影响［J］．北京体育大学学报，2004，27（1）：50－52.

（二）糖酵解反应的生理意义

（1）糖酵解是机体在氧供不足或缺氧情况下，机体迅速获得能量的有效方式，包括剧烈运动时肌肉局部缺血、缺氧等情况。

（2）白细胞、神经细胞和骨髓等由于代谢活跃，即使在机体不缺氧、氧供应充足的情况下，也常由糖酵解提供部分能量。

（3）成熟的红细胞缺乏线粒体，无法通过有氧代谢的方式获得能量，仅靠糖酵解唯一供能。

（三）运动时糖酵解过程的动用

在 1 ~2 min 的剧烈运动中，肌肉首先动用磷酸原系统供能，由 ATP 和 CP 分解得到的产物 ADP、AMP 和 Pi 等能很好地激活糖酵解反应中的磷酸化酶和磷酸果糖激酶，立刻启动糖酵解反应的进行。因此，运动时糖酵解反应和磷酸原反应几乎同步进行，并不是等磷酸原反应结束后再启动糖酵解，确保了运动时通过无氧代谢途径生成和供应 ATP 的持续进行。当以最大强度运动至 30 s 左右时，糖酵解的分解达到最大，供能速率最高，输出功率为磷酸原供能系统的一半。

当糖酵解反应达到峰值时，细胞内 AMP 的含量下降，对糖酵解反应的激活效应降低。同时，糖酵解反应的产物是乳酸，当糖酵解反应达到最大分解速率时，意味着乳酸的生成也达到最大，肌肉中乳酸的含量可以超过 100 mmol/kg 干肌，达到最高。持续增加的［H^+］使肌肉 pH 值下降。体外实验发现，当 pH 值达到 6.5 时，磷酸果糖激酶 PFK 活性受到抑制，导致糖酵解反应速率下降。因此，当 90% ~95% $\dot{V}O_{2max}$以上强度运动时，肌糖原消耗速率虽然最大，但由于肌乳酸的快速增多，抑制糖酵解反应继续进行。所以，运动至力竭时，肌糖原的消耗不到原贮量的一半。

（四）运动对糖酵解供能系统的影响

研究显示，长期的以糖酵解供能为主的运动训练，能够提高和改善糖酵解供能能力，主要表现在提高无氧代谢酶活性 20% ~100%，这些酶包括 ATP 酶、CK、HK、PFK、PK、LDH 和磷酸化酶，尤其是快收缩酵解型肌纤维中的糖酵解相关酶。同时，以糖酵解代谢供能为主的运动训练还能提高部分有氧代谢酶的活性，主要有柠檬酸合成酶、琥珀酸脱氢酶、苹果酸脱氢酶和 NADH 还原酶。另外，骨骼肌总的 ATP 的生成能力也会得到提高，既包括糖酵解的代谢能力，也包括有氧代谢能力，有利于运动后乳酸的消除和机体糖原的恢复。

二、糖有氧氧化

（一）糖有氧氧化的反应过程

在氧气供应充足的情况下，葡萄糖彻底氧化生成 CO_2 和 H_2O，并释放能量的过程，称为糖有氧氧化。糖有氧氧化的反应场所在细胞质和线粒体，是需氧的反应过程。

1. 糖有氧氧化的基本过程

糖有氧氧化的反应过程可以分为 3 个阶段：（1）糖酵解途径，生成丙酮酸；（2）丙酮酸由胞液进入线粒体，生成乙酰辅酶 A；（3）三羧酸循环（tricarboxylic acid cycle，TCA）及氧化磷酸化的过程，生成 CO_2 和 H_2O，是生成 ATP 的主要阶段。

第 1 阶段：和糖酵解反应的第 1、第 2 阶段相同，生成的产物是丙酮酸，称为糖酵解途径。反应发生在细胞质，通过底物水平磷酸化的方式，生成 2 或 3 分子的 ATP；

第 2 阶段：在氧供充足的情况下，丙酮酸由胞液进入线粒体，经丙酮酸脱氢酶复合体进行催化，氧化脱羧生成乙酰辅酶 A；

第 3 阶段：由乙酰辅酶 A 和草酰乙酸缩合生成柠檬酸开始三羧酸循环。通过一系列的脱氢脱羧反应，生成 CO_2；代谢物脱下来的氢进入氧化磷酸化，生成 H_2O 的同时大量生成 ATP。

其中三羧酸循环由 8 步化学反应组成，底物是乙酰辅酶 A 和草酰乙酸，通过 4 次脱氢、2 次脱羧和 1 次底物水平磷酸化，最终可以获得 24 分子的 ATP。三羧酸循环和糖有氧氧化的反应过程见图 4－3、4－4。

三羧酸循环总的反应方程式为：

$$CH_3CO\sim SCoA + 3NAD^+ + FAD + GDP + Pi + 2H_2O \rightarrow 2CO_2 + 3NADH + 3H^+ + FADH_2 + HS\sim CoA + GTP$$

糖有氧氧化总的反应方程式为：

$$C_6H_{12}O_6 + 6O_2 \xrightarrow{\text{酶}} 6CO_2 + 6H_2O + 36\text{（或 38）ATP}$$

2. 糖有氧氧化反应的特点

（1）1 分子葡萄糖经无氧酵解净生成 2 分子的 ATP，而通过有氧氧化可净生成 36 或 38 个 ATP，其中三羧酸循环是机体获取能量的主要方式，可获得 24 个 ATP。

（2）糖的有氧氧化通过逐步释能，将能量储存于 ATP 分子中，能量的利用率很高。

（3）糖有氧氧化的代谢终产物是 CO_2 和 H_2O，不像糖酵解的产物是乳酸，能量能够得到完全释放和利用。

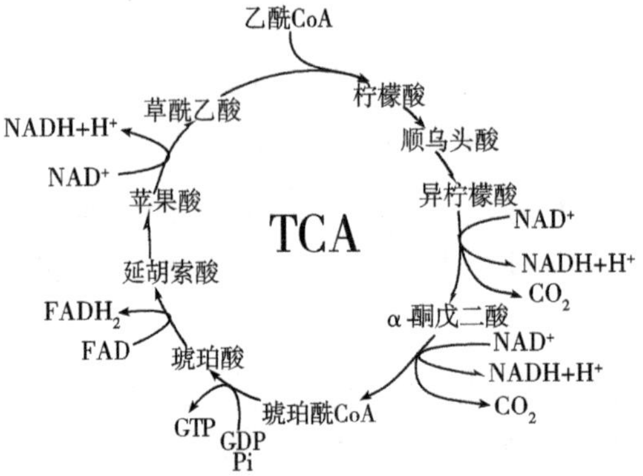

图4-3　三羧酸循环的反应过程

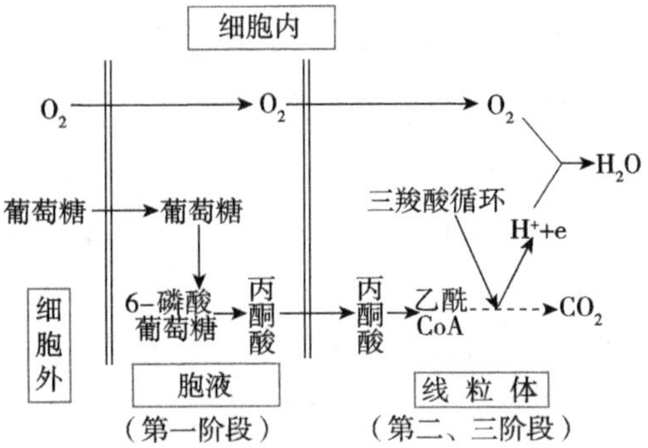

图4-4　糖有氧氧化的反应示意图

阅读材料：

汉斯·阿道夫·克雷布斯（Hans Adolf Krebs），1900年生于德国，医生，著名的生物化学家。

克雷布斯在生化代谢方面有2个重大发现：尿素循环和三羧酸循环。三羧酸循环是以乙酰辅酶A的乙酰基与草酰乙酸缩合为柠檬酸开始，经过若干反应步骤，最终又以草酰乙酸的再生为结束的连续酶促反应过程。因为反应过程的第一个产物是含有3个羧基的柠檬酸，故又称柠檬酸循环（tricarboxyli cacid cycle）。由于他于1937年正式提出三羧酸循环的学说，因此，该循环又称为克氏循环（Krebs cycle）。他因此获得了1953年的诺贝尔生理学或医学奖。

（引自：http://en.wikipedia.org/wiki/Hans_Adolf_Krebs）

Hans Adolf Krebs
（1900—1981）
1953年获得诺贝尔生理学或医学奖

（二）糖有氧氧化的生理意义

（1）糖有氧氧化是机体获得能量的主要方式。糖有氧氧化释放的能量远多于糖酵解，在正常生理条件下，体内大多数组织细胞主要通过此途径获得能量。糖酵解反应生成的乳酸，最终仍需通过有氧氧化的方式彻底氧化成 CO_2 和 H_2O，并释放能量。

（2）糖有氧氧化反应中生成的许多中间代谢产物是体内合成其他物质的原料和前体，与其他代谢反应密切相关。

（3）糖有氧氧化过程中的三羧酸循环是需氧生物体内普遍存在的代谢途径，是三大营养素的最终代谢通路和联系枢纽。

（三）运动时糖有氧氧化的动用

和糖酵解反应相比，糖的有氧氧化需要 O_2 的参与，反应速度要慢，供能速率和最大输出功率均低于糖酵解，但释放能量更多，可维持的运动时间更长，成为2 min以上大强度运动的主要能量来源。具体表现为：

（1）在90% ~95% $\dot{V}O_{2max}$以上强度运动时，骨骼肌以糖酵解的形式供能，肌糖原消耗速率最大，但消耗总量不高。原因在于糖酵解反应产生的乳酸堆积，运动时间很短即结束，导致肌糖原的消耗总量不多。

（2）在65% ~85% $\dot{V}O_{2max}$强度运动时，以糖的有氧氧化为主，肌糖原利用速率也相当高，同时糖原的消耗量达到最大。原因在于糖有氧氧化的代谢终产物是 CO_2 和 H_2O，CO_2 通过呼吸排出体外，H_2O 是运动时所需，不像糖酵解的代谢产物乳酸，在骨骼肌中堆积对代谢反应具有抑制作用，理论上可以将骨骼肌中的糖原耗尽。由于肌糖原储备有限，以350 mmol/kg干肌计算，单独由肌糖原供能的话，只能维持80 ~90 min的运动。

（3）50% ~60% $\dot{V}O_{2max}$强度的长时间运动中，糖和脂肪有氧氧化的比例相同。<50% $\dot{V}O_{2max}$强度运动时骨骼肌脂肪供能为主，强度越低，脂肪供能的比例越高。在30% $\dot{V}O_{2max}$强度（低强度）运动时，肌肉主要由脂肪酸氧化供能，很少利用肌糖原氧化。

因此，运动时糖有氧氧化的动用与运动强度和运动时间有关，2 min以上大强度运动时糖有氧供能的比例增加，尤其是65% ~85% $\dot{V}O_{2max}$强度长时间运动中，骨骼肌对糖的消耗量最大，糖有氧氧化的比例最高。<60%或>90% $\dot{V}O_{2max}$的运动中，糖原储备没有显著消耗。因此，糖有氧氧化成为5 000m 跑以及200 m、1 500 m 游泳等运动项目的主要供能形式。

（四）运动对糖有氧氧化的影响

长期有氧训练后，骨骼肌有氧代谢酶活性提高，在亚极量强度情况下，乳酸生成也减少，包括肌乳酸和血乳酸含量均下降。

长期有氧运动后，在相同运动强度情况下，机体将更多的利用脂肪代谢供能，尤其是动用骨骼肌中的脂肪供能，对糖的利用相应减少，以节省糖的消耗。

不同训练水平者对糖的利用不同。训练水平较高者，执行定量亚极量负荷运动时，脂肪酸氧化供能的比率较高，相应的肌糖原利用速率减慢；在进行大强度亚极量运动时，肌糖原分解速率相比非训练者要快，保证了运动时能够产生较大的功率输出。

第二节　糖原合成与分解

糖原（glycogen，分子式 $C_{24}H_{42}O_{21}$）是机体糖的储存形式，肌肉和肝脏是合成糖原的重要器官。当机体需要时，糖原又可以快速分解，满足机体需求。

一、糖原合成

糖原合成（glycogenesis）指机体利用葡萄糖、果糖或半乳糖等单糖在体内合成糖原的过程，其中，血液中的葡萄糖是糖原合成的的主要原料。

（一）糖原合成的反应过程

第1阶段：葡萄糖磷酸化生成6－磷酸葡萄糖，之后转变为1－磷酸葡萄糖。

糖原合成时，进入肝脏或肌肉中的葡萄糖首先在已糖激酶（肌肉）或葡萄糖激酶（肝脏）的作用下生成6－磷酸葡萄糖，而后在磷酸葡萄糖变位酶的作用下转变为1－磷酸葡萄糖。

第2阶段：生成尿苷二磷酸葡萄糖（UDPG）。

1－磷酸葡萄糖与三磷酸尿苷（UTP）反应，生成尿苷二磷酸葡萄糖（UDPG）。UDPG 作为体内的“活性葡萄糖”，在体内发挥葡萄糖供体的作用。

第 3 阶段：UDPG 中的葡萄糖连接到糖原引物上。

游离状态的葡萄糖不能作为 UDPG 中葡萄糖基的受体，必需要有糖原引物的存在。所谓的糖原引物是原来存在于细胞内的较小的糖原分子（Gn），在糖原合成酶（glycogen synthase）的作用下，UDPG 与糖原引物反应，生成比原来多 1 分子葡萄糖残基的糖原（Gn＋1）。上述反应反复进行，糖原的糖链不断延长。

第四阶段：分支酶催化糖原不断形成新的分支链。

当糖链长度达到 12～18 个葡萄糖基时，分支酶将约 6～7 个葡萄糖基组成的一段糖链转移到邻近的糖链上，形成新的分支。分支的形成不仅增加了糖原的水溶性，更重要的是增加了非还原端的数目，有利于糖原的合成及分解代谢。

糖原合成酶是糖原合成的限速酶，提高或抑制糖原合成酶的活性可以改变糖原合成反应的速率。糖原合成的反应见图 4－5。

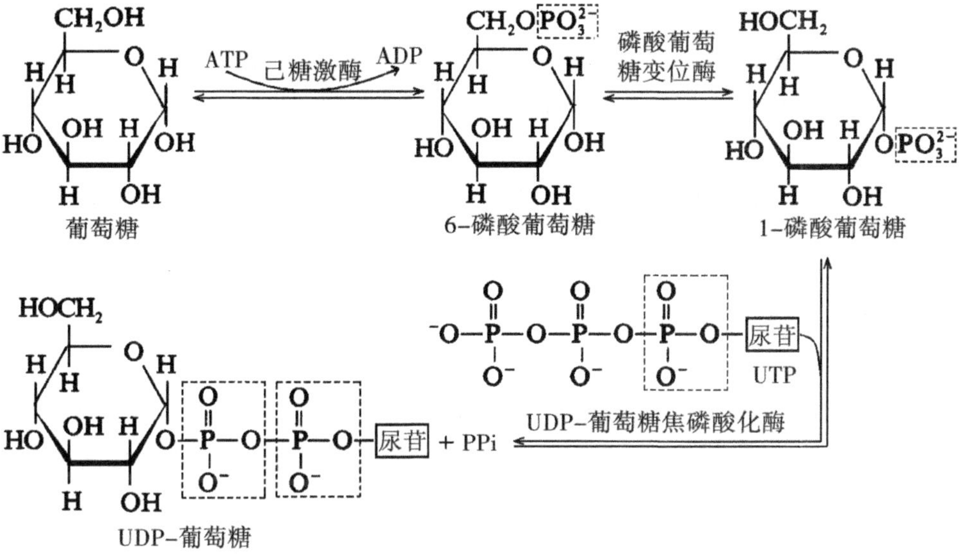

图 4－5　糖原合成反应

（引自：http：//jwjpkc. gsau. edu. cn/dwhx/dmt/4/15. files/frame. htm）

（二）糖原合成反应的意义

血液中的葡萄糖是糖原合成的的主要原料。饱食后，血糖浓度升高，葡萄糖经过转运进入肝脏或其他组织，通过合成糖原，避免血糖浓度过分升高，有利于维持血糖浓度的正常。

（三）糖原合成与运动

研究发现，在60% ~80% $\dot{V}O_{2max}$强度运动时，糖储备不足将导致运动机体疲劳。运动前提高机体糖储备对提高运动能力具有积极作用。

1. 肌糖原

饮食对肌糖原的含量影响较小，单纯性饮食并不能提高肌糖原的储备，过量糖的摄入反而在体内转变成脂肪储存。只有运动结合膳食才有助于肌糖原的合成，这种方法称之为糖原负荷法。

糖原负荷法通常在比赛前 1 周使用，通过在赛前 1 周逐步减小运动量，赛前 1 天休息，直接在赛前 3 天吃高糖膳食（每日 525 g 或 8 ~10 g/kg 体重）或逐步增加膳食糖至总热量的60% ~70%，并注意全面营养。这种方法可以使肌糖原储备增加20% ~40%以上。糖原负荷法主要在耐力性、大量消耗肌糖原的运动项目中使用较多，短时间的力量或速度型项目，肌糖原储备过多会导致肌肉僵硬和体重增加，反而会影响运动成绩，因此运动员在赛前要注意正确使用。

知识库：糖原负荷法的原理

葡萄糖是极性分子，不能自由通过细胞膜脂质双层结构，必须通过相应载体的转运才能通过细胞膜。研究发现，葡萄糖进入骨骼肌时需要葡萄糖转运蛋白 4（glucose transporter 4，GLUT4）的转运。静息状态下，GLUT4 只有 2% 位于细胞膜上，转运葡萄糖的效率低，导致肌糖原合成有限。运动和肌肉收缩刺激能使 GLUT4 由细胞内转移到细胞膜上，转运葡萄糖进入骨骼肌的能力提高。长期运动刺激还能使 GLUT4 的表达增加，这些都有利于葡萄糖转运入肌细胞内加以利用。另外，运动后还能使糖原合成酶活性增加。因此，单独补充糖并不能使肌糖原合成增加，需要将糖饮食与运动相结合，才能使肌糖原储备大大增加。

受长期运动训练的影响，肌糖原的储备将发生适应性的改变。普通未受训练者，安静时混合膳食后肌糖原的含量为～350 mmol/kg 肌肉，有着良好训练的耐力选手肌糖原的含量为～500 mmol/kg 肌肉。以 12～14 kg 肌肉重量来计算的话，肌糖原的总量为 400～500 g。

长期有氧训练后，安静时运动员肌糖原的含量比训练前增加 2.5 倍，原因在于训练能够提高骨骼肌对胰岛素的敏感性，GLUT4 的水平提高 25%，有利于骨骼肌对葡萄糖的吸收；同时糖原合成酶的活性也得到提高，促进了糖原的合成和储存。

2. 肝糖原

肝糖原含量受饮食因素的影响较大，空腹 7～8 h 肝糖原储量几乎耗尽，高糖膳食能迅速提高肝糖原的储备。其中，果糖有利于肝糖原的合成，合成肝糖原的量是等量葡萄糖的 3.7 倍。

长期的有氧运动训练可以改善肝糖原的合成，提高肝糖原的含量。优秀的耐力选手肝糖原储备为 100～120 g（～360 g/kg dw），为长时间运动训练或比赛提供了充足的能源储备。

二、糖原分解

糖原分解（glycogenolysis）是指糖原分解为葡萄糖的过程。糖原分解通常指的是肝糖原的分解，肌糖原不能直接分解释放出葡萄糖。

（一）糖原分解的反应过程

第一阶段：糖在磷酸化酶的作用下磷酸解为 1－磷酸葡萄糖，转变为 6－磷酸葡萄糖后在葡萄糖－6－磷酸酶的作用下，分解出葡萄糖。肌肉缺乏葡萄糖－6－磷酸酶，所以肌糖原不能直接分解出葡萄糖。磷酸化酶是糖原分解的限速酶。

第二阶段：当肝糖原的葡萄糖基解离至离分支点约 4 个葡萄糖基时，由脱支酶进一步作用，解离出游离葡萄糖。

糖原分解的过程见图 4－6。

（二）糖原分解的意义

尽管体内多数组织中都有一定量的糖原储存，但只有肝脏才能进行糖原分解，释放出葡萄糖。当血糖浓度下降时，肝糖原通过分解，释放出葡萄糖供机体利用。因此，肝糖原的主要作用是维持血糖浓度的恒定，供全身利用。

肌糖原不能直接释放出葡萄糖，只能在肌细胞中通过糖酵解或糖有氧氧化反应为肌肉的收缩提供能量，无法满足肌肉以外组织的能量需求。

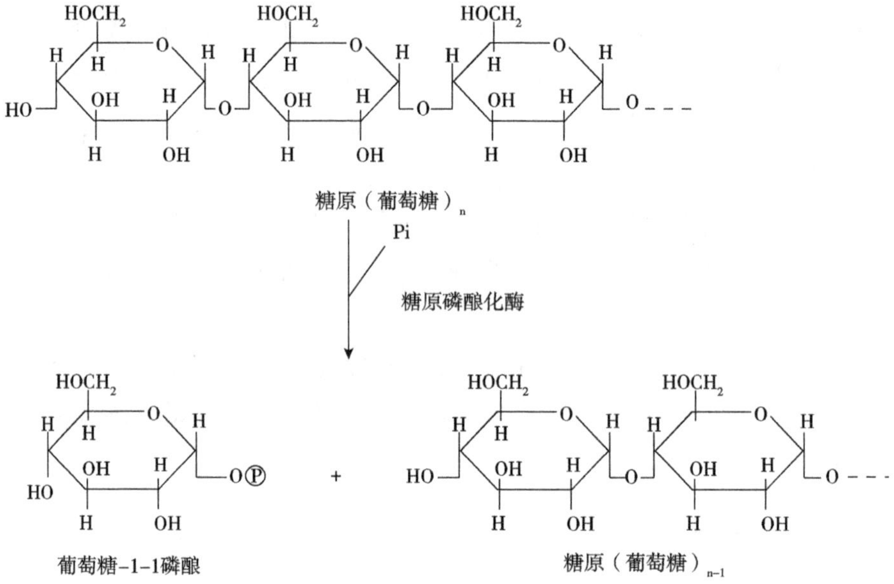

图4－6　糖原分解过程

（引自：http：//image. baidu. com）

（三）糖原分解和运动

肝糖原不直接参与骨骼肌供能，肝糖原的作用是分解释放葡萄糖到血液维持血糖的浓度，作为骨骼肌的细胞外燃料，加以吸收利用。

肝糖原的分解和运动强度呈线性关系，短时间激烈运动时，肝糖原消耗很少。大强度运动 2～3 h 内肝糖原就可以出现耗竭。因此，提高肝糖原的储备，有利于维持血糖浓度，对长时间运动能力的发挥具有重要作用。饥饿时肝糖原的储量很低，不建议运动员空腹的情况下训练或比赛。

第三节　糖供能与运动能力

糖在运动供能中占据重要地位，是唯一既可以无氧代谢又可以有氧代谢提供能量的细胞燃料。运动时骨骼肌除了消耗肌糖原，肝糖原和血糖也会得到不同程度的利用。同时，随着运动时间的延长，肝脏糖异生作用也加强，共同组成肝脏葡萄糖的释放，影响运动能力。

一、糖的供能特点

糖具有耗氧量低、利用速率快、输出功率大等特点，是大强度运动的主要能量来源，具体表现在如下。

（1）当以90%～95% $\dot{V}O_{2max}$以上强度运动时，糖供能占95%左右；（2）糖是中等强度运动的主要燃料；（3）在低强度运动中糖是脂肪酸氧化供能的引物，并在维持血糖水平中起着关键作用；（4）任何运动开始、加力或强攻时，都需要糖代谢提供能量。表4－1列出几种运动中糖的供能情况。

表4－1　跑、游泳、自行车运动的能量消耗和糖供能

项目	能量消耗/kcal	糖供能	
		数量/g	占比例/%
跑2 mile	21.5	50～55	93～100
跑10 km	700	150～170	86～97
马拉松	2800	500～550	71～78
自由泳200 m	50	12～15	96～100
自由泳1 500 m	400	90～100	90～100
自行车1 h	1020	230～250	90～100

注：引自冯炜权等，2006。

二、糖储备和运动能力

（一）肌糖原

1. 肌糖原的储量和运动能力

肌糖原约为肌肉重量的1% ~2%，总重量大约350 ~400 g，约占体内糖原总储量的75%。肌糖原储量与肌肉部位、肌纤维类型、运动训练水平及饮食有关。表现为不同个体同一部位肌糖原贮量相同，而同一个体的不同部位，肌糖原贮量都不同，如自行车运动员股四头肌糖原含量高于三角肌。一般认为快肌纤维糖原含量稍高于慢肌纤维。耐力训练可以提高肌糖原的储备，达到500 ~800 g左右。

肌糖原可提供运动时骨骼肌所需要的能量，尤其是维持高强度和持久运动时的能量。有研究发现，和混合膳食相比，运动员赛前高糖膳食可使肌糖原储备提高2倍，使进行75% $\dot{V}O_{2max}$功率自行车时的运动时间延长50%。肌糖原储量正常的肌肉收缩时，肌内燃料充分，运动肌对血糖的吸收和利用较少，血糖供能仅占总能耗的7%；糖原储量低的肌肉收缩时，糖原消耗比较快，导致运动肌对血糖的吸收和利用也增加，血糖供能的比例提高到46%，容易引起低血糖。原因是糖原在肌细胞内分隔存在，当运动肌内糖原耗尽时，难以从非运动肌内得到补充。因此，肌糖原含量低者，在完成相同负荷运动时，肌肉要较多地吸收血糖供能，容易引起低血糖症。

可见，提高肌糖原贮备可使运动肌吸收和利用血糖量减少，有利于血糖维持在正常水平或延迟血糖水平下降，对延缓运动性疲劳的发生具有积极意义。

此外，肌糖原贮量不足时，脂肪酸供能比例增加，势必使运动能力下降。同时，在以脂肪供能为主的运动中，肌糖原是脂肪氧化供能的代谢引物，缺糖将影响脂肪氧化供能的能力，影响到脂肪的有氧供能。因此，运动前提高肌糖原的储备对有氧运动能力具有重要作用。

短时间激烈运动中，一般不会出现肌糖原的耗竭或低血糖症。但肌糖原储备过低，也会影响无氧代谢能力。因此，无氧代谢供能为主的运动项目，比赛前有足够的肌糖原贮量也是必要的。

2. 运动时影响肌糖原利用的因素

（1）运动强度

研究显示，运动强度是决定肌糖原利用的主要影响因素。不同强度运动至力竭时，持续的运动时间不同，肌糖原的消耗量相差很大。在 90% ~95% $\dot{V}O_{2max}$ 以上最大强度运动时，肌糖原分解速率最快。由于运动很快达到力竭，肌糖原的储量不会耗尽，消耗不到原储量的 50%。在 65% ~85% $\dot{V}O_{2max}$ 强度运动至力竭时，肌糖原利用速率较快，消耗量最大，储备容易接近耗尽。

（2）训练水平

耐力训练可以提高肌肉氧化糖、脂肪酸的能力，主要表现在Ⅰ、Ⅱa 型肌纤维。训练水平高的人，执行定量亚极量负荷运动时，脂肪酸氧化供能的比率较高，相应的肌糖原利用速率减慢。所以，运动时，增强脂肪酸氧化供能，对肌糖原的利用可以起到节省作用。在进行大强度亚极量运动时，肌糖原分解速率相对比非训练者要快，保证了运动时能够产生较大的功率输出。

（3）肌纤维类型

在各种强度的运动中，Ⅰ、Ⅱ型肌纤维内糖原均能利用，但利用值随强度而异。在低于 70% $\dot{V}O_{2max}$ 强度长时间运动时，Ⅰ型肌纤维内糖原量下降最多，证明这类肌纤维最适宜中、低强度运动。在 75% ~90% $\dot{V}O_{2max}$ 强度运动中，随着运动强度的增大，首先募集Ⅱa 型肌纤维，最后是Ⅱb 型肌纤维。在最大强度肌收缩时，Ⅱb 型肌纤维几乎全部募集，肌糖原迅速分解，下降量最多。

（4）环　境

外界环境温度的变化会影响机体对代谢底物的选择。热环境下运动肌糖原分解供能增多，寒冷时人体利用脂肪供能增多。热环境下运动刺激肌糖原的分解，与大量出汗导致肌肉血流量下降和体温升高有关。

在低氧分压的环境下，机体利用糖酵解供能的比例增加，乳酸生成明显增多。合成等量的 ATP 时，糖有氧氧化比脂肪酸氧化消耗的氧量要少。因此，在供氧成为代谢的主要限制因素时，机体会优先选择利用糖氧化来供能。当对高原环境产生适应后，机体会出现肌糖原利用节省化，运动时利用脂肪供能的比例增加。

（二）肝脏葡萄糖的释放

肝脏葡萄糖的释放由肝糖原分解及糖异生作用提供。一般认为，肝脏对运动后阶段血糖的来源起关键作用。短时间激烈运动时，肝脏葡萄糖的释放对运动能力影响不明显；长时间运动时，尤其是运动后期，肝脏葡萄糖的释放和运动性疲劳的产生密切相关。

1. 运动时肝糖原分解

（1）短时间大强度运动时，肝脏葡萄糖的输出以肝糖原分解为主，占葡萄糖输出总量的90%，糖异生作用仅占10%。由于运动持续时间短，肝糖原消耗很少。

（2）长时间持续运动早期，仍以肝糖原分解为主。随着肝糖原的消耗，糖异生供糖的比例逐渐提高。当运动后期肝糖原储备趋于耗竭时，血糖的来源几乎全部由糖异生过程提供。

2. 运动时糖异生作用

除了肝糖原分解，肝脏还能通过糖异生作用生成葡萄糖。糖异生（gluconeogenesis）指的是非糖物质转变成糖的过程，主要在肝脏和肾脏中发生，底物有乳酸、甘油、生糖氨基酸。

（1）短时间大强度运动时，糖异生作用不明显，供能仅占肝脏葡萄糖输出的10%。

（2）长时间持续运动的早期，糖异生速率变化不大。随着肝糖原的消耗以及糖异生底物的浓度变化，糖异生供糖的作用越来越明显，可以达到肝脏葡萄糖输出总量的40%～45%，绝对代谢速率提高2～3倍。当运动后期肝糖原趋于耗竭时，血糖的来源几乎全部由糖异生过程提供。由于糖异生释放葡萄糖的最大速率只有1 mmol/min，很难满足运动肌对血糖摄取利用的需要，容易出现低血糖，影响运动能力。

长时间运动中，糖异生底物的成分和相对作用不断发生变化：①长时间持续运动早期，乳酸作为糖异生的底物较多。②运动到40 min左右，生糖氨基酸的糖异生作用可达最大值，其中以丙氨酸最为重要。③长时间运动后期，随着脂肪供能的比例增加，甘油糖异生的作用加大。

（三）血 糖

血糖浓度（以空腹或进食 12 h 之后）的正常范围是 3.89～6.11 mmol/L（70～110 mg%）。当血糖值低于 3.8 mmol/L（70 mg%）时，临床上称为低血糖；高于 7.2 mmol/L（130 mg%），称为高血糖。当血糖浓度高于 8.8 mmol/L（160 mg%）时，肾小球滤过的葡萄糖在肾小管不能全部被重吸收，由尿中排出，称为肾糖阈。

1. 血糖的来源和去路

血糖的来源包括外源性和内源性，外源性主要从食物消化吸收而来，内源性就是肝脏释放葡萄糖；血糖的去路主要是进入组织细胞合成糖原、氧化分解供能及转换成脂肪和氨基酸。正常情况下，血糖的来源和去路保持动态平衡，使血糖浓度维持在正常生理范围。

2. 血糖的生物学功能

（1）血糖是中枢神经系统的主要供能物质，用以维持中枢的正常机能。

大脑每日消耗葡萄糖 120～130 g，所需能量的 85%～95% 来自葡萄糖的氧化。所以，脑组织对血糖浓度极为敏感。

（2）血糖是红细胞的唯一能量来源。

成熟的红细胞没有线粒体，不能进行有氧氧化。红细胞每日约消耗 25 g 葡萄糖，90%～95% 进行糖酵解释放能量，其余 5%～10% 通过糖的另一分解途径——磷酸戊糖途径分解。

（3）血糖是运动肌的肌外燃料。

运动时骨骼肌不断吸收和利用血糖，有利于减少肌糖原的消耗，是运动肌的重要肌外燃料。

3. 血糖和运动能力

（1）短时间激烈运动时，骨骼肌收缩依靠肌糖原分解供能，利用血糖的量非常少，仅占糖供能总量的 1%。

（2）长时间运动时，运动肌不断吸收血糖，尤其是糖贮备不足或消耗过大时，骨骼肌吸收利用血糖的过程加强，容易引起低血糖，影响运动能力。原因是：①中枢神经系统因血糖供能缺乏，出现中枢疲劳；②红细胞的能量代谢不足，使氧的运输能力下降；③运动肌外源性糖供应不足，导致外周疲劳。

运动时血糖浓度可以反映运动肌和肝脏之间的动态平衡。肌糖原储量正常的骨骼肌，运动时对血糖的吸收和利用较少；低糖原储备的肌肉收缩时，对肌外燃料的依赖性增加，血糖的吸收和利用相对较高。

因此，运动前提高肌糖原的储备对减少运动中肌肉对血糖的利用、维持运动中血糖的浓度、避免运动时低血糖的出现、推迟运动性疲劳的发生具有积极意义。

知识库：什么是运动性低血糖？

运动性低血糖是指在运动中或运动后由于血糖降低导致头晕、恶心、呕吐、冷汗等不适的现象，严重者可能出现休克或者死亡。

低血糖的表现有：(1) 当血糖浓度低于3.6 mmol/L（65 mg%）时，脑细胞能量代谢发生障碍，大脑正常生理功能受阻。红细胞的功能下降，运动能力下降，出现动作协调性差，反应迟钝等。 (2) 当血糖浓度再低于3.3 mmol/L (60 mg%)，相继出现饥饿感、乏力、心悸、出冷汗等症状。(3) 当血糖浓度降至2.5 mmol/L（45 mg%）时，由于脑组织功能严重障碍，导致低血糖昏迷。

第四节　乳酸和运动能力

乳酸是糖酵解的代谢产物，在供能体系中占有重要地位。运动时乳酸的生成以及运动后乳酸的消除对运动员的运动能力、运动效果有着重要影响。

一、乳酸的生成

（一）安静状态下乳酸的生成

糖酵解是生物体内普遍存在的一种代谢方式，正常生理条件下机体即使不缺氧也有乳酸生成。安静状态下，骨骼肌以氧化血浆游离脂肪酸为主，但仍有少量乳酸生成，浓度约为1 mmol/kg 湿肌。除了骨骼肌外，表皮、神经、视网膜、肾髓质和红细胞等细胞内糖酵解也很活跃，这些组织部位生成的乳酸可以不同程度地释放到血液中，形成血乳酸。安静状态下，血乳酸的浓度为 1 ~ 2 mmol/L，其中 35% 的血乳酸来源于骨骼肌乳酸的释放。安静时，运动员的血乳酸水平和正常人差别不大，比赛前由于紧张等因素的影响，血乳酸会上升 1 ~ 2 倍，达到 2 ~ 3 mmol/L 左右。

（二）运动时乳酸的生成

运动时，骨骼肌是产生乳酸的主要场所。乳酸的生成与骨骼肌纤维类型、运动强度及持续时间有密切关系，如 1 ~ 2 min 大强度运动如 400 m 跑，血乳酸可以达到 12 mmol/L，800 min 跑后血乳酸更高，达到 15 mmol/L；长时间的运动如马拉松跑，运动后血乳酸也能达到 4 ~ 6 mmol/L 左右。除了持续性运动，间歇性运动也会有乳酸的生成，如自由式摔跤后，血乳酸可以达到 13 mmol/L 左右。另外，在运动加速和冲刺时血乳酸也会升高。

运动时和运动后血乳酸浓度的变化，反映骨骼肌等组织中乳酸生成、乳酸进入血液和血乳酸消除速率三者之间的平衡关系。因此，不同强度和时间运动后血乳酸的值差异很大。表 4 –2 列出部分项目比赛后血乳酸值的情况。

表 4 –2　部分项目赛后血乳酸值

项目		血乳酸浓度/（mmol/L）	备注
赛跑	100 m	9.46 ± 1.33	杨奎生，等（1987）
	400 m	11.78 ± 1.28	
	800 m	15.19 ± 1.87	
	1 500 m	13.33 ± 2.42	
	5 000 m	12.70 ± 1.92	
	10 000 m	11.90 ± 2.63	
	马拉松	4.00 ~ 6.33	
游泳	100 m	14.80	翁庆章，等（1988）
	200 m	15.50	
	400 m	13.20	
	1 500 m	9.40	

续表

项目		血乳酸浓度/（mmol/L）	备注
速滑	500 m	15.46 ±2.24	杜国玺，等（1984）
	5 000 m	17.03 ±1.90	
	10 000 m	16.58 ±1.69	
自行车	1 000 m 争先赛	10.67 ±0.58	缪素堃，等（1983）
	1 km 计时赛	12.07 ±1.21	
	100 km 个人赛	7.10 ±1.55	
摔跤（男）	自由式	13.30 ±4.97	宋成忠，等（1983）
	古典式	10.29 ±2.38	
	中国式	10.50 ±2.18	

注：引自 张爱芳，等，2005。

思考：是否只有无氧运动才生成乳酸？

乳酸的生成并非取决于有氧与否。乳酸的生成与否主要取决于胞浆中丙酮酸和 NADH · H^+ 的生成速率与线粒体的氧化速率之间的平衡。

在短时间大强度运动刚开始，骨骼肌会出现暂时的缺氧；中低强度运动开始时，氧的利用率不高，这些因素都会导致丙酮酸和 NADH · H^+ 在胞浆中的生成速率大于线粒体中的氧化速率，最终导致丙酮酸在胞浆中被还原生成乳酸。当运动 1 ~2 min 后，骨骼肌中氧供能力提高，线粒体氧化丙酮酸和 NADH · H^+ 的速率达到最大，此时丙酮酸和 NADH · H^+ 进入线粒体的氧化速率与在胞浆中的生成速率相等，丙酮酸主要进入线粒体进行有氧氧化，乳酸生成减少。当机体达到稳态氧耗速率时，乳酸的生成比较稳定。但当运动加速时，乳酸的生成又会增加。

因此，并非只有无氧运动才生成乳酸。

二、乳酸的消除

（一）乳酸穿梭

骨骼肌是乳酸生成的主要部位，乳酸生成后可透过细胞膜进入相邻的肌纤维或进入血液循环进一步代谢。通常将乳酸生成后的转运概括为“乳酸穿梭”，包括收缩肌内的乳酸穿梭和肌肉—血管间的乳酸穿梭。

1. 运动肌内的乳酸穿梭

运动肌内的乳酸穿梭是指乳酸在运动肌内不同类型的肌纤维之间进行重新分配和代谢的过程。

乳酸主要在Ⅱb 型肌纤维中产生，Ⅱ型肌纤维产生乳酸的最大生成速率是Ⅰ型肌纤维的 2 倍。乳酸生成后有一半进入Ⅱa 或Ⅰ型肌纤维被氧化利用。运动肌内乳酸穿梭的比例与运动强度有关，运动强度越大，该比值越高。

2. 肌肉—血管间的乳酸穿梭

肌肉—血管间的乳酸穿梭指的是运动肌产生的乳酸透过肌细胞膜进入血液循环，输送到其他组织的过程。其中，心肌和其他的非运动肌是乳酸氧化利用的主要场所；肝脏和肾脏可以摄取乳酸作为糖异生的底物。

因此，乳酸在肌肉中生成后，经过转运，最终在全身多个组织部位代谢消除。

（二）乳酸消除的代谢反应

乳酸消除的代谢反应主要有以下 3 条途经。

1. 有氧氧化

骨骼肌的Ⅱa 或Ⅰ型肌纤维以及心肌纤维，含氧相对于Ⅱb 型肌纤维要丰富，LDH_1 酶的活性也比较高。在上述部位，乳酸在 LDH_1 酶的作用下生成丙酮酸，丙酮酸进入线粒体生成乙酰辅酶 A，与草酰乙酸反应生成柠檬酸，进入三羧酸循环，最终生成 CO_2 和 H_2O，释放能量。由此充分利用乳酸中的能量，供机体利用。

2. 糖异生

肌肉的糖异生活性低，骨骼肌收缩产生的乳酸通过细胞膜弥散进入血液后，运输到肝脏，通过糖异生途径生成葡萄糖。生成的葡萄糖在肝脏可以合成为肝糖原，也可以释放到血液中，维持血糖的浓度，或经血液循环输送到骨骼肌，被骨骼肌加以吸收和利用，由此构成肌肉和肝脏之间的循环称为乳酸循环。该循环是由美国科学家 Cori 夫妇发现的，又称为 Cori 循环（Cori cycle）（图 4－7）。乳酸循环是耗能的过程，2 分子乳酸生成葡萄糖需消耗 6 分子 ATP。

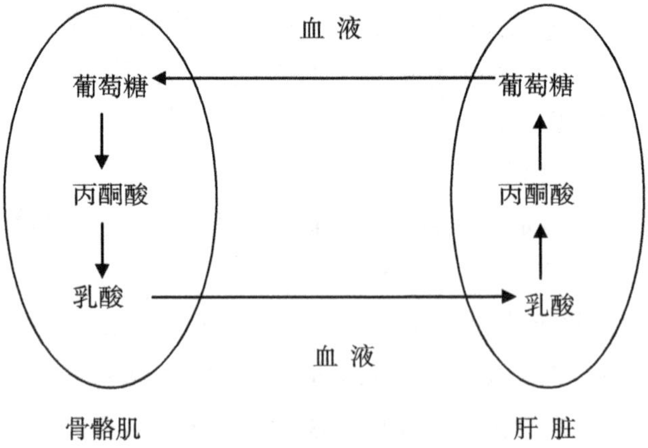

图 4－7　乳酸循环（Cori 循环）

3. 转变为脂肪酸或氨基酸

乳酸经氧化生成乙酰辅酶 A 后，可以作为脂肪酸的合成原料，也可以转变为非必需氨基酸，供其他代谢所用。

在上述 3 条代谢途径中，有氧氧化和糖异生是主要的代谢途径。此外，还有少量的乳酸直接随汗、尿排出体外，约占乳酸消除总量的 5%。

（三）乳酸消除的生物学意义

运动时乳酸消除的生物学意义表现如下。

（1）乳酸在快肌纤维内生成后，转移到邻近的慢肌纤维氧化，或随血液循环转移到其它运动强度较低的骨骼肌和心肌，可以提供氧化的底物。

（2）通过糖异生作用生成葡萄糖，用以维持血糖水平或促进糖原的合成。

（3）肌乳酸不断释放入血，可以改善肌细胞内环境，防止酸中毒和维持糖酵解的供能速率。

（四）乳酸消除的影响因素

运动后乳酸的消除受休息方式影响，低强度的整理活动（积极性的休息）比静止性休息（如静坐）乳酸消除速率快，血乳酸恢复到运动前水平大约需要 0.5 ~ 1 h。因为肌肉低强度的收缩和舒张，有利于乳酸穿梭至相邻的肌纤维，也有利于乳酸弥散进入血液循环。消极性的休息时，血乳酸恢复到运动前水平大约需要 1 ~ 2 h。

此外，训练水平高的运动员，血乳酸消除能力强。因为，训练水平越高，有氧代谢能力越强，有利于乳酸的氧化利用。

思考：

某一运动员，进行 400 m × 5 跑后，问以下哪种休息方式乳酸消除的效果比较好？为什么？（1）静坐；（2）按摩放松；（3）慢跑；（4）蒸桑拿

三、乳酸和运动能力

（一）肌乳酸和血乳酸

运动时乳酸主要在骨骼肌中产生，直接测试肌乳酸需要进行肌肉活检，存在一定的创伤性，在实际应用中具有很大的限制性。血液样本相对肌肉来说，取样方便，创伤程度轻。同时，运动时血乳酸主要来源于肌乳酸。因此，测定血乳酸的变化可以间接反映肌肉乳酸的生成情况。

运动时骨骼肌产生的乳酸透过细胞膜进入血液形成血乳酸，血液中的乳酸又会随着血液循环到其他组织部位代谢消除。肌乳酸和血乳酸之间始终处于动态变化，当肌乳酸的生成超过血乳酸的廓清速率时，血乳酸的浓度会升高；二者速率接近时，血乳酸的浓度保持不变。

运动中只有当肌乳酸和血乳酸之间达到平衡时，测定血乳酸反映肌乳酸的代谢情况才有意义。运动时肌乳酸和血乳酸之间浓度的相对平衡所需时间的长短，与运动强度和运动持续时间密切相关。表现如下。

（1）短时间大强度运动后（2 ~ 3 min 内），血乳酸最高值出现在运动结束后

10～12 min。由于运动强度大，肌乳酸生成速率高于转运速率，血乳酸浓度达到最大值需要一定的时间。因此，运动结束后休息 10 min 左右采集血样，才能确保血乳酸达到最大值。

（2）长时间（40 min）或大强度持续时间较长的间歇运动时，由于运动强度较低或者在运动间歇中，肌乳酸和血乳酸就可能已经达到平衡，运动结束后血乳酸达到峰值所需的时间相对较短。因此，可以在运动后即刻采集血样，测试血乳酸的浓度。

（二）乳酸与运动能力的关系

1. 乳酸生成与运动能力

在以糖酵解供能为主的运动中，乳酸的消除主要在运动结束后。运动时糖酵解动用比例越多，乳酸生成也越多。因此，短时间运动时乳酸生成越多，表明机体动用糖酵解的能力越强，有利于保持速度耐力，提高运动成绩。

研究表明，短时间激烈运动时，最大血乳酸水平与运动成绩密切相关，训练水平越高的运动员，运动后血乳酸的水平越高（表 4－3、表 4－4）。

表 4－3　不同水平游泳运动员赛后血乳酸值的比较　　mmol/L

项目	国家集训队	地方代表队	备注
100 m	13.2	9.6	国家集训队成绩普遍高于地方代表
200 m	12.4	11.9	
400 m	11.3	9.6	
1 500 m	8.8	4.5	

引自：冯美云等，1999。

表 4－4　我国男子 200m 自由泳优秀选手血乳酸水平

时间	游速/（min′sec″）	血乳酸/（mmol/L）
1979 年	2′01″	12.4（$N=10$）
1984 年	1′59″29	13.6（$N=5$）
1986 年	1′57″83	16.2（$N=6$）

引自：冯美云等，1999。

2. 乳酸消除与运动能力

乳酸的消除主要通过有氧氧化和糖异生 2 种途径，其中有氧氧化是乳酸消除的最主要途径。有氧代谢水平越高，乳酸消除得越快。原因在于，运动训练使 LDH_1 活性增加，有利于乳酸转化为丙酮酸；骨骼肌中线粒体的数目和体积增加，有利于丙酮酸在线粒体中的进一步氧化。

因此，乳酸的消除与有氧代谢能力有关。耐力训练水平愈高者，血乳酸的消除能力愈强，表现在执行相同的亚极量强度定量负荷运动时，血乳酸浓度增高相对减少。

本章小结

糖是骨骼肌的主要能量来源，是唯一的既能进行无氧，又能进行有氧代谢的细胞燃料，在运动供能中发挥着重要作用。

糖的无氧代谢指的是葡萄糖或糖原通过无氧分解生成乳酸并释放能量的过程，称为糖酵解。糖酵解是机体在氧供不足或缺氧情况下迅速获得能量的有效方式，是 30 s ~ 2 min 以内全力运动的主要供能途径，与速度和速度耐力密切相关，是体能项目的重要代谢基础。

糖的有氧氧化指的是在氧气供应充足的情况下，葡萄糖彻底氧化生成 CO_2 和 H_2O，并释放能量的过程。糖有氧氧化是机体获得能量的主要方式，也是 1 ~ 2h 大强度运动时的主要供能方式。

肝糖原的合成与分解可以调节和维持血糖浓度，同时，糖异生也是肝脏葡萄糖的输出形式之一。运动前提高肌糖原和肝糖原的储备，对避免长时间运动时疲劳的发生具有积极作用。

乳酸是糖酵解的代谢产物，安静状态下机体也有乳酸生成，运动时骨骼肌是产生乳酸的主要场所。骨骼肌既是乳酸生成的主要部位，也是乳酸消除的主要场所。乳酸消除的代谢途径主要有有氧氧化、糖异生以及转变为脂肪酸或氨基酸等。糖酵解代谢力越强，乳酸生成越多；有氧代谢水平越高者，乳酸消除能力也越强。

思考题:

1. 比较糖酵解和糖有氧氧化反应的区别。
2. 影响运动中糖酵解供能的因素都有哪些?
3. 运动对糖有氧氧化能力有何影响?
4. 乳酸消除的途径都有哪些?有何生理意义?
5. 什么是乳酸循环?乳酸循环的意义都有哪些?
6. 分析表4-3,运动员的比赛成绩和血乳酸水平之间有何关系?

(左　群)

第五章　脂代谢和运动

[本章要点]　本章从脂肪分解代谢供能的角度，阐述运动时参与供能的脂肪的来源和形式、脂肪在骨骼肌细胞中的有氧代谢过程、甘油和酮体的代谢去路，以及血浆脂蛋白对运动的适应。学习过程中应掌握运动时参与供能的脂肪的来源和地位，了解运动时甘油和酮体的代谢途径，重点掌握不同来源的脂肪在骨骼肌细胞中参与有氧代谢供能的过程；理解血浆脂蛋白参与运动时供能的积极作用和运动对其影响。

[重点名词]　脂肪动员；甘油三酯－脂肪酸循环；脂肪酸β－氧化；酮体

脂肪是人体内储备量最大的能源物质，如何开发利用脂肪来支持人体的运动是人们一直想迫切了解的内容，特别是对于运动员和健身人群。脂肪在人体内有其自身代谢、运输和利用的规律，本章主要介绍脂肪的分解代谢和运动对其产生的影响。

第一节　脂肪的分解代谢和运动

脂肪的化学名称是三酰基甘油，又称甘油三酯（Triglyceride，TG），是由1分子甘油和3分子脂肪酸结合而成的单纯脂。甘油的分子结构比较简单，脂肪酸的种类和碳链长短及碳骨架却不相同。因此，脂肪的性质和特点主要取决于脂肪酸，脂肪分解代谢释放的能量也主要来源于脂肪酸的分解代谢。

一、脂肪在人体内的储备和供能形式

（一）脂肪在人体内的储备

脂肪几乎存在于人体的所有组织细胞中。正常情况下，按照部位的不同，脂肪主要储存在：（1）脂肪组织（腹腔、皮下、胸腔、骨髓等处）；（2）骨骼肌细胞；（3）血浆脂蛋白。其中，脂肪组织和骨骼肌细胞是脂肪在人体储备的主要形式（表5－1）。

表5－1　80 kg男子体内糖和脂肪储备

能源物质		重量/kg	储能量/kJ
糖	血糖	20	320
	肝糖原	100	1 600
	肌糖原	400	6 400
	总量	520	8 000
脂肪	血浆脂肪酸	0. 000 4	16
	血浆甘油三脂	0. 004	160
	脂肪组织	12	404 000
	肌内甘油三脂	0. 3	10 800
总量		12. 3	440 000

引自：Jeukendrup，1998。

糖、脂肪和蛋白质是人体内的3种能源物质，其中糖和脂肪的主要功能就是储存和提供能量。糖类物质易于消化吸收，供能快、耗氧量少，可以在无氧情况下燃烧，是人体内最佳的代谢供能物质。

脂肪是人体内最理想的能量储存形式，主要原因是：（1）单位质量储能最多。每1 g糖在体内完全氧化释放17. 2 kj（约4 kcal）的能量，每1 g脂肪完全氧化可释放39 kJ（约9. 3 kcal）的能量，是等量糖和蛋白质氧化提供能量的2倍多。（2）储量巨大，储存形式稳定，占用空间相对节省。糖原是糖在人体内的储存形式，存在于骨骼肌和肝脏细胞中。糖原合成时需要结合水，大约每1 g糖原结合2. 7 g水，占居较大空间，使得糖原在骨骼肌或肝脏细胞内储存空间受到限制。脂肪主要储存于脂肪细胞，几乎不含水分，所占体积小，储存集中。以80 kg成年男性为例，以骨骼肌含量占35%体重来计算，肌肉总量为28 kg，全身糖总量500 g左右。若以成年男性脂肪占体重 15% 计算，脂肪储存总量可达 12 kg 之多，约为糖储量的 24 倍（表5－1）。

脂肪占体重的百分比（体脂%）随年龄、性别、营养状况、身体活动等因素的影响变动很大，正常成年男性体脂% 为 15% ~20%，女性为 20% ~28%。优秀马拉松运动员比赛时每分钟消耗能量 83 kJ（21 kcal），全程 42. 195 km 大约耗能 12 000 kJ（约 2 868 kcal）。500 g 糖（全部消耗约提供 2 000 kcal 能量）仅能供马拉松运动员跑 95 min左右，而体内储存的脂肪量理论上可供马拉松强度跑 119 h。所以，脂肪组织构成了人体内最大的储能库，能够满足长时间运动的能量需求。

（二）运动时脂肪参与供能的形式

运动时，脂肪参与供能的形式主要有 3 种：（1）以脂肪酸形式氧化分解供能，这是脂肪供能的主要形式。人体内大多数组织如骨骼肌、心肌等通过氧化脂肪酸来获得能量。（2）以甘油形式氧化分解供能，或者作为糖异生的原料，在肝脏异生为糖，对维持血糖稳定起着重要作用。（3）以酮体（乙酰乙酸、β－羟基丁酸和丙酮）形式氧化分解供能，肾脏、心脏、骨骼肌组织和大脑都可以利用酮体氧化供能。

二、脂肪在骨骼肌中的氧化

运动时，骨骼肌可利用的脂肪主要来源于：（1）骨骼肌细胞自身储备的脂肪；（2）脂肪组织中的脂肪；（3）血浆脂蛋白中的脂肪。

阅读理解：

骨骼肌细胞就如同人体的发动机，所有的燃料都将在这里燃烧并释放能量供骨骼肌收缩和舒张，完成各种运动。

如果将脂肪比喻为石油，骨骼肌就是工厂里燃烧石油的机器，脂肪组织中的脂肪就好比是国外石油输出国（例如科威特）储存的石油，血浆脂蛋白就是海上油轮装载的石油，骨骼肌细胞中的脂肪就是工厂自己储备的石油。

人体内的脂肪组织与骨骼肌组织在空间位置上通常具有一定距离，它们之间能源物质的疏通是通过血液循环联系起来的，如同石油输出国的石油是通过海上运输与消耗石油的工厂联系起来一样。有研究证明，即使空间位置上相互毗邻，脂肪组织中的脂肪也不能够直接进入骨骼肌细胞进行燃烧，而是通过血液循环输送到骨骼肌细胞后，再进行燃烧。

（一）脂肪组织中的甘油三酯

脂肪组织中含有大量的脂肪，是长时间运动时重要的供能物质。脂肪组织中的脂肪要经历以下几个环节：（1）脂肪动员；（2）脂肪酸在血液中运输，到达骨骼肌细胞；（3）脂肪酸进入骨骼肌细胞；（4）脂肪酸的活化；（5）脂肪酸进入线粒体；（6）脂肪酸的β－氧化和氧化磷酸化，最终生成 CO_2 和 H_2O，并释放能量。

1. 脂肪动员

脂肪组织中的脂肪在脂肪酶催化下生成甘油（Glycerol，Gl）和脂肪酸（Fatty acid，FA），甘油和脂肪酸随血液循环供给全身各组织摄取利用的过程，称为脂肪动员。

知识点：

脂肪组织细胞中有3种脂肪酶，逐步水解甘油三酯成为甘油和脂肪酸。甘油三酯首先被甘油三酯脂肪酶（激素敏感脂肪酶）水解成甘油二酯和脂肪酸，甘油二酯相继被甘油二酯脂肪酶和甘油一酯脂肪酶水解成甘油和脂肪酸。甘油三酯脂肪酶是脂肪分解的限速酶，因对激素敏感，故称激素敏感脂肪酶。肾上腺素、胰高血糖素、肾上腺皮质激素是激素敏感脂肪酶的激活剂，加速脂肪分解作用。而胰岛素作用相反，具有抗脂解作用。咖啡因通过激活腺苷酸环化酶，促使脂肪水解。运动时肾上腺素、胰高血糖素、皮质醇分泌增加，胰岛素分泌减少，有利于脂肪动员和分解供能。

研究已证明，安静时脂肪组织水解生成的脂肪酸，数量远大于血液的运载能力及组织细胞的燃烧能力，只有1/3的脂肪酸进入血液循环，2/3经再酯化作用生成甘油三酯，即一部分甘油三酯水解后生成的脂肪酸通过合成脂酰辅酶A（CoA）再与α－磷酸甘油结合生成甘油三酯的过程，称为甘油三酯－脂肪酸循环。这一代谢过程对脂肪动员的调节具有重要作用（图5－1）。

甘油三酯－脂肪酸循环对脂肪组织释放脂肪酸起着重要调节作用静息状态时，大约30%的脂肪酸进入血液循环，70%再酯化合成甘油三酯。运动时，由于机体消耗能量增加，这一比例发生明显变化。例如，在进行30 min 40% $\dot{V}O_{2max}$ 强度运动时，只有25%的脂肪酸再酯化为甘油三酯，75%的脂肪酸释放入血液循环，供运动肌摄取利用。运动时当血浆葡萄糖浓度处于低水平时，脂肪组织 a－磷酸甘油缺乏，脂肪酸再酯化的速率必然降低，促使大量的脂肪酸释放入血。

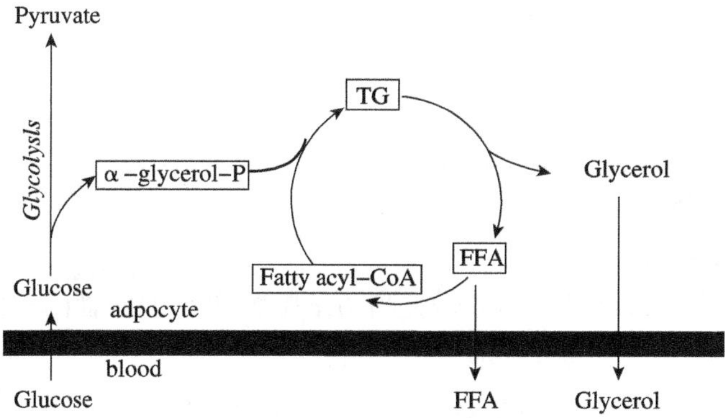

图5－1　脂肪组织内甘油三酯和脂肪酸循环

脂肪组织的血流量（Adipose tissue blood flow，ATBF）与脂肪动员情况关系密切，甚至成为控制脂肪动员和脂肪组织向血液输出脂肪酸的一个重要环节。运动时脂肪组织血流量增加，脂肪酸输出数量明显增加。长时间中等强度运动时脂肪组织的血流量约增大3倍左右。Bulow等报道了人和动物在长时间中等强度运动过程中各部位脂肪组织的血流量变化（表5－2）。耐力运动开始后脂肪水解作用迅速加强，在运动过程中进一步加快，甘油、游离脂肪酸（Free fatty acid，FFA）浓度均明显增加（表5－3）。

表5－2　长时间中等强度运动时人、狗各部位脂肪组织动脉血流量（ATBF）　mL/100g/min

物种	部位	静息状态	运动时间/h			
			1	2	3	4
人	皮下	2.0	4.7	6.2	7.9	7.6
	肾周围	2.3	4.3	8.1	12.8	15.4
狗	皮下	6.2	9.2	10.3		
	肾周围	10.2	16.4	32.6		
	网膜	7.6	11.8	17.5		
	肠系膜	9.5	19.4	30.2		
	心包	10.8	16.3	25.3		

引自：许豪文，2001。

表 5－3 人体（30% $\dot{V}O_{2max}$）长时间运动时血浆游离脂肪酸（FFA）和甘油浓度变化

运动时间/min	游离脂肪酸/（mmol/L）	甘油/（mmol/L）
0	0.66	0.04
90	0.78	0.19
180	1.57	0.39
240	1.83	0.48

引自：冯美云，1999。

2. 脂肪酸的运输

脂肪水解产生的甘油和脂肪酸透过脂肪细胞膜和毛细血管内皮细胞进入血液循环。甘油为水溶性物质，容易在血液中运输，脂肪酸多为长链脂肪酸，例如软脂酸、硬脂酸和油酸等。长链脂肪酸的水溶性差，在血液中主要与血浆清蛋白结合生成脂肪酸－清蛋白复合物进行运输，血液中未与血浆清蛋白结合的脂肪酸被称为游离脂肪酸（FFA）。因此，血浆清蛋白浓度、血浆清蛋白与 FFA 的结合力，以及血流速度和血流量就成为脂肪酸在血液中运输的重要限制因素。

血浆清蛋白浓度比较稳定，约为 0.6 mmol/L，每分子清蛋白大约可结合 10 分子的脂肪酸。正常静息状态，人血浆 FFA 浓度相对较低，大约为 0.1 mmol/L（6 ~ 16 mg/dL），低于血液中葡萄糖的浓度（4.4 ~ 6.1 mmol/L 或 80 ~ 120 mg/dL）。但血浆 FFA 转运较快，半寿期大约为 4 min，所以，脂肪仍然是机体静息状态的重要供能物质。长时间运动过程中，血浆 FFA 浓度升高，转运率也加快，半寿期可减少到 0.9 min，加快程度与运动强度有密切关系。

长时间运动时，参与收缩的肌肉摄取利用血浆 FFA 供能增多，通过神经和激素调节使脂肪组织脂解作用加强，血浆 FFA 浓度也随之升高，可以由基础值 0.1 mmol/L 增加到接近于 2.0 mmol/L。血中 FFA 与血浆清蛋白比值也由静息状态的 0.2 上升到 3 ~ 4。当大量血浆清蛋白与脂肪酸结合后，继续进行脂解作用必然使得血液中未与清蛋白结合的 FFA 增多，由于其水溶性差，可能在血液中形成微胶粒，对人体产生一定的危害作用：（1）微胶粒会损伤细胞膜；（2）增加血小板的黏集而引起血栓形成；（3）血管阻力增大，影响血液灌注及物质的运输；（4）干扰心脏电传导，甚至引起心率失常。Newshome 对比不同生理状态下人体血液 FFA 浓度，结果发现一般不超过 2.0 mmol/L（表 5－4）。由此可见，血液运输 FFA 的能力是有限的。运动时增加脂肪组织、骨骼肌的血流量和血流速度，可以部分代偿因血浆清蛋白运载脂肪酸出现饱和而降低血液运输脂肪酸的能力。

表5-4 不同生理状态人血浆游离脂肪酸（FFA）浓度 mmol/L

生理状态	血浆游离脂肪酸
空腹	0.10
正常进食后	0.3~0.6
运动应激（赛艇）	1.72
饥饿（8 d后）	1.88
长时间运动（4 h）	1.83

引自：Newshome，1982。

3. 脂肪酸跨越骨骼肌细胞膜

脂肪酸由脂肪细胞释放进入血液以及由骨骼肌细胞摄取，必须分别跨过脂肪细胞膜、毛细血管壁和骨骼肌细胞膜进行转运。目前有关脂肪酸跨膜转运的机制虽然仍不十分清楚，但普遍认为是通过被动扩散和细胞膜上一种或几种蛋白质构成的运载体系协同完成。

脂肪酸是以与清蛋白结合的形式运输，由于组织细胞膜对脂肪酸-清蛋白复合体的通透性很低，在通过细胞膜或毛细血管内壁时，脂肪酸必需与清蛋白分离才能转运。由于脂肪酸的亲脂性，传统理论认为，脂肪酸以被动扩散的方式通过脂质膜。进一步研究发现，细胞膜上存在着脂肪酸运载蛋白，如脂肪酸转运蛋白或脂肪酸转运酶等，都与脂肪酸的跨膜转运有密切关系。

4. 脂肪酸的活化和β-氧化

脂肪酸达到骨骼肌细胞后必需先活化，进入线粒体经β-氧化生成乙酰CoA后，才能彻底氧化生成CO_2和H_2O，并释放能量。

（1）脂肪酸的活化

在线粒体外膜，经酰基辅酶A合成酶催化，在消耗ATP的情况下，脂肪酸与辅酶A结合，生成脂肪酰辅酶A，简称脂酰CoA。

理解：

在人体内任何燃料的燃烧通常都需要活化，然后进入自身的燃烧过程（代谢过程）。这就如同点燃煤炭的过程，首先需要木柴或者纸张燃烧引燃煤炭，这个引燃的过程就是给煤炭能量的一个活化过程，最终煤炭进入自身的燃烧阶段，释放能量。

（2）脂酰 CoA 进入线粒体

脂肪酸活化是在骨骼肌细胞浆中进行，而催化脂酰 CoA 进行 β－氧化的酶系存在于线粒体基质内，因此活化的脂酰 CoA 必需进入线粒体基质才能氧化分解。中、短链脂酰 CoA 可直接穿过线粒体内膜进入线粒体内，但长链脂酰 CoA 进入线粒体需要肉碱作为载体辅助转运进入线粒体（图 5－2）。

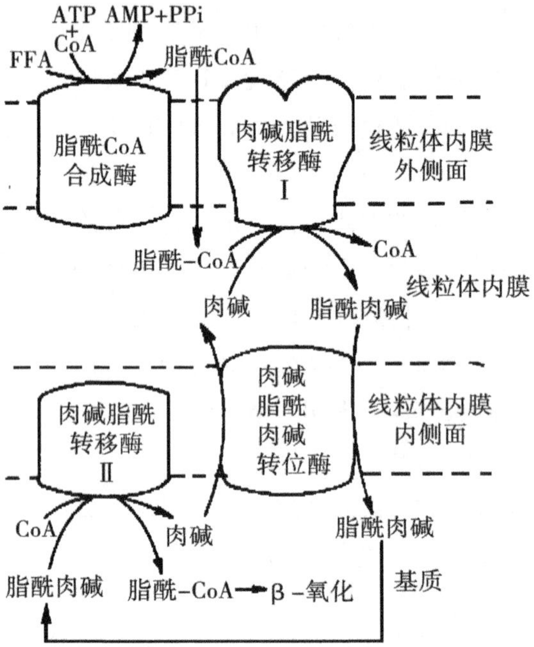

图 5－2　肉碱协助脂肪酸进入线粒体内膜

知识库：

脂酰 CoA 进入线粒体是脂肪酸 β-氧化的限速步骤，肉碱脂酰转移酶 I（CAT I）为限速酶。当饥饿、高脂低糖膳食或长时间运动引起机体缺糖时，CAT I 活性增加，脂肪酸氧化增强，节省糖；相反，饱食后合成脂肪的基础物质丙二酰 CoA 增加，丙二酰 CoA 抑制 CAT I 的活性，脂肪酸氧化代谢过程被抑制。缺乏肉碱的人不能很好利用脂肪酸供能，在运动时必然对糖类物质产生更大的依赖性，过早过多消耗糖容易引起疲劳。在这种情况下合理补充肉碱对改善运动能力具有积极作用。

（3）脂肪酸的 β－氧化

脂酰 CoA 进入线粒体后，在基质中进行 β－氧化作用。β－氧化的整个代谢过程包括脱氢、加水、再脱氢、硫解 4 步连续的反应过程（图 5－3）。长链脂酰 CoA 经过一次 β－氧化反应，碳链减少 2 个碳原子，生成 1 分子乙酰 CoA，多次重复上面的循环过程，就会逐步生成多个乙酰 CoA。

通过 β－氧化，形成的乙酰 CoA 进入三羧酸循环，通过氧化磷酸化，生成 CO_2 和 H_2O，并释放大量能量。如 1 分子的软脂酸（含 16 个碳原子）通过 β－氧化，生成 8 分子乙酰 CoA，最终生成 130 个 ATP。脂肪酸的 β－氧化发生在线粒体，因此没有线粒体的红细胞，不能氧化脂肪酸供能。

β－氧化反应也是脂肪酸的改造过程，通过 β－氧化可以将长链脂肪酸改造成长度适宜的脂肪酸，供机体代谢所需。脂肪酸 β－氧化生成的乙酰 CoA 是一种十分重要的中间代谢化合物，乙酰 CoA 除能进入三羧酸循环氧化供能外，还是许多重要化合物如酮体、胆固醇和类固醇等合成的原料。

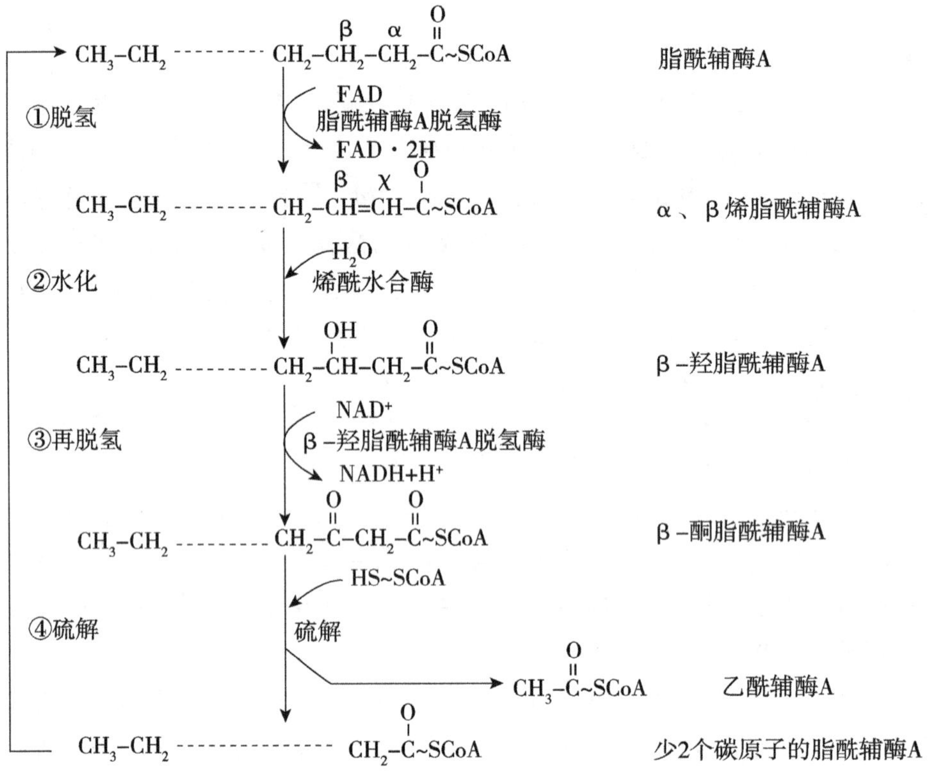

图5-3 脂肪酸的β-氧化过程

理解：

脂肪酸β-氧化过程与生活中燃烧木材相似，脂肪酸如同一棵大树的树干，不能直接放入炉子中燃烧，需要先将其锯为一段一段的圆木，然后再用斧子劈成柴，就是由2个碳原子构成的一小段的二碳单位-乙酰CoA。脂肪酸的β-氧化就好比是将巨木劈成柴的过程。

（二）血浆脂蛋白中的甘油三酯

从肠道吸收的食物脂类或由肝脏合成的脂类以及脂肪组织动员出来的脂肪酸，都必须经血液循环才能运输到其他组织代谢。脂类物质不溶于水，在血液中与血浆蛋白质结合，以脂蛋白（Lipoprotein）的形式运输。

理解：

脂类物质就好比是人们日常生活中的汽油、柴油或者石油等各种油料，血浆蛋白质好比是各种油罐车，可以装载各种不同的油脂，而脂蛋白好比是装满油料的油罐运输车。显然，脂蛋白是脂类物质在人体内的运输形式。

1. 血浆脂蛋白的组成及分类

血浆脂蛋白主要由蛋白质、甘油三酯、磷脂、胆固醇及其酯组成。各类脂蛋白都含有这4类成分，但其组成比例及含量却大不相同。通过超速离心方法可将血浆脂蛋白分为4类，分别是：（1）乳糜微粒（Chylomicron，CM，$d<0.95$）；（2）极低密度脂蛋白（Very low density lipoprotein，VLDL，$0.95\leqslant d<1.006$）；（3）低密度脂蛋白（Low density lipoprotein，LDL，$1.006\leqslant d<1.063$）；（4）高密度脂蛋白（High density lipoprotein，HDL，$1.063\leqslant d\leqslant 1.210$）。

2. 血浆脂蛋白中甘油三酯的分解

血浆脂蛋白中的甘油三酯主要存在于CM和VLDL。在脂蛋白脂肪酶（lipoprotein lipase，LPL）的催化下，血浆脂蛋白分子中的甘油三酯水解为甘油和脂肪酸供组织利用。

当血液流经骨骼肌、心肌及脂肪细胞的毛细血管时，存在于毛细血管内皮细胞表面的LPL催化血浆脂蛋白分子中的甘油三酯分解产生甘油和脂肪酸进入组织细胞被利用。不同组织内LPL活性不同，心肌、骨骼肌慢收缩纤维和脂肪组织中LPL活性高，在肺、主动脉和骨髓质等组织内也存在。禁食或运动时心肌和骨骼肌LPL活性增高，脂肪组织LPL活性降低，这有利于脂肪酸在心肌、骨骼肌氧化供能，抑制脂肪细胞摄取脂肪酸用于脂肪的合成。

（三）骨骼肌细胞的甘油三酯

1. 骨骼肌细胞内甘油三酯的分布及含量

骨骼肌细胞中甘油三酯以脂滴的形式储存，主要分布在线粒体附近。骨骼肌细胞中甘油三酯的含量不易测定，估计为7～40 mmol/kg湿肌，总储量在100～600 g之间。骨骼肌细胞中甘油三酯的含量受肌纤维类型、营养状况、体力活动等多种因素的影响。人体Ⅰ型肌纤维中甘油三酯的含量高于Ⅱ型肌纤维，Ⅱb型含量最低，这与各类肌纤维代谢特点有关。

2. 骨骼肌内甘油三酯的氧化

催化骨骼肌内脂肪水解的酶并不完全相同。大鼠骨骼肌中有3种不同的脂肪酶，最适pH分别为5.0、7.0和8.5，分别称为酸性、中性和碱性脂肪酶。碱性脂肪酶即LPL，主要针对血浆脂蛋白中的甘油三酯起催化作用；中性脂肪酶可能对水解肌纤维内的甘油三酯起作用。骨骼肌内的脂肪酶也是甘油三酯分解的限速酶，对激素调节敏感，其活性受胰岛素的抑制，而被肾上腺素、去甲肾上腺素、胰高血糖素激活。运动时肾上腺素、去甲肾上腺素分泌增加，胰岛素分泌下降，脂肪酶被激活，脂肪分解供能提高。

在运动过程中，人体骨骼肌中由甘油三酯脂酶催化甘油三酯分解为甘油二酯和FFA这一反应决定着甘油三酯分解供能的速率。研究发现耐力运动训练能降低肌细胞内甘油三酯含量，增加骨骼肌氧化能力；同时，耐力运动训练可上调脂解蛋白的表达。

三、运动过程中的脂肪氧化供能与运动适应

作为体内最大的储能库，脂肪组织储存了机体2/3以上的能量储备。脂肪动员和脂肪氧化能力的提高，将对改善运动能力，特别是耐力运动水平的提高有着重要的作用。

（一）脂肪氧化供能的特点

作为机体重要的能源物质，脂肪的氧化具有以下明显的特点：（1）脂肪组织中的脂肪要在骨骼肌细胞中燃烧，其动员过程比较缓慢，通常需要30min左右的时间；（2）脂肪酸在骨骼肌细胞中燃烧，耗氧量巨大；（3）脂肪酸在骨骼肌细胞中氧化的功率低，只能够维持中低强度的有氧运动，但由于储备数量巨大，可支持运动的时间较长；（4）脂肪在骨骼肌细胞中燃烧供能的效率比较低，从运动角度存在一定程度的浪费。

（二）运动时影响脂肪氧化的主要因素

1. 身体素质

骨骼肌快收缩与慢收缩肌纤维类型的含量比例、心输出量的大小、骨骼肌局部

毛细血管密度、运动时的供血量都是影响骨骼肌氧化脂肪的因素。

骨骼肌细胞内线粒体中的各种氧化酶，如三羧酸循环代谢的酶系的活性、呼吸链的细胞色素含量、与脂肪酸氧化直接有关的特异性酶的活性等等也是影响脂肪氧化的重要因素。

2. 运动强度和运动持续时间

在低强度运动中，如以25% $\dot{V}O_{2max}$强度运动30 min，脂肪氧化供能大约占总能量消耗的70% ~80%，运动中血浆FFA浓度比运动前提高约5倍，脂肪酸在骨骼肌细胞线粒体中的氧化速率明显加快。随着运动强度的逐渐提高，脂肪氧化供能的比例逐渐下降，糖氧化供能的比例则逐渐增加。在骨骼肌细胞中氧化的脂肪酸中，来自血浆的FFA所占比例下降，骨骼肌细胞内储存的甘油三酯氧化供能增加。当运动强度达到65% $\dot{V}O_{2max}$，持续运动30 min时，脂肪与糖燃烧供能的比例大约是1∶1，肌肉中储存的甘油三酯氧化供能的数量大约占到50%。当运动强度进一步提高达到90% $\dot{V}O_{2max}$及以上强度时，脂肪燃烧供能的比例继续下降，肌糖原成为骨骼肌细胞的基本燃料。

3. 脂肪动员和脂肪酸转运的能力

脂肪水解与动员主要取决于脂肪组织中激素敏感性脂肪酶的激活，其活性的调节受一些抑制和激活因素的作用。交感神经系统和血液肾上腺素是主要的激活因子，而乳酸、酮体、胰岛素对激素敏感性脂肪酶都有抑制作用。

脂肪酸进入血液时，也受到肾上腺素能和胰岛素的共同调节。另外，如血浆清蛋白浓度、动脉脂肪酸/清蛋白比值和脂肪组织的血流量等也影响脂肪酸的转运。

4. 脂肪酸的碳链结构

脂肪酸的燃烧速率与脂肪酸碳链的结构有关，脂肪酸碳链越长，饱和程度越高，其燃烧速率越低。

5. 骨骼肌细胞中脂肪酸氧化相关酶系的活性

线粒体是脂肪酸完全氧化的主要细胞场所，所以骨骼肌细胞中线粒体内脂肪氧化相关酶系的活性在很大程度上将决定脂肪氧化供能的情况。

（三）脂肪氧化对运动训练的适应

对高水平的马拉松运动员进行研究发现，耐力训练使得运动员体脂%含量减少，与没有经过耐力训练的人群相比：脂肪细胞的平均直径显著减小；血浆 LPL 活性增加，甘油三酯转运速率加快；骨骼肌细胞内脂肪酸氧化分解代谢的相关酶活性明显增加，脂肪酸在线粒体中分解速率明显加快。结果表明，运动员体内脂肪水解动员、运输和骨骼肌细胞内脂肪酸的氧化分解能力都表现出适应性增强。与非耐力运动员相比，耐力项目运动员在进行长时间耐力运动过程中利用脂肪氧化供能的能力和比例均增加，从而有利于节省体内的糖储备，达到提高耐力运动水平的作用。

第二节　甘油、酮体和运动

一、甘油和运动

甘油是水溶性物质，容易在血液中运输。由于脂肪细胞中磷酸甘油激酶的活性极低或没有，脂肪水解产生的甘油在脂肪细胞内既不能被氧化分解，也不能重新利用再合成甘油三酯，而是全部透过细胞膜进入血液循环被其它组织，例如肝脏和肾脏等，摄取利用。

（一）甘油在不同组织中的代谢

1. 甘油在骨骼肌细胞中的代谢

骨骼肌虽然可以吸收血液中的甘油，但由于骨骼肌细胞也缺乏磷酸甘油激酶，因此，甘油在骨骼肌细胞中直接氧化供能的意义不大。通常，血液中甘油浓度可作为判断脂肪分解程度的指标。

2. 甘油在其他组织器官中的代谢

甘油可以被肝脏和肾脏等组织细胞吸收，在磷酸甘油激酶的作用下，生成 α－磷酸甘油。在肝脏内，根据供氧条件的不同，α－磷酸甘油有 3 条代谢途径：（1）在无氧条件下，生成乳酸；（2）在有氧条件下，氧化生成 CO_2 和 H_2O；（3）经过糖异生作用，生成葡萄糖。

每分子甘油氧化生成乳酸时，释放能量可合成 4 分子 ATP；完全氧化生成 CO_2 和 H_2O 时，释放出的能量可合成 22 分子 ATP；每 2 分子甘油经糖异生作用合成 1 分子葡萄糖。在甘油代谢总量中，甘油的糖异生代谢至少占 3/4。由此可见，糖异生作用是甘油的一个主要代谢途径。

除肝脏和肾脏，小肠黏膜细胞也有较丰富的磷酸甘油激酶，在一定程度上可以利用甘油，脂肪细胞、骨骼肌和心肌细胞中磷酸甘油激酶活性很低，故不能很好地利用甘油。

（二）甘油代谢对运动能力的积极意义

肌肉中缺乏甘油代谢的酶，甘油直接为骨骼肌供能意义不大。人处于饥饿状态或进行长时间的耐力运动时，体内糖储备逐渐减少，能量代谢逐步由糖供能转为更多的依靠脂肪供能，甘油的利用量也随之增大 10 倍之多，成为糖异生作用的重要底物之一。长时间耐力运动时，甘油经糖异生代谢生成的葡萄糖，既可以补充血糖的消耗，又可以被骨骼肌吸收利用，对维持运动能力具有积极作用。

二、酮体和运动

（一）酮体的生成及代谢去路

1. 酮体的定义

酮体是脂肪酸在肝脏不完全氧化的中间代谢产物，包括乙酰乙酸、β－羟基丁酸和丙酮，其中 β－羟基丁酸最多，约占酮体总量的 70%，乙酰乙酸约占 30%，丙酮含量极微。

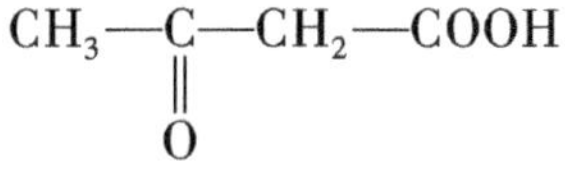
乙酰乙酸

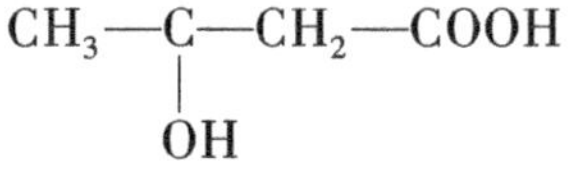
β－羟丁酸

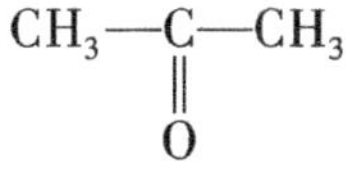
丙酮

2. 酮体的生成

肝细胞线粒体内含有各种合成酮体的酶类，脂肪酸在肝细胞线粒体中经过 β－氧化生成大量乙酰 Co A，它们是合成酮体的原料。酮体生成过程如下：

脂肪酸β－氧化⟶生成乙酰 Co A ⟶缩合生成酮体

（1）脂肪酸β－氧化生成的乙酰 Co A 可与另 1 分子乙酰 Co A 缩合生成乙酰乙酰 Co A；（2）乙酰乙酰 Co A 与 1 分子乙酰 Co A 缩合生成 β－羟－β－甲基戊二

酰 Co A；(3) β－羟－β－甲基戊二酰 Co A 裂解为乙酰乙酸和乙酰 Co A。乙酰乙酸可以经加氢作用还原成β－羟基丁酸，也可脱羧生成丙酮。此外肾脏也有合成酮体的酶体系。

进入肝脏的脂肪酸主要有 2 条代谢去路：一条是在细胞浆中与α－磷酸甘油进行酯化反应，合成甘油三酯或磷脂；另一条是进入线粒体氧化成乙酰 Co A，再生成酮体。肝糖原的贮存量对酮体的生成有重要影响，肝糖原含量丰富时，糖代谢旺盛，生成较多α－磷酸甘油与脂肪酸一起酯化成为甘油三酯和磷脂。当肝糖原含量减少，糖代谢减弱时，α－磷酸甘油及 ATP 不足，脂肪酸酯化减少，主要进入线粒体进行β－氧化，酮体生成量增多。

3. 酮体的代谢

由于肝细胞缺乏利用酮体的酶系，酮体在肝细胞线粒体内生成后只能透过细胞膜进入血液，成为血酮体。血酮体运输到肝外的一些组织，被进一步氧化和利用。因此，酮体是肝细胞内脂肪酸不完全氧化时特有的中间代谢产物。

(1) 代谢部位

心肌、骨骼肌、神经系统和肾脏等肝外组织的线粒体内有活性很强的代谢酮体的酶系，能够氧化酮体释放能量。

(2) 代谢途径

在肝外组织细胞中，酮体在酮体酶的作用下氧化分解成乙酰 CoA，通过三羧酸循环、氧化磷酸化彻底氧化生成 CO_2 和 H_2O，并释放能量合成 ATP。

氧化过程中，β－羟基丁酸先脱氢氧化转变为同样属于酮体成分的乙酰乙酸，然后乙酰乙酸被活化为乙酰乙酰 CoA，生成的乙酰乙酰 CoA 通过硫解作用分解成 2 分子乙酰 CoA，乙酰 CoA 主要通过三羧酸循环、氧化磷酸化彻底氧化生成 CO_2 和 H_2O，并释放能量合成 ATP。丙酮可随尿排出，或经呼吸道呼出。

(二) 酮体生成的生理意义

1. 一种能量特殊运输方式

酮体是人体内输出脂肪酸的一种形式，是联系肝脏与肝外组织的一种能量特殊运输方式。

脂肪酸不溶于水，需要以清蛋白为载体在血液中运输，运载量相对有限，而脂肪酸不完全氧化生成的酮体分子小，易溶于水，便于在血液中运输。因此，肝脏中生成的酮体实际上为肝外组织提供了一种易于运输的能源形式。

2. 参与脑组织和肌肉能量代谢

在长时间持续运动中，随着脂肪分解提供的脂肪酸含量的增多，肝脏中生成的酮体随之增加，并为肝外组织所利用。

酮体能通过血脑屏障和肌肉的毛细血管壁，进入脑组织和肌肉组织进行氧化。因此，酮体是长时间耐力运动时大脑和肌肉组织的补充能源。在一定程度上，血酮体可以代替血糖成为脑组织和肌肉的能源物质，尤其对脑组织的能量代谢具有重要意义，这在机体糖储备减少时降低脑组织对血糖的依赖、防止中枢疲劳、节省血糖以保持运动能力等有积极作用。但酮体在耐力运动中的供能作用并不重要，即使在糖尿病人处于高血酮体水平时（严重糖尿病时可达到500 mg%），酮体氧化供能数量也只占总能量消耗的4%左右。

3. 参与脂肪动员的调节

在耐力运动后数小时内，血酮体继续保持在较高水平。血酮体通过对胰岛素释放的激活作用，促使血浆胰岛素浓度升高，抑制脂肪组织的脂解作用；血酮体还能直接抑制脂肪组织的脂解作用。借助这些代谢调节步骤，可以及时终止运动后超常的脂肪动员速率，促进机体的恢复。

三、运动对血酮体水平的影响

静息情况下，酮体的生成率低，与之相比此时肝外组织的氧化率相对较强，血液中酮体浓度相对恒定，含量极低，维持在0～0.2 mmol/L（也有报道为0.3 mg%～5 mg%）。一般情况下，尿中检查不出酮体。

短时间剧烈运动时，如400 m跑、12 min固定自行车运动，血酮体的含量无明显变化，这是由于短时间高强度运动时，肌肉工作消耗的能量主要依靠磷酸原和糖酵解供能系统来提供，脂肪动员参与供能少的缘故。运动对酮体生成和代谢的影响发生在长时间中、低强度运动中。运动开始阶段，骨骼肌毛细血管床开放，骨骼肌对血酮体的摄取率大于肝脏的酮体生成率，血酮体含量发生暂时性下降；随着运动时间的延续，脂肪动员量增加，肝脏的酮体生成率大于肝外组织的摄取率，同时由于长时间的运动，血浆胰岛素水平下降，胰岛素调节酮体透过细胞膜影响肝外组织对酮体的利用，使它们转为主要利用脂肪酸，造成运动时血酮体浓度升高，可比正常水平增加3～15倍。

在糖储备低下的运动过程中，血酮体水平升高尤为明显，因为当体内糖储备充足时，肝糖原生成的α－磷酸甘油较多，α－磷酸甘油与进入肝脏的脂肪酸酯化生成甘油三酯或磷脂。当体内糖储备下降时肝糖代谢减弱，α－磷酸甘油及ATP数量不足，脂肪酸酯化减少，大多数脂肪酸进入线粒体氧化，致使酮体生成量增多。因此，在长时间耐力运动的中、后期检查血、尿酮体的水平可以帮助我们了解体内糖储备状况。

由于酮体的主要成分是酸性物质，长时间持续运动时，酮体生成数量的增加引起血液酸碱度的变化，使其pH值下降，破坏人体内环境的酸碱平衡，造成代谢性酸中毒，导致运动性疲劳的发生。

第三节　血浆脂蛋白与运动

一、运动时血浆脂蛋白的积极作用

（一）运动时血浆脂蛋白中甘油三酯的分解供能

用同位素标记甘油三酯和测定血浆脂蛋白甘油三酯的动—静脉差，发现运动时血浆甘油三酯参与氧化供能，但其氧化供能占总脂肪氧化的比例很小。在进行长时间耐力运动时，血浆VLDL和CM中的甘油三酯氧化供能仅占脂肪氧化总量的10%以下。

（二）运动时血浆脂蛋白的载脂蛋白的作用

血浆脂蛋白中的蛋白质部分称为载脂蛋白（Apolipoprotein，Apo）。迄今已从人血浆分离出的Apo有18种之多，主要有Apo A、B、C、D及E等5类，其中Apo A又分为AⅠ、AⅡ、AⅣ；Apo B又分为B100和B48；Apo C又分为CⅠ、CⅡ、CⅢ等类别，不同脂蛋白所含载脂蛋白的种类及数量各不相同。载脂蛋白不仅在结合和转运脂质及稳定脂蛋白结构上发挥重要作用，而且还调节脂蛋白代谢关键酶活性，参与脂蛋白受体的识别，在脂蛋白代谢中发挥极为重要的作用。

二、运动对血浆脂蛋白的影响

（一）一次急性运动对血浆脂蛋白的影响

进行一次连续几小时的耐力运动后即刻，血浆甘油三酯和总胆固醇的浓度基本上未发生变化，直到运动24 h后血浆甘油三酯的浓度才出现显著的降低，并可连续保持几天的时间，其中HDL－C（高密度脂蛋白胆固醇）浓度略有升高，LDL－C（低密度脂蛋白胆固醇）和VLDL－C（极低密度脂蛋白胆固醇）浓度下降。如果运动持续时间特别长，在运动后可以观察到血浆甘油三酯和总胆固醇浓度都有降低，用同位素^{14}C标记的甘油三酯注射到血液中，可以看到静息状态血浆甘油三酯的清除常数是每分钟26.5%±1.9%，运动中这个常数上升到33.8%±3.6%，而且与运动强度和运动持续时间有关系。

如果连续几天进行长时间的耐力运动，同时限制膳食中的热量摄取，血浆甘油三酯的浓度明显降低，降低程度和运动量大小及运动前血浆甘油三酯原有水平具有正相关性。

（二）长期健身运动对血浆脂蛋白的影响

1. 耐力运动训练对血浆胆固醇浓度的影响

关于耐力训练对血浆总胆固醇浓度的影响问题，早期的研究结果并不一致，有研究报道耐力训练后血浆总胆固醇浓度减少10%左右，但另一些研究报道耐力训练后血浆总胆固醇浓度不变，甚至升高。各研究结果之间出现矛盾的部分原因是耐力训练使各种脂蛋白中胆固醇含量的百分率发生了改变，血浆HDL－C浓度升高，LDL－C及VLDL－C浓度降低，实际上是耐力训练使血浆总胆固醇发生了多极的变化。速度训练和力量训练对血浆总胆固醇及脂蛋白中胆固醇成分无明显影响。

（1）耐力训练对血浆HDL－C浓度的影响

耐力训练使血浆HDL－C浓度平均上升12mg%～20 mg%，增加幅度为20%～35%，HDL－C/总胆固醇比值也升高。经常参加体力活动的非运动员血浆HDL－C

浓度和 HDL－C/总胆固醇的比值也高于安静少运动的成年人，但其变化幅度小于耐力运动员。所以，有氧运动训练对血浆 HDL－C 的影响程度与运动量大小有密切关系。耐力训练主要影响 HDL2－C 的浓度，对 HDL3－C 无影响。

（2）耐力训练对血浆 LDL－C 浓度的影响

耐力训练对血浆 LDL－C 浓度的影响略小于对 HDL－C 的影响，训练引起的降低幅度大约为 8%～12%，力量和速度项目运动员血浆 LDL－C 与非运动员基本相同。LDL－C 浓度的降低幅度与运动量大小有密切关系，有报道耐力训练时采用 60%～80% 最大心率的运动强度，引起血浆 LDL－C 浓度降低效果最明显。血浆 LDL－C 浓度与训练跑的数量呈负相关。运动训练引起血浆 LDL－C 浓度下降比较明显的常为训练引起体重降低或训练前 LDL－C 浓度高于正常水平者。经过耐力训练体脂百分率比较低的人，训练后 LDL－C 降低也比较明显。

（3）耐力训练对血浆 VLDL－C 浓度的影响

耐力运动员血浆 VLDL－C 相对偏低。血脂正常者 VLDL－C 的浓度大约是血浆甘油三酯浓度的 1/5，所以常以血浆甘油三酯浓度的 1/5 代表 VLDL－C 的浓度。耐力训练对血浆 VLDL－C 浓度所产生的影响常以训练前后血浆甘油三酯的浓度变化来决定，高血浆甘油三酯的人经过耐力训练可以产生甘油三酯浓度降低的效应，VLDL－C 也因此而降低。

（4）耐力训练对血浆 CM 浓度的影响

血浆 CM 是外源性甘油三酯的主要运输形式，由膳食中甘油三酯的含量来决定，因此不受运动训练的影响。

总之，耐力运动训练使人血浆 HDL－C 浓度增高，LDL－C 和 VLDL－C 浓度降低，对于预防和治疗肥胖、冠心病、动脉粥样硬化等多种疾病十分有益。

2. 耐力训练对血浆甘油三酯浓度的影响

正常人血浆甘油三酯浓度为 50mg%～150 mg%，耐力运动员常低于 100 mg%，处于正常水平的下限。中老年男性耐力运动员血浆甘油三酯浓度只有不参加运动的中老年人一半左右，说明耐力训练可以使因年老出现的血浆甘油三酯浓度上升的趋势明显减缓。耐力训练对血浆甘油三酯浓度的影响程度与训练前血浆甘油三酯浓度有密切的关系，高血脂的人参加运动量较大的耐力训练，降低血浆甘油三酯的效应最为明显。耐力训练对血浆甘油三酯浓度的影响程度还受运动量大小的影响。

3. 耐力运动训练对体脂%和脂代谢的影响

耐力运动训练能改善人体骨骼肌细胞中脂肪酸的代谢能力，增加甘油三酯在长时间运动中的供能作用，使体脂减少。耐力运动员体脂%比一般人明显减少，优秀男运动员体脂百分率为5%左右，女运动员为10%左右，脂肪细胞的平均直径也比非运动员显著减小，对儿茶酚胺的敏感性增高，在运动时可以更好地促进甘油三酯的动员和利用，脂肪细胞对胰岛素的敏感性增高，合成甘油三酯的能力增强。

线粒体是细胞内有氧代谢的主要场所，耐力训练能使肌细胞线粒体数目增多，体积增大，容积增加100%左右，其中的三羧酸循环酶类和呼吸链成分的氧化能力得到增强，与脂肪酸氧化直接相关的酶，如脂肪酸有氧代谢的限速酶肉碱酰基转移酶Ⅰ、β－羟脂酰辅酶A脱氢酶等酶的活性显著升高，使甘油三酯在运动中氧化供能的潜力增大。

一般在进行耐力训练4个月后激素对脂代谢的影响达到最大值，停止训练后4天又恢复到训练前的水平。所以，只有坚持不懈的锻炼才能保持耐力运动对体内脂代谢产生的良好影响，保持身体的健康。

本章小结

运动时，参与供能的脂肪主要有3个来源：（1）脂肪组织细胞储存的甘油三酯；（2）骨路肌细胞内的甘油三酯；（3）血浆脂蛋白中的甘油三酯。

脂肪组织中的脂肪经过脂肪动员生成的FFA通过脂肪细胞膜和毛细血管内皮细胞进入血液循环。FFA水溶性差，在血液中主要与血浆清白蛋白结合的形式进行运输。进入肌细胞浆后的脂肪酸经活化后生成脂肪酰CoA，然后靠肉碱携带进入线粒体基质进行β－氧化。肉碱脂酰基转移酶Ⅰ（CATⅠ）是肉碱转运的限速酶。

运动时血浆FFA的转运和骨骼肌摄取利用与运动强度、运动持续时间以及饮食有关。在中低强度运动（25%～40% $\dot{V}O_{2max}$）时，脂肪组织中的脂肪是骨骼肌细胞燃烧脂肪的主要来源。以65% $\dot{V}O_{2max}$运动时，血浆FFA的摄取比率略微下降，但总脂肪氧化数量比25% $\dot{V}O_{2max}$强度运动时高40%，说明运动强度增大时肌肉内甘油三酯占总脂肪氧化比例增大。随运动时间延长，血浆FFA供能比例持续增加，脂肪组织中储备的脂肪仍然是骨骼肌燃烧脂肪主要来源。当运动强度继续增大至85%

$\dot{V}O_{2max}$时，总脂肪和血浆 FFA 氧化都下降，能量主要由糖代谢提供。

骨骼肌中甘油三酯以脂滴的形式储存，主要分布于线粒体附近。总储量在 100 ~600 g 之间。运动时肌内甘油三酯供能的速率、比例以及数量与运动强度、运动持续时间、肌纤维类型等因素有关。中等强度运动时，肌内甘油三酯和血浆 FFA 供能大约各占 50%。随运动时间延长，前者供能比例逐渐下降；随运动强度增加，其供能比例逐渐增加。

血浆脂蛋白中的甘油三酯主要存在于乳糜微拉（CM）、极低密度脂蛋白（VLDL）分子中。在进行长时间耐力运动时，血浆 VLDL 和 CM 中的甘油三酯氧化供能仅占脂肪氧化总量的 10% 以下。

酮体是脂肪酸在肝脏的不完全氧化的中间产物，包括乙酰乙酸、β－羟基丁酸、丙酮。酮体在肝脏产生后释放进入血液，随血液循环运输到肝外组织利用。酮体溶于水，是运动时肝脏输出脂肪酸供能的一种形式。

长时间保持体育锻炼或者运动训练将对人体内脂代谢产生的良好影响，有助于保持身体的健康。

思考题：

1. 运动时骨骼肌细胞氧化脂肪的来源有哪些？
2. 脂肪酸是如何从脂肪组织到达骨骼肌细胞的？
3. 血液 FFA 是如何在骨骼肌细胞中燃烧的？
4. 减肥效果最好的运动是什么样的运动？
5. 血浆脂蛋白的种类有哪些？规律的健身运动对它们有何影响？

（崔玉鹏）

第六章　蛋白质、氨基酸代谢和运动

[本章要点]　掌握蛋白质和氨基酸的基本代谢过程以及运动时蛋白质和氨基酸代谢变化的一般规律，了解运动引起的蛋白质和氨基酸代谢适应性改变。能够运用本章所学知识分析运动实践对机体蛋白质和氨基酸代谢产生的生物学效应。

[重点名词]　蛋白质；氮平衡；氨基酸代谢库；葡萄糖－丙氨酸循环；支链氨基酸；谷氨酰胺

从20世纪70年代起，人们越来越多地研究运动时蛋白质代谢的变化规律，逐渐认识到蛋白质与运动实践之间的紧密关系。尤其在肌肉力量、免疫机能和运动员机能评价方面蛋白质的重要性较多地凸现出来。因此，蛋白质的基本代谢过程，尤其是运动实践中蛋白质代谢的规律以及运动对机体蛋白质功能适应性改变所带来的生物学效应是本章讲述的重点内容。

第一节　蛋白质代谢与运动

一、蛋白质的基本代谢过程

蛋白质作为生命的基础物质，无时不刻在人体内发生着合成与分解的新陈代谢，那么构成人体组织的蛋白质的来源和去处是首先要明确的问题。

（一）蛋白质的来源

人体生长发育、遗传和变异、衰老组织的更新、损伤后组织修复都需要蛋白质。蛋白质的来源主要有3种途径：（1）通过直接利用、分解和消化食物中的蛋白质；

(2) 由人体内组织细胞自身合成蛋白质；(3) 体内的其他物质通过糖异生作用将糖的中间代谢产物转化生成蛋白质，以第一种途径为主要途径（图6－1）。

（二）蛋白质的去路

氨基酸是组成蛋白质的基本单位。当蛋白质被消化分解成氨基酸进入细胞和体液后，加上游离部分氨基酸开始进行代谢过程。概括地讲蛋白质的去路主要有4种途径：(1) 一部分氨基酸用于再合成蛋白质的更新和修复在运动中受损的组织；(2) 一部分氨基酸通过转氨基作用合成新的氨基酸；(3) 一部分氨基酸在脱氨基作用下合成肽类激素、激酶及核酸碱基等含氮物质和尿素；(4) 还有部分氨基酸脱氨基后参与氧化供能或是转化合成糖及脂肪（图6－1）。

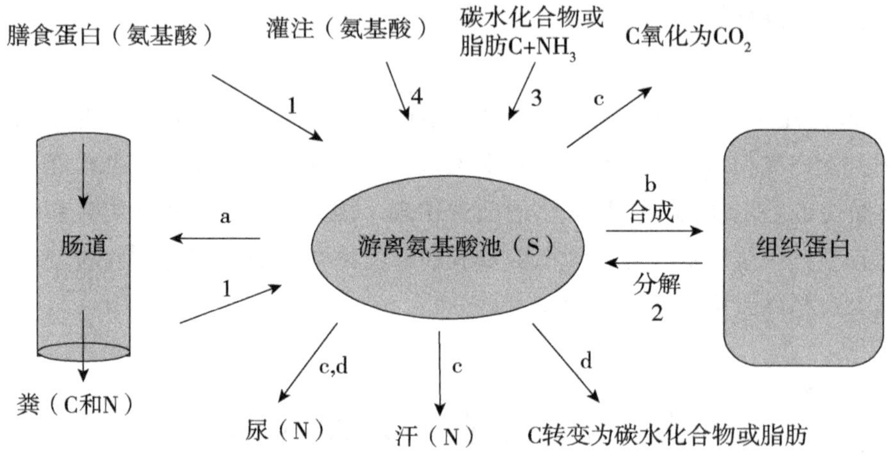

注：氨基酸进入游离氨基酸池用数字表示，氨基酸从游离池排出以字母表示），数字1、2和3分别表示：1. 消化了的膳食蛋白；2. 组织蛋白分解和机体内的NH3；3. 碳源形成的非必需氨基酸；字母a、b、c和d分别表示：a. 分泌到肠道；b. 结合到组织蛋白中；c. 氧化即氨基酸中的氮从尿或汗中排出；d. 碳从呼吸道排出或转变成碳水化合物和脂肪作为储存的能量，称为氨基氮从尿中排出。

图6－1 蛋白质代谢简图

引自：罗纳德·J·莫恩，2005。

（三）氮平衡（nitrogen balance）

人和动物食物中的含氮物质绝大部分是蛋白质，非蛋白质的含氮物质含量很少，可以忽略不记。蛋白质中的含氮量几乎都在16%，因此，含氮量的变化可以反映蛋白质的变化。氮平衡指的是机体摄入氮和排出氮之间的变化。蛋白质在体内分解代谢所产生的含氮物质，主要由尿液和粪便排出。通过测定每日食物中的含氮量（摄入氮），以及尿液和粪便中的含氮量（排出氮）就可以了解氮平衡的状态，从而估计蛋白质在体内的代谢量和人体的生长，营养等情况。

氮平衡有以下3种情况。

1. 总氮平衡（total nitrogen balance）

摄入氮等于排出氮称为总氮平衡。表明体内蛋白质的合成量和分解量处于动态平衡，一般营养正常的健康成年人就属于这种情况。

2. 正氮平衡（positive nitrogen balance）

摄入氮大于排出氮称为正氮平衡。表明体内蛋白质的合成量大于分解量。生长期的儿童少年，孕妇和恢复期的伤病员等就属于这种情况。

3. 负氮平衡（negative nitrogen balance）

摄入氮小于排出氮叫做负氮平衡，即由食物摄入的氮量少于排泄物中的氮量。表明体内蛋白质的合成量小于分解量。慢性消耗性疾病，组织创伤和饥饿等就属于这种情况。蛋白质摄入不足，会导致身体消瘦，对疾病的抵抗力降低，患者的伤口难以愈合等。

（四）运动和蛋白质摄入对氮平衡的影响

运动和蛋白质的摄入均会对机体的氮平衡产生显著的影响。当受试者分别摄入不同量的蛋白质时，运动前后氮平衡的整体模式呈现一致性变化；但是摄入较低蛋白质时（即1 g蛋白质/kg体重/d，为膳食蛋白质推荐摄入量的125%），氮平衡在训练过程中呈负数，提示这个膳食蛋白摄入量可以满足安静个体的需求，但对训练者来说就不足了。而高蛋白质的摄入（1.5 g蛋白质/kg体重/d）则能保证训练过程中的正氮平衡（图6－2）。

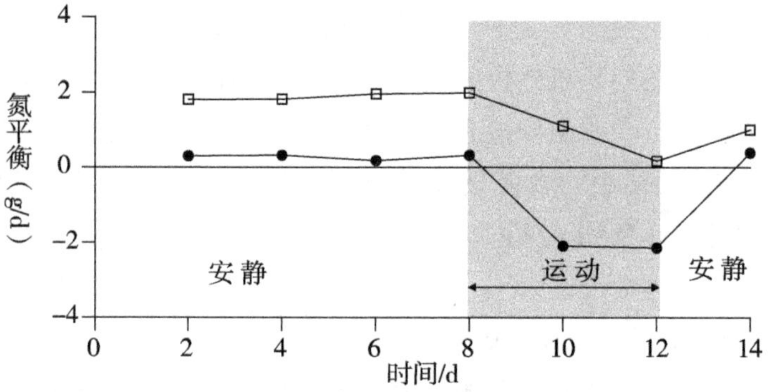

●：1g 蛋白质/kg 体重/d；□：1.5g 蛋白质/kg 体重/d

图6－2　剧烈性耐力运动对不同蛋白质摄入量受试者氮平衡的影响

（引自：罗纳德·J．莫恩，2005）

二、运动时的蛋白质代谢

（一）运动时蛋白质的净降解

正常情况下，成人体内蛋白质处于稳定的总氮平衡状态。体育活动引起人体蛋白质的代谢速率改变，耐力运动时机体的蛋白质分解速率超过合成速率，存在蛋白质净降解的现象（表6－1）。

表6－1　安静、运动和运动后人体蛋白质转换　　mg/kg·h

测定时间	合成速率	分解速率
安静	33.0±2.0	26.5±2.1
运动	28.4±1.6（↓14%）	40.9±2.6（↑54%）
运动后	40.3↑1.9（↓22%）	35.4±1.2（↑34%）

注：以50% $\dot{V}O_{2max}$ 强度跑台运动3.75 h，$n=6$（引自：张爱芳，2005）。

（二）运动类型、持续时间和运动强度对蛋白质代谢的影响

耐力训练导致蛋白质有氧能力的提高，而力量训练则会增加肌肉体积，提高肌肉力量。不同的运动项目，运动持续时间和运动强度不同，从而使得蛋白质的更新

速度及代谢强度也不同。当运动员进行大强度运动负荷训练时，蛋白质分解代谢与合成速度加快，血液中蛋白氮排出量增加，使运动员尿氮排出增加并出现尿负氮平衡。此外，在剧烈运动时皮肤排汗还会丢失大量的汗氮，人体组织蛋白的更新以及运动员组织损伤的修补也需要蛋白质。

（三）血浆尿素氮——运动时蛋白质分解强度的指标

尿素是蛋白质在人体内分解代谢的终产物，对运动时蛋白质分解强度常以血浆尿素氮浓度以及汗液和尿液中排出的尿素氮量来加以评估。短时间大强度运动时血浆尿素氮的浓度保持相对稳定不变，在 20 mg% ~100 mg% 正常值的范围内或略有轻度升高。当运动持续到 60 ~70 min 以后，血浆尿素氮浓度成坡形上升。同时，运动时人体可供利用的糖的数量多少对蛋白质分解代谢的强度具有相当大的影响。如果体内有充足的糖原贮备，运动时蛋白质的分解量少，如果体内缺乏糖原时，就利用蛋白质的分解来弥补糖的不足。

思考：

运动员减体重期间，机体氮平衡处于哪种状态？减体重过程中机体血浆尿素氮含量可能会呈现什么变化趋势？

三、运动后的蛋白质代谢

（一）运动后蛋白质代谢速率的变化

运动后骨骼肌内蛋白质代谢表现为合成代谢增强，但起始和终止的时间尚不明确。总趋势为：运动后恢复 1 h 内，骨骼肌内蛋白质合成明显较弱；运动后第 2 h 内蛋白质合成速率上升，并在尚未确定的时间内持续上升（表 6 -2）。运动结束后肌肉蛋白质降解速率逐渐下降，24 h 才恢复至安静水平，同时蛋白质合成速率不断增加。

表6－2 运动后骨骼肌蛋白质合成代谢速率的变化

运动后测定时间	动时间	测定部位	刺激方式	代谢速率变化
0～40 min	40 min	整体	跑	↓
0～60 min	2～5 min	整体	跑	↓
30～90 min	1 h	灌注后肢	游泳	↓
30～90 min	1 h	多聚核糖体	跑/游泳	↓→
1 h	1 h	游离线粒体、线粒体	游泳	↑
1 h	58 min	多聚核糖体	跑	↑
1 h	4 d	微粒体	代偿性壮大	↑
0～2 h	2 d	体外	牵张	↑
0～2 h	7 d	体外	牵拉	↑
0～4 h	14～37.5 h	组织培养	电刺激	↑
2～18 h	1 h	肌肉切片	跑	↑
14～18 h	30 min	整体	跑	↑

引自：冯美云，1999。

（二）运动与蛋白质的补充

补充蛋白质可以促进肌肉体积增大，肌纤维横截面积增加，引起肌肉力量的增长，增加肌肉的爆发力。同时补充足够的蛋白质还有利于提高运动员神经系统的兴奋性和反射活动，提高酶活性和激素反应。因此运动员必须重视蛋白质的摄入量。运动员的个体蛋白质需要量比一般人高，且男性大于女性。一般情况下，成人日蛋白需要量为0.830 g/kg体重，对于力量性项目运动员，我国学者建议日蛋白摄入量为2.0 g/kg体重。日蛋白摄入量过多（超过2.0 g/kg体重），会引起体液酸碱平衡紊乱，尿钙丢失增多以及肝、肾负担加重。

四、肌肉力量与蛋白质代谢

（一）运动与骨骼肌蛋白质代谢

运动使蛋白质代谢产生的改变，不仅体现在整体蛋白质代谢方面，尤其表现在骨骼肌的代谢改变上。运动员肌肉力量与肌肉蛋白质有关，力量训练的一个突出效果是促进蛋白质合成，使肌肉壮大。肌肉变得粗壮的原因是肌纤维增粗和结缔组织细胞增生。例如，一般成人肌纤维最大横截面积是 75 000 μm^2，举重运动员可以达到 90 000 μm^2。力量和其他种类的快速爆发力训练使快肌纤维较慢肌纤维变粗更为明显，这是因为运动时主要募集快肌纤维进行收缩。在生理范围内进行力量训练时，机体其他部位的蛋白质合成减少，而骨骼肌中蛋白质合成增加，从而使肌纤维增粗，力量增大。

（二）运动疲劳时骨骼肌的蛋白质代谢

运动过程中出现疲劳积累则会引起骨骼肌中蛋白质合成减慢，分解加速，蛋白质含量减少，肌纤维变细，肌肉力量明显下降。运动员在大运动量练训时，尿氮排出量增加，并出现负氮平衡，血红蛋白含量下降，而血液中非蛋白氮含量增加。在剧烈运动时，皮肤出汗还可以丢失大量汗氮，组织蛋白的更新以及运动中组织的损伤修补亦需要蛋白质。因此，运动员对蛋白质的需要量较一般人为高，同时运动员蛋白质需要量要依据运动强度、运动持续时间、年龄、运动项目和不同阶段的训练目的来决定。蛋白质日供给量低于 0.8 g/kg 体重将导致骨骼肌含量下降。

（三）睡眠与肌肉蛋白质代谢

肌肉力量的提高除了必要的蛋白质补充之外，一个良好的睡眠环境同样重要，因为肌肉蛋白的合成与生长激素密切相关。生长激素可以通过刺激肌肉内和其他部位蛋白质的合成，影响全身蛋白质的自然增殖。生长激素的分泌在睡眠时非常活跃，特别是在入睡后 2 ~3 h 的深睡眠位相时，生长激素的分泌量最多。考虑到肌肉蛋白质的代谢，若以提高力量为目的，对肌肉施以大负荷训练时，在摄取以蛋白质为中心的适宜的营养物质的同时，进行充分的休息是不可缺少的。

思考：

经过运动训练后，为何举重运动员具有特别发达的肌肉，而马拉松运动员体形匀称，肌肉耐力超常？

五、免疫分子与蛋白质代谢

免疫分子（immune molecules）与免疫细胞、免疫器官共同构成人体完整的免疫系统，免疫细胞可以分泌免疫分子，免疫分子则可以调控免疫细胞发挥免疫功效。免疫分子的种类很多，主要指抗体、细胞因子和补体等。在运动人体科学领域，研究较多的免疫分子主要是免疫球蛋白、细胞因子。

（一）免疫球蛋白与运动

1. 免疫球蛋白的概念及分类

免疫球蛋白（immunoglobulin，Ig）指具有抗体活性的动物蛋白。主要存在于血浆中，也见于其他体液、组织和一些分泌液中。人血浆内的免疫球蛋白可以分为IgG、IgA、IgM、IgD、IgE 5 类（图 6－3）。

在运动实践中主要通过检测 IgG、IgM、IgA 来监测运动员的免疫机能状况。IgG 是血清中含量最高的 Ig，为机体再次免疫应答产生的主要抗体，也是机体抗感染的“主力军”；IgM 为初次体液免疫应答中最早出现的抗体，为机体抗感染免疫的“先头部队”；IgA 具有中和毒素等作用。因此，通过检测血清中 IgG、IgM、IgA 水平，可了解合成 Ig 组织器官的功能及机体抗感染免疫能力，从而可用来评估机体体液免疫状态。

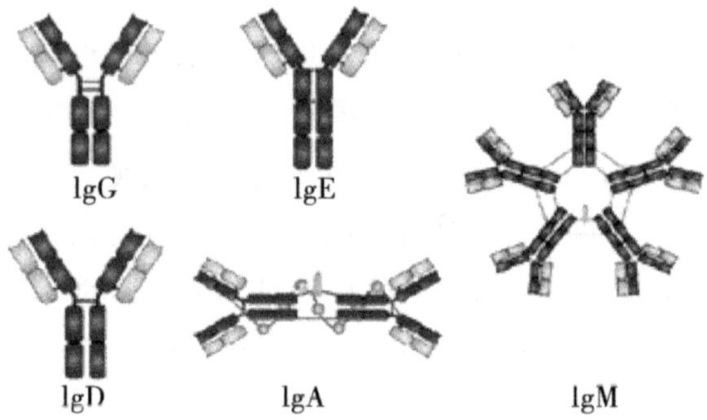

图 6－3　五类免疫球蛋白结构示意图

2. 安静状态下运动员血清免疫球蛋白水平

我国运动员安静时血清免疫球蛋白的水平处在临床的正常范围（mg/mL），表现为 IgG：7.48 ±0.44 ~ 13.0 ±3.0；IgA：0.82 ±0.50 ~ 4.25 ±0.63；IgM：0.33 ± 0.045 ~ 1.75 ±0.20。

马拉松运动员安静状态下血清免疫球蛋白 IgA、IgG、IgM 水平正常；中长跑运动员和田径集训运动员安静时 IgM 和 IgA 水平分别显著低于正常人；过度训练运动员 IgG 和 IgA 水平均显著低于正常人（表 6 – 3）。

表 6 – 3 不同受试者安静状态下血清免疫球蛋白含量 mg/mL

受试对象	人数	IgG	IgA	IgM
正常人	50	12.00 ±2.62	2.00 ±0.50	1.10 ±0.30
马拉松运动员	17	10.78 ±1.74	1.89 ±0.75	1.29 ±0.46
体院中长跑运动员	12	13.35 ±1.89	2.12 ±0.66	0.76 ±0.24 *
田径集训运动员	82	12.43 ±3.25	1.64 ±0.74 *	1.36 ±0.49
过度训练运动员	15	9.83 ±2.38 *	1.52 ±0.56 *	0.96 ±0.17

注：* 表示与正常人比较。（引自陈吉棣，1983）

3. 长期运动训练对血清免疫球蛋白含量和功能的影响

长时间的大强度或大运动量运动会降低血清免疫球蛋白的含量，使机体的免疫机能受到抑制。超长马拉松运动（以高强度跑 45 或 75 km 时）可使血清免疫球蛋白呈持续抑制状态长达 2 天。反复多次短时间大强度运动会诱导免疫球蛋白的“超量恢复”，说明短时间大强度运动训练可以提高血清免疫球蛋白的含量，暂时性增强机体的免疫力。有规律的中等强度运动，可以提高血清免疫球蛋白 IgA，IgM，IgG 含量，增强机体的免疫机能。而小强度训练对免疫球蛋白含量没有显著影响。

（二）细胞因子与运动

1. 细胞因子的概念及分类

细胞因子主要是由淋巴细胞、单核 – 巨噬细胞等细胞活化后产生的具有高活性多功能的小分子蛋白质，主要作为细胞间信号传递分子，介导和调节免疫应答及炎症反应等。重要的细胞因子有干扰素（Interferon，IFN）、白细胞介素（Interleukin，IL）、集落刺激因子（Colony stimulating factor，CSF）和肿瘤坏死因子（Tumor Necrosis Factor，TNF）4 大类。

2. 运动对细胞因子的影响

细胞因子在机体的免疫反应中发挥重要作用，运动中细胞因子的变化参与了对免疫系统功能的调节。长时间耐力运动血清中许多细胞因子都增加，主要有IL－6、IL－8、IL－10、粒细胞集落因子和单核细胞集落因子，同时尿液中IL－1β、IL－6、粒细胞集落因子、单核细胞集落因子和单核细胞趋化蛋白1也明显增加。运动期间的细胞因子（尤其是IL－6）主要来源于骨骼肌和脂肪组织，且参与糖和脂肪代谢的调节。

思考：

试分析在参加42.195 km马拉松比赛的140名运动员中，为何比赛后2周内患感冒的人占了33.3%，是未参加比赛人患病率的2倍？

六、血红蛋白与运动

（一）血红蛋白的结构和功能

血红蛋白（hemoglobin，Hb）是红细胞内的主要成分，是一种结合蛋白质，其中珠蛋白约占96%，血红素占4%。成年哺乳动物的血红蛋白由4条多肽链构成，这4条多肽链含有2种不同的一级序列，分别为2条α链和2条β链。血红蛋白的每条珠蛋白链都含有1个埋藏于狭缝中的亚铁血红素辅基，4个亚基堆积在一起，形成1个没有多余空间的紧凑结构，同时亚基之间还存在相互作用（图6－4）。

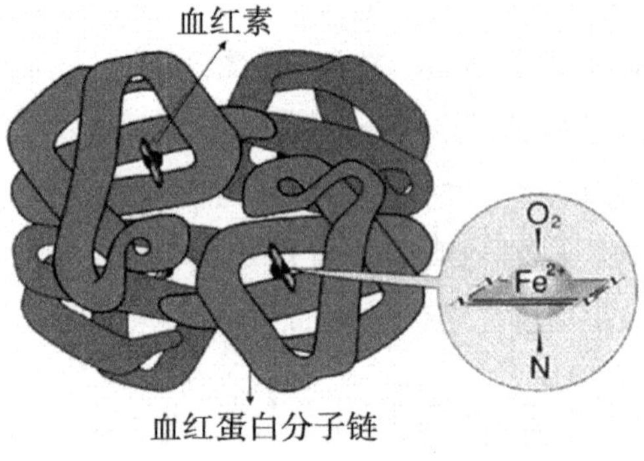

图6－4　血红蛋白结构示意图

红细胞携带O_2和CO_2这一机能就是靠红细胞内的血红蛋白来完成的，此外血红蛋白还有缓冲血液酸碱度的作用。我国成年男性血红蛋白浓度为120～160 g/L，成年女性为110～150 g/L。一般男性运动员不得超过170 g/L，女运动员不得超过160 g/L。

（二）血红蛋白与运动能力

血红蛋白过低或过高都会影响运动员的运动能力。血红蛋白低于正常值，即出现贫血，氧和营养物质供给不足，必然导致工作能力下降。血红蛋白值过高，血液中红细胞数量和压积增多使血流的黏滞性增大，造成血流阻力增加和心脏负担加重。因此，血红蛋白与运动员的最大摄氧量、有氧运动能力和运动后的恢复能力密切相关，是反映运动能力的常用指标，有助于判断运动员营养状况、对负荷的适应及身体机能水平等，对调整训练强度、监测判断疲劳程度有积极作用。

（三）“运动性贫血”/“运动性血红蛋白低下”

运动性贫血（spots anemia）是由于剧烈运动而引起外周血中单位容积内血红蛋白的浓度、红细胞计数及（或）红细胞压积显著下降甚至低于相同年龄、性别和地区正常标准的现象。耐力型项目运动员，尤其是女性运动员常常会表现出贫血的现象，血红蛋白低于正常水平和出现低红细胞压积值。4 周递增负荷跑步运动即可诱导女大学生运动性血红蛋白低下。虽然运动员在训练过程中较少发生实质性贫血，但在大强度大运动量训练期间，容易造成运动员血红蛋白浓度降低达 10% 以上，形成相对贫血状态，许多学者称之为“运动性血红蛋白低下”。

这种血红蛋白浓度和运氧能力的下降会影响有氧运动成绩，同时还极大地影响体能类项目运动员的运动能力发挥。

（四）不同环境中运动对血红蛋白含量的影响

不同环境中运动会造成一定程度上血红蛋白浓度的改变。高原训练过程中，血红蛋白一直作为一个敏感的评价指标而被广泛使用。高原缺氧引起体内的代偿作用，血红蛋白数值一直呈上升趋势，下高原后 1～2 周内血红蛋白浓度仍将上升，超过运动员上高原前的水平（表 6－4、表 6－5）。血红蛋白数值的变化情况与海拔高度和运动负荷量的大小等因素有关，训练结束回到平原后，血红蛋白浓度的高低与运动量的大小相关，但与上高原的高度有更大的相关性。

表6-4 女子赛艇运动员高原训练期间Hb浓度的变化 g/dL

指标	测试日期（日/月）										
	1/5	8/5	11/5	14/5	17/5	21/5	24/5	28/5	31/5	3/6	10/6
Hb	13.0 ±1.1	13.97 ±1.22	13.96 ±1.36	14.29 ±1.19	14.13 ±1.05	14.27 ±1.06	13.99 ±1.16	14.38 ±1.08	14.19 ±0.97	14.37 ±0.95	15.14 ±0.82

引自：陈伟，2008。

表6-5 女子公开级赛艇运动员上高原前、后血睾酮（T）和Hb的变化

测试时间	T/（ng/dl）	Hb/（g/dl）
上高原前	34.5±4.7（28-44）	13.4±1.1（11.5-14.9）
下高原后	35.9±7.2（35-51）	15.1±0.8*（13.8-16.7）

注：*，$P<0.05$，与上高原前比较。（引自：陈伟，2008）

研究表明，高温高湿环境中运动也会造成血红蛋白含量增加，原因是在高温高湿环境下人体会产生适应性反应，体内的代谢、激素水平、血液黏度和内环境发生相应改变，以适应高温和高湿的环境。

思考：

运动实践中，是否运动员血红蛋白含量越高其运动能力就越强？哪些项目的运动员更容易发生运动性贫血或运动性血红蛋白低下？

第二节 氨基酸代谢与运动

一、氨基酸代谢

（一）氨基酸的来源与去路

氨基酸是组成蛋白质的基本单位。当蛋白质被消化分解成氨基酸进入细胞和体液后，加上部分游离氨基酸开始进行代谢过程。一部分氨基酸用于再合成蛋白质，更新和修复运动中受损的组织；另一部分氨基酸通过氨基转换作用合成新的氨基酸；

还有一部分氨基酸在脱氨基作用下合成肽类激素、激酶及核酸碱基等含氮物质和尿素；同时还有部分氨基酸脱氨基后参与氧化供能或是转化合成糖及脂肪。

（二）氨基酸代谢库

1. 氨基酸代谢库及其组成

经食物消化、吸收的氨基酸（外源性氨基酸）与体内组织蛋白降解产生的氨基酸（内源性氨基酸）混合在一起，分布于体内各处，称为氨基酸代谢库。在人体的氨基酸代谢库中，骨骼肌含有的游离氨基酸占氨基酸代谢库总量的80%，肝脏占10%，肾脏占4%左右，血浆仅占0.2%~0.6%。

2. 骨骼肌游离氨基酸代谢库

人类骨骼肌中8种必需氨基酸只占总游离氨基酸的8.4%，非必需氨基酸中的谷氨酸、谷氨酰胺、丙氨酸就占79%左右，可见骨骼肌中游离氨基酸的来源与糖代谢的关系密切。

影响骨骼肌中游离氨基酸代谢库的因素主要有：（1）食物中蛋白质的质、量和消化系统对蛋白质的吸收率；（2）身体内氨基酸转运率；（3）蛋白质的生物合成速率；（4）蛋白质分解代谢的速率。骨骼肌对维持血浆游离氨基酸的浓度，使其保持在正常范围内起重要的调节作用。

3. 血浆游离氨基酸

血浆游离氨基酸是体内氨基酸在各组织器官之间转运的主要形式。正常人体空腹状态血浆游离氨基酸的浓度大约为2 mmol/L，在未进食、运动或处于饥饿状态时血浆游离氨基酸的浓度一般较少变化。血浆游离氨基酸的转运率相当快，平均半寿期大约15 min，昼夜周期性相差约30%，血浆游离氨基酸的浓度依靠各组织器官之间不断进行频繁交换处于动态平衡之中。

4. 运动对血浆游离氨基酸含量的影响

运动时血浆游离氨基酸浓度变化与运动强度和持续时间有关。在不超过1 h的持续运动中，血浆游离氨基酸总量基本不变，但存在个别氨基酸浓度的改变。其中丙氨酸浓度随运动强度增大明显上升，骨骼肌和心肌释放到血液中的丙氨酸都相应增加，并与血中丙酮酸浓度成正相关关系。运动时血浆中其他种类的氨基酸浓度无实质性变化，绝大多数氨基酸在运动期间不发生堆积，可以随血液转移到其他部位进一步代谢利用。运动时代谢利用的氨基酸主要是组织蛋白分解释出或非氨基酸类物质（主要是糖分解的中间代谢产物）生成的氨基酸。

5. 运动时氨基酸的功能

剧烈运动时，人体对氨基酸的利用加强，氨基酸的功能主要表现在：（1）氧化成 CO_2 和 H_2O，直接供能；（2）补充三羧酸循环的中间代谢产物；（3）参与糖异生，维持血糖水平。

（三）氨基酸代谢

蛋白质被降解为氨基酸后，氨基酸通常以转氨基和/或氧化脱氨基的方式脱去 α－氨基，生成相应的 α－酮酸，然后再各自氧化完成氨基酸的分解代谢。

1. 转氨基作用

转氨基作用是某一种氨基酸与 α－酮酸进行氨基转移反应，生成相应的 α－酮酸和另一种氨基酸。催化这一作用的酶称为转氨酶。转氨酶以 α－酮戊二酸和草酰乙酸为氨基的最终接受体。骨骼肌、心肌、肝、肾等组织内都存在转氨酶，其中以谷氨酸－丙酮酸转氨酶（简称谷丙转氨酶，GPT）和谷氨酸－草酰乙酸转氨酶（简称谷草转氨酶，GOT）最重要。GPT 在肝细胞内的活性最高，GOT 在心肌内活性最高。因此，运动员在大运动量训练后，定期测定血清 GOT 和 GPT 的活性，可以帮助了解运动员肝脏和心脏的机能状况。

2. 氧化脱氨基作用

氧化脱氨基作用是将氨基从一个氨基酸转移到 α－酮戊二酸上生成谷氨酸后，谷氨酸在谷氨酸脱氢酶作用下，经脱氢、水化反应后生成氨和 α－酮戊二酸的过程，是脱氨基作用中的一种形式。谷氨酸脱氢酶活性强、特异性高，在肝、肾、脑组织中普遍存在，是最重要的脱氨基酶。

当转氨基酶作用与谷氨酸氧化脱氨基作用联合进行时，使氨基酸脱掉氨基生成相应的 α－酮酸和氨的过程，称为联合脱氨基作用（图 6－5）。

由于骨骼肌、心肌中谷氨酸脱氢酶活性弱，难以进行联合脱氨基作用，因此，骨骼肌和心肌通过嘌呤核苷酸循环的方式进行脱氨基作用。

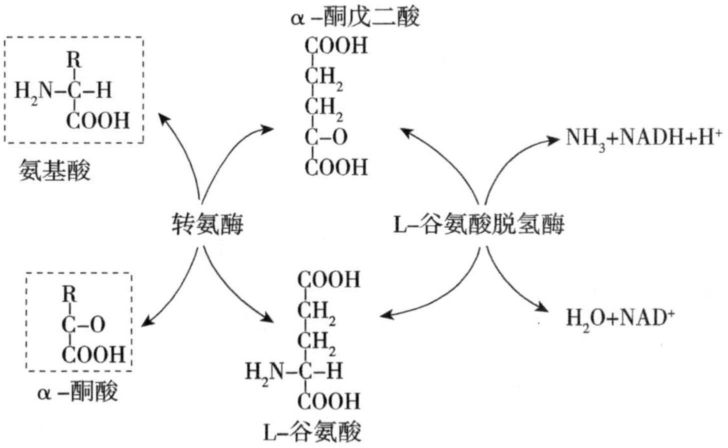

图 6-5 联合脱氨基作用

知识库：嘌呤核苷酸循环方式的脱氨基作用

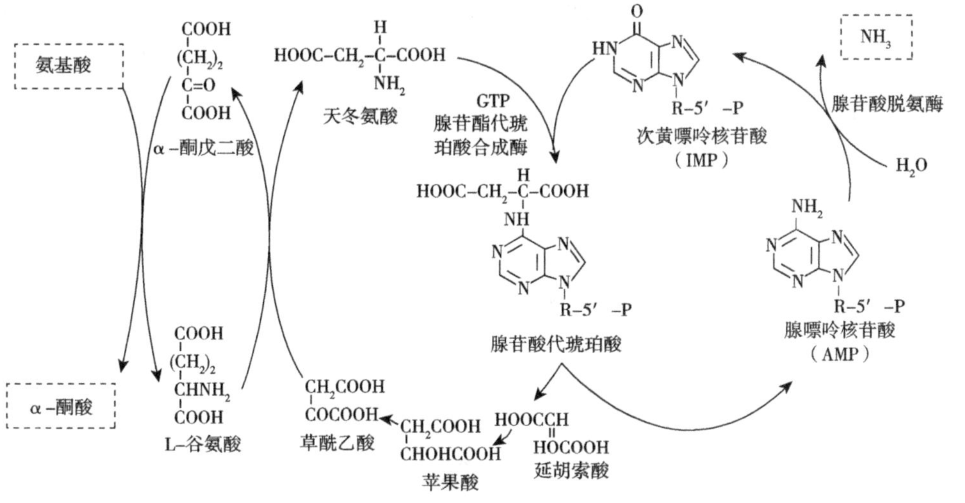

图 6-6 嘌呤核苷酸循环

3. 氨与 α-酮酸的代谢

人体内各组织、器官中氨基酸脱氨基后产生的氨（NH_3），与其他来源的氨在细胞产生后均可以经过细胞膜弥散进入血液，称为血氨。正常人血浆中氨的浓度一般低于 1 mg/L（0.06 μmol/L）。血氨对机体来说是一种有毒物质，尤其是它还可以透过血脑屏障进入中枢神经系统，与运动性疲劳的发生有着重要的内在联系。

体内的氨主要在肝脏转化为尿素，随尿排出体外；另一部分氨可以合成谷氨酰胺和门冬酰胺；也可以合成其他非必需氨基酸；少量的氨可直接经尿排出体外。正常情况下，氨基酸脱氨基生成的 α－酮酸可经不同环节进入三羧酸循环，进而彻底氧化生成 CO_2 和 H_2O，同时合成 ATP。另外，α－酮酸还可以沿转氨基作用的逆反应再氨基化合成非必需氨基酸，或者是转变成脂肪和糖。

4. 葡萄糖－丙氨酸循环

丙氨酸是糖异生的重要氨基酸。肌肉蛋白质中丙氨酸含量仅占 5% ~7%，运动时肌肉也不存在优先分解富含丙氨酸蛋白质的现象。但是，运动时骨骼肌中丙氨酸的释放量增加 50% ~500%，并且与运动强度成正比关系。为了解释这个矛盾的现象，1969 年弗里格（Flig）和霍勒（Wahler）提出骨骼肌和肝脏之间的葡萄糖－丙氨酸循环理论。他们认为，人体在进行运动时，骨骼肌和心肌中糖的分解代谢过程加强，生成大量的中间代谢产物－丙酮酸。丙酮酸的浓度逐渐增高，其中大部分丙酮酸进入线粒体后进一步氧化，部分丙酮酸被还原成乳酸，还有一部分丙酮酸经过转氨基作用生成丙氨酸。生成的丙氨酸会随血液循环运输到肝脏，在肝脏作为糖异生的“原材料”，异生成葡萄糖后，再次输入到血液维持血糖浓度的稳定（图 6－7）。

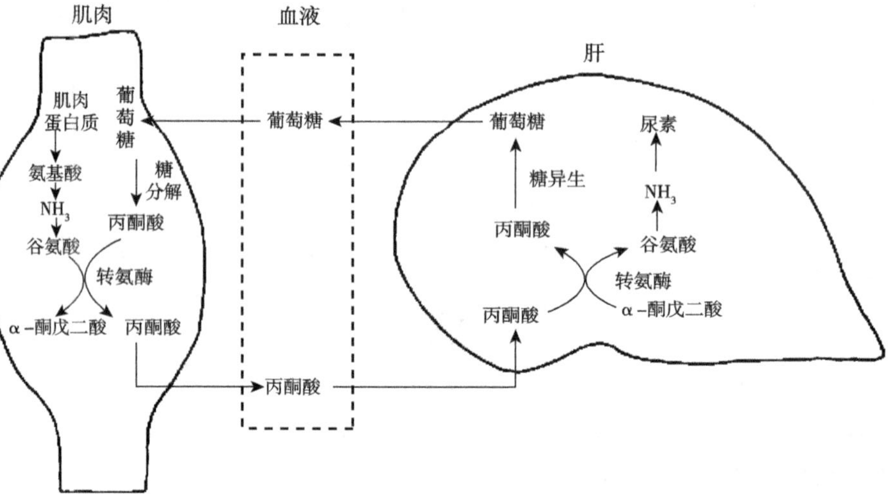

图 6－7 葡萄糖－丙氨酸循环

（引自张蕴琨，2006）

葡萄酸－丙氨酸循环的意义在于：（1）丙氨酸在肝脏异生为糖，有利于维持血糖稳定；（2）防止运动肌丙酮酸浓度升高所导致的乳酸增加；（3）将肌肉中的 NH3 以无毒的形式运输到肝脏，避免血氨浓度过度升高，对健康及维持运动能力有利。

二、支链氨基酸与运动

支链氨基酸（branched - chain amino acids，BCAA）包括亮氨酸、异亮氨酸和缬氨酸，是人体内不能合成而必须从食物中获取的必需氨基酸。支链氨基酸能够参与运动、尤其是长时间持续运动的供能，减少糖原消耗，在抗疲劳等方面也有特殊的功效。

（一）BCAA 与能量代谢

BCAA 作为一类特殊参与供能的氨基酸，是长时间持续运动时参与供能的重要氨基酸。肌肉中 BCAA 分解非常活跃，与其它氨基酸相比，BCAA 能以相当快的速率转氨基和完全氧化，其氧化产生 ATP 的效率高于其它氨基酸，每分子亮氨酸、异亮氨酸、缬氨酸完全氧化分别产生 42、43、32 分子 ATP。

安静时，人体骨骼肌总能耗的 14% 由 BCAA 氧化提供。在一些特殊的条件下，如饥饿、泌乳及运动时，BCAA 氧化供能增强，成为体内重要的能量来源。BCAA 具有调节蛋白质代谢的作用，运动前后补充 BCAA 均能有效降低运动导致的肌肉损伤。支链氨基酸在体内也参与糖及脂肪的代谢，补充 BCAA 可以促进糖异生，并通过氨基酸的糖异生过程生成葡萄糖或糖原。

（二）BCAA 与运动性疲劳

BCAA 与芳香族氨基酸均由同一载体转运穿过血脑屏障，芳香族氨基酸与 BCAA 竞争与载体结合，色氨酸是其中一种芳香族氨基酸，其代谢产物 5 - 羟色胺是引起中枢疲劳的重要原因。当 BCAA 浓度升高时，竞争抑制色氨酸进入大脑中。安静时血浆 BCAA 的含量比较高，致使游离色氨酸进入大脑的数量比较少；而在长时间运动时，由于 BCAA 参与供能数量的增加，血浆 BCAA 下降，从而进入大脑的色氨酸数量上升，5 - 羟色胺合成数量增加。此时中枢神经系统抑制过程加强，进而导致中枢神经系统疲劳。

BCAA 还可改善运动后骨骼肌线粒体功能，提高大鼠的运动耐力，减少耐力运动引起的肌细胞破坏，从而延缓外周疲劳的产生。但是由于 BCAA 经过脱氨基会生成氨，因此过度补充 BCAA 也可能致使血氨升高，进而干扰脑内正常神经递质功能的发挥，甚至引起氨中毒。

思考：

在运动实践中，哪些项目适宜补充 BCAA，补充 BCAA 有无副作用？

三、芳香族氨基酸与运动

芳香族氨基酸（aromatic amino acids，AAA）是指苯丙氨酸、酪氨酸和色氨酸的统称。其中苯丙氨酸和色氨酸属于必需氨基酸。而酪氨酸在体内可以由苯丙氨酸转化而成。长时间大强度运动使血浆 AAA 含量升高，BCAA 含量下降，促进 AAA 转运入脑，AAA 作为单胺类递质的前体，它在脑内含量的升高，影响单胺类递质的合成与释放，这可能是引起运动性疲劳的重要因素之一。

（一）运动对血浆 AAA 含量的影响

短时间大强度运动、长时间轻度间歇性运动对血尿素氮无影响，可见此时机体主要靠糖和（或）脂肪供能，蛋白质几乎不起供能作用，因此，血浆 AAA 含量无明显变化。

长时间运动，肌肉及内脏器官大量降解蛋白质供能，可达总能耗的 10% 左右，但是肌肉中不存在 AAA 代谢的酶，因此组织蛋白降解的苯丙氨酸和络氨酸必须全部进入血液到肝脏代谢。肝脏由于运动引起血液重新分配，不能有效摄取血浆中的 AAA 进行降解，导致血浆中络氨酸和苯丙氨酸含量随着运动时间的延长而明显增加。色氨酸是血浆中唯一既可以游离状态存在，又可以和白蛋白以结合状态存在的氨基酸。长时间运动使血浆中游离脂肪酸浓度升高，游离脂肪酸与色氨酸竞争白蛋白的结合位点，使一部分与白蛋白结合的色氨酸释放出来，增加了血浆中游离色氨酸的含量，但血浆总的色氨酸含量并未升高。

（二）AAA 与运动性中枢疲劳

血浆中 AAA/BCAA 浓度比值是调节 AAA 和 BCAA 转运入脑的重要因素之一。

长时间大强度运动使血浆 AAA/BCAA 比值升高，使脑内 AAA 含量升高。酪氨酸在脑内可以合成多巴胺和去甲肾上腺素，引起中枢抑制，导致疲劳的产生。此外，酪氨酸在脑内还能生成在结构上与儿茶酚胺相似，但是无正常递质作用的酪胺等物质，称之为假神经递质。脑内假神经递质的大量产生，同样使中枢由兴奋转为抑制。脑中的 5-HT 由色氨酸合成而来，具有拮抗乙酰胆碱的兴奋作用，是上行投射系统某些神经元的抑制性递质，在中枢的主要作用为抑制性作用。因此，长时间大强度运动时，AAA 代谢是引起运动性中枢疲劳的机制之一。

四、谷氨酰胺（Glutamine，Gln）与运动

谷氨酰胺是肌肉组织中含量最多的一种氨基酸，占肌肉氨基酸库的 61%，在血浆中占游离氨基酸的 20%。空腹血浆谷氨酰胺浓度为 500～750 μmol/L。谷氨酰胺不是必需氨基酸，它在人体可由谷氨酸、缬氨酸、异亮氨酸合成。

（一）Gln 的代谢

谷氨酰胺是 NH_3 的一个重要载体，也是 NH_3 在体内的一种安全存在形式。谷氨酸在谷氨酰胺合成酶的作用下与 NH_3 结合生成谷氨酰胺，这个过程主要发生在脑和肌肉等组织，并需要消耗 ATP。谷氨酰胺容易透过细胞膜并由血液运送到肝脏，在肝中分解为谷氨酸和 NH_3。谷氨酸可以进一步生成 α-酮戊二酸进入糖代谢途径产生能量，或者糖异生生成糖。

（二）Gln 与运动

运动对 Gln 浓度的影响很大程度上与运动的持续时间和运动强度有关。在超过 2 h 的持续剧烈运动（如马拉松运动）后，Gln 浓度会比安静水平明显下降，并且会一直持续到运动后 2～4 h 甚至更长时间，其机制可能与 Gln 合成酶受抑制、Gln 需求增加以及骨骼肌合成释放速率下降有关。

一次急性大强度短时间运动时血浆 Gln 浓度升高或没有改变，同时骨骼肌内 Gln 浓度降低，可能是运动刺激骨骼肌释放 Gln 增加所致。过度训练时，通常伴随血液中谷氨酰胺水平的降低。营养专家认为在此时补充 Gln 能有效防止运动水平和身体免疫水平的下降。Gln 一方面可以通过对免疫细胞的直接作用发挥它的免疫效应；

另一方面，它也可能通过维持肠道屏障功能或保护抗氧化剂谷胱甘肽来发挥它的间接效应。

思考：

芳香族氨基酸与长时间大强度运动导致的中枢疲劳有何关联？

本章小结

蛋白质是生物功能的体现者。本章主要从基础理论和实践应用2方面来阐述蛋白质和氨基酸与运动的关系。基础理论方面要掌握蛋白质和氨基酸的基本代谢过程。氨基酸的分解代谢有共同的代谢途径，如氨基酸的转氨基作用、氧化脱氨基作用和联合脱氨基作用等。实践应用方面要理解蛋白质代谢与肌肉力量的关系，运动对蛋白质免疫分子的调节，以及血红蛋白在运动中的应用。与运动密切相关的氨基酸主要有支链氨基酸，芳香族氨基酸和谷氨酰胺，它们与能量代谢、运动性疲劳以及机体免疫机能关系密切。

思考题：

1. 相关概念：氮平衡、氨基酸代谢库、联合脱氨基作用。
2. 简述氨基酸的基本代谢过程。
3. 简述葡萄糖－丙氨酸循环的过程及意义。
4. 运动会使蛋白质代谢发生哪些适应性变化？
5. 试述血红蛋白与运动能力的关系。
6. 试述芳香族氨基酸与运动性疲劳之间的关系。

（韩雨梅）

第七章　运动时骨骼肌的能量代谢和利用

［本章要点］　三磷酸腺苷是机体可直接利用的能量来源，在能量的生成、转移、储存和利用中起着核心作用。运动时骨骼肌三磷酸腺苷的再合成主要由磷酸原、糖酵解和有氧氧化供能系统来完成。本章主要介绍运动时骨骼肌的3大供能系统及其特点，同时介绍运动时骨骼肌的能量代谢和利用。

［重点名词］　磷酸肌酸；磷酸原；骨骼肌3大供能系统

第一节　运动时骨骼肌的供能系统

运动时骨骼肌的三大供能系统分别是磷酸原供能系统、糖酵解供能系统和有氧氧化供能系统。任何运动时骨骼肌都离不开这三大供能系统的作用，根据运动强度和运动时间的不同，有选择地动用这三大供能系统来供能。

一、磷酸原供能系统

（一）概　述

ATP和CP均含有高能磷酸键，都是通过转移磷酸基团的过程释放能量。因此，将ATP－CP合称为磷酸原（phosphagen），由ATP－CP分解反应组成的供能系统称为磷酸原供能系统。

CP是肌酸的磷酸化形式，肌酸由精氨酸、甘氨酸、甲硫氨酸（即蛋氨酸）分别在肾脏和肝脏合成后被骨骼肌吸收。当肌酸接受ATP分子中的高能磷酸基团后生成CP，成为高能磷酸化合物（图7－1）。

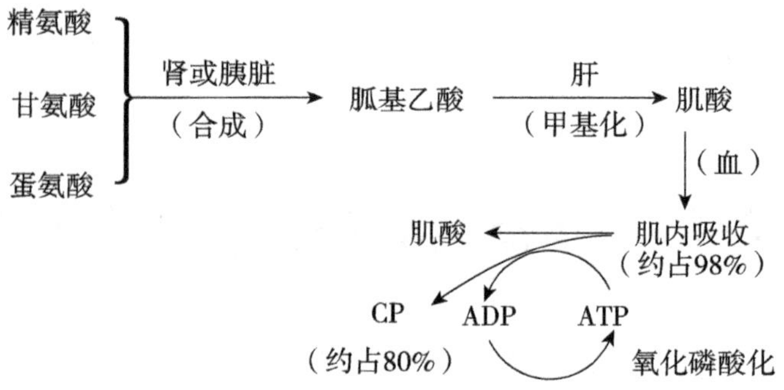

图 7－1　磷酸肌酸生成简图

（引自冯美云，1999 年）

92%～96%的 CP 存在于骨骼肌中，其次分布在心肌、大脑和睾丸等处。肌肉中 CP 含量为 18～20 mmol/L 湿肌（70～80 mmol/kg 干肌），是 ATP 含量的 3～5 倍。同时，Ⅱ型肌纤维中 CP 含量高于Ⅰ型肌纤维 20%。以 70 kg 体重的成人计算，肌肉重量约为 30 kg，以 1 kg 肌肉含高能磷酸化合物 25 mmol 计算的话，磷酸原的总量约为 750 mmol。

（二）运动时磷酸原供能

1. 磷酸原系统供能过程

研究发现，磷酸原储备很少，仅能维持最大强度运动 6～8 s，供能时间很短。但磷酸原系统供能的特点不在于供能数量的多少，而在于能量的快速动用性和可利用性。相比较糖酵解和有氧代谢供能系统，磷酸原供能系统具有最高的输出功率。原因在于 CP 含量虽然有限，但肌肉中靠近收缩蛋白处有大量的肌酸激酶同工酶（CK－MM）存在，对 ADP 浓度变化极为敏感。当 ATP 分解释放能量并生成 ADP 后，瞬间的 ADP 浓度升高就能激活 CK－MM，催化 CP 快速分解，将高能磷酸基团转移给 ADP，迅速合成 ATP。反应式如下：

$$CP + ADP + H^{+} \xrightarrow{CK-MM} C + ATP$$

同时，在肌原纤维附近的腺苷酸激酶（adenylate kinase，AK），又称肌激酶（myokinase，MK），也会因肌浆内 ADP 浓度的升高而增强活性，催化 2 分子 ADP 反应合成 ATP。由该反应生成的 ATP 在肌肉 ATP 转换的总量中占相对小的比例。反应式如下：

$$ADP + ADF \xleftrightarrow{MK} ATP + AMP$$

2. 磷酸原系统的供能特点

磷酸原系统中 ATP、CP 均以一步反应水解分子内高能磷酸基团供能，反应步骤简单和快速，而且不需要 O_2 的参与。所以，磷酸原系统在运动刚开始时能够最早被启动，最快被利用，具有快速供能的特点。据统计，短时间极量强度运动 5s 左右时，磷酸原系统的最大输出功率可达 1.6～3.0 mmol～P/kg 干肌/s 或 9 mmolATP/kg 干肌/s，高于糖酵解和有氧代谢供能系统的最大输出功率，在三大供能系统中输出功率最高。

由于肌细胞内磷酸原贮量有限（ATP 为 4.7～7.8 mmol/kg 湿肌，CP 为 20～30 mmol/kg 湿肌），可维持最大强度运动时间很短，约 6～8 s。因此，那些运动时间短，供能需求快的项目都要靠磷酸原系统供能，如短跑、投掷、跳跃、举重等运动。因此，磷酸原供能系统与短时间最大强度或最大用力有关，与速度、爆发力等关系密切。

3. 不同强度运动时磷酸原储备量的变化

运动时磷酸原系统参与供能的数量和运动强度有关，表现为：

（1）极量强度运动至力竭时，CP 的储量接近耗尽，达安静时的 3% 以下，ATP 的储备量不会低于安静时的 60%。因为，这类运动中 CP 是 ATP 合成的主要途径，故 CP 的消耗达到最大。ATP 可以不断地再合成，故储备量不会出现耗竭。

（2）当以 75% $\dot{V}O_{2max}$ 强度持续运动到疲劳时，CP 的储量下降到安静时的 20% 左右，ATP 的储备量略低于安静值。CP 的储量没有耗尽，原因是 ATP 的再合成除了通过 CP 分解，主要是通过糖酵解和糖有氧氧化提供。

（3）当以低于 60% $\dot{V}O_{2max}$ 强度运动时，CP 的储量几乎不下降。原因是 ATP 的再合成主要由糖和脂肪的有氧氧化提供，很少动用 CP。

（三）运动对磷酸原供能系统的影响

长期的针对磷酸原供能系统的专项训练可以使该系统产生适应，表现为：（1）运动训练可以明显改善 ATP 酶和 CK 酶的活性，有利于提高 ATP 的转换速率，加快运动中骨骼肌 ATP 的利用和再合成，以及运动后恢复期 CP 的重新合成；（2）运动训练可以使骨骼肌 CP 的储备量提高，提高 CP 的供能时间，但对 ATP 的储量影响不明显。

> **思考：**
> 运动员通过外源性补充肌酸可以改善磷酸原供能能力。这种说法对吗？为什么？

二、糖酵解供能系统

（一）概　述

糖原或葡萄糖无氧分解生成乳酸，并通过底物水平磷酸化生成 ATP 的过程称为糖酵解。运动时由糖无氧分解构成的供能体系称为糖酵解供能系统。

糖酵解的底物是葡萄糖或肌糖原，需要经过 11 或 12 步化学反应获得能量，合成的 ATP 数目比磷酸原反应的多，每分子葡萄糖或葡萄糖单位的肌糖原经糖酵解反应可以净生成 2 或 3 分子的 ATP，CP 仅能获得 1 分子的 ATP。但糖酵解反应步骤多，速度比磷酸原系统要慢，且影响因素要多。

（二）运动时糖酵解供能

1. 运动时糖酵解供能的特点

正常生理活动情况下，骨骼肌主要靠有氧氧化的途径获得能量，糖酵解供能意义不大。激烈运动时，尤其是超过 10 s 的全力运动时 CP 大量消耗，有氧代谢不能及时供能，此时糖酵解系统供能成为 ATP 再合成的最主要方式。

在最大强度运动 30～60 s 时，糖酵解分解速率达到最大，输出功率为 1 mmol～P/kg 干肌/s 或 4.5 mmolATP/kg 干肌/s，约是磷酸原供能系统的 1/2。随着运动时间进一步延长，糖酵解速率逐渐下降，最多维持 2 min 左右。原因在于，糖酵解的代谢产物是乳酸，当糖酵解反应速率达到最大时，意味着乳酸生成也达到最大。此时，乳酸以生成为主，来不及大量消除，乳酸出现堆积，导致骨骼肌内环境酸化，抑制糖酵解反应的酶活性，糖酵解反应速率减慢，最终停止供能。因此，糖酵解是 2 min 以内大强度运动的主要供能系统。

和磷酸原供能系统相比，糖酵解在运动中表现出的肌肉力量和运动强度都不如磷酸原系统，但可维持的运动时间要长。因此，糖酵解供能与速度和速度耐力素质密切相关，是体能项目的重要代谢基础。在400 m跑、100 m和200 m游泳等项目中，糖酵解供能起着决定性的作用。当运动加速或变速时，也要由糖酵解系统来供能。表7－1为无氧供能系统生成ATP的能力和功率。

表7－1 无氧供能系统生成ATP的能力和功率

供能物质	能力/（mmolATP/kg干肌）	功率/（mmolATP/kg干肌/s）
磷酸原系统	55～95	9
糖酵解系统	190～300	4.5
无氧供能系统	230～370	11

引自：Ron Maughan等，1997。

举例：

以400 m跨栏跑为例，分析其能量供应的特点。

400 m跨栏跑时，能量供应的20%～25%来源于磷酸原的分解，55%～60%来源于糖酵解，15%～25%来源于有氧氧化供能。

三、有氧氧化供能系统

糖、脂肪和蛋白质在O_2供应充足的情况下，完全氧化为CO_2和H_2O，同时释放能量，生成ATP的过程所构成的供能体系称为有氧氧化供能系统。糖、脂肪和蛋白质有氧氧化反应的共同特点是都需要O_2的参与，反应的场所主要在细胞的线粒体中进行。

（一）概　述

1. 糖有氧氧化供能

和糖酵解反应相比，糖的有氧氧化需要O_2的参与，在细胞浆中生成丙酮酸后进入线粒体，经过三羧酸循环和氧化磷酸化的过程生成CO_2和H_2O，同时释放能量。

和糖酵解反应相比，糖有氧氧化经历的化学反应步骤更多，反应的场所涉及细胞浆和线粒体，要有O_2的参与，影响因素更多，所以糖的有氧氧化反应速度和供能速率均低于糖酵解，最大输出功率为0.5 mmol～P/干肌/s，约是糖酵解供能系统的1/2。但糖有氧氧化释放能量更多，每分子葡萄糖经有氧氧化可净获得36或38分子的ATP，数10倍于等量糖酵解反应生成ATP的数目。因此，运动时糖有氧氧化供能系统可维持的运动时间更长，成为2 min以上大强度运动的主要能量来源。尤其是在65～85% $\dot{V}O_{2max}$强度长时间运动中，骨骼肌对糖的消耗量最大，糖有氧氧化的比例最高。因此，在1 500 m跑、400 m和1 500 m游泳、1 h自行车等运动项目中，糖有氧氧化供能起着主要作用。

由于肌糖原储备有限，以350 mmol/kg干肌计算，单独由肌糖原供能的话，只能维持运动时间为80～90 min。肌糖原含量的多少，决定着亚极量强度运动的时间长短。

2. 脂肪的有氧氧化供能

脂肪的有氧氧化首先需要经历脂肪的动员，分解为甘油和脂肪酸。由于肌肉缺乏甘油代谢的酶，甘油直接为肌肉供能的意义不大。脂肪酸通过血液运输到达骨骼肌细胞，经过活化后进入线粒体进行β－氧化，生成乙酰Co A后，通过三羧酸循环和氧化磷酸化的过程生成CO_2和H_2O，释放能量。

和糖有氧氧化反应相比，脂肪的有氧氧化同样需要O_2的参与，反应的部位也包括细胞质和线粒体，经历的化学反应步骤比糖有氧氧化还要多，影响因素也更多。在所有的供能反应中，脂肪的有氧氧化反应速度最慢，供能速率最低，输出功率也最低，为0.25 mmol～P/干肌/s，约是糖有氧氧化供能系统的1/2。

脂肪在体内储备丰富，运动时机体可动用的脂肪来源有脂肪组织和骨骼肌中的脂肪，血浆脂蛋白中的脂肪也能得到部分利用。因此，运动时脂肪的利用不存在储量耗尽的情况，由脂肪有氧氧化供能可维持的运动时间理论上不受限制。同时，脂肪经过生物氧化所生成的ATP是等量糖有氧氧化的数百倍。因此，脂肪的有氧氧化成为长时间中低强度运动时的主要供能系统，尤其是低强度运动时糖供能的比例很小，几乎全部由脂肪供能。

3. 蛋白质的有氧氧化供能

蛋白质在体内的主要作用是构建机体组织，代谢调节和免疫修复等作用。当机体糖大量消耗，脂肪供能不能满足机体需求时，蛋白质将供能。运动时，蛋白质氧化供能主要发生在长时间大强度运动中，但其能量供应并不占主要地位。

蛋白质参与供能的实质是以氨基酸的形式氧化供能，能够参与供能的氨基酸有亮氨酸、异亮氨酸、缬氨酸、丙氨酸、谷氨酸和门冬氨酸。其中，亮氨酸、异亮氨酸、缬氨酸称为支链氨基酸，是骨骼肌中参与供能的重要氨基酸。

安静时，骨骼肌中由氨基酸氧化生成的 ATP 占 ATP 总输出的比例不超过 10%，运动时随着其他能源物质的利用增加，这个比例还要下降。随着运动强度的增加和运动时间的延长，当其他的能源物质利用受到限制时，骨骼肌中氨基酸的氧化供能又重新变得重要起来，如亮氨酸的氧化速率比安静时提高 5 倍。在 4 h 的耐力运动中，骨骼肌中的支链氨基酸供能占机体总能量供应的 10% 左右。

（二）有氧氧化供能的特点

有氧氧化供能系统的输出功率较磷酸原和糖酵解供能系统低。其中糖有氧氧化的最大输出功率约为糖酵解供能系统的 50%，脂肪氧化的最大输出功率仅为糖有氧氧化的 50%。因此，有氧氧化供能系统不能维持高强度、高功率的运动，主要是为数分钟以上耐力性运动项目供能，其中，又以糖和脂肪是有氧氧化供能的主要代谢基质。

长时间中高强度运动时，糖有氧氧化的比例最高。运动时脂肪供能的重要性随运动强度的增大而降低，随运动持续时间的延长而增高。在静息状态、低中强度运动时，尤其是低于 60% $\dot{V}O_{2max}$ 强度的长时间运动中，脂肪是能量代谢的主要基质。脂肪贮量丰富，理论上可供运动的时间不受限制，但脂肪的氧化过程对糖具有依赖性。

蛋白质虽然可以供能，但不是主要的能量来源。只有在超过 30 min 的大强度运动中才参与供能，并和肌糖原的储备有关。当肌糖原储备充足时，蛋白质供能仅占总供能的 5% 左右；肌糖原大量消耗时，蛋白质供能可占总供能的 10% ~15%，但最多不超过 18%。

思考：

试比较静坐、慢走和快跑各 1 h 的能量供应有何不同？

第二节　运动时骨骼肌的能量需求和利用

人体运动很大程度上就是骨骼肌细胞摄取能量完成做功的过程，和其他组织不同的是，骨骼肌的能量需求与机体活动状态有关，根据运动强度和运动时间的不同，具有很大的变化幅度。

一、骨骼肌的能源储备

机体贮备有不同的能源物质，燃料储备的多少对运动机体可利用的总能量值产生影响。机体的燃料储备主要有肝糖原、肌糖原、血糖（主要为糖的运输形式）、脂肪和蛋白质，骨骼肌的能源储备主要有 ATP、CP、肌糖原和脂肪。

（一）机体的燃料储备

糖在机体的储备少，以 70 kg 体重成年人（含 15% 体脂）为例（表 7－2），肌糖原的含量约为 350 g，肝糖原的含量约为 80 g，糖的总量不超过 500 g。脂肪是机体最大的储能库，也是能量的最佳储备形式，因为每 1 g 糖原储备时要结合 3 g 的水，而脂肪的含水性低于糖原。同时，脂肪可提供的能量也最多，是相同量糖的数百倍。蛋白质的含量虽然高于脂肪，但蛋白质不是能量的储备形式，也不是机体能量的主要来源。蛋白质的主要作用是构建机体和修复组织，代谢调节、免疫和信号传导等作用，真正可以用来氧化供能的蛋白质并不多。

表 7－2　70 kg 体重成人能源储备（含 15% 体脂）

	储量/g	能量/kJ
肝糖原	80	1 280
肌糖原	350	5 600
血糖	10	160
脂肪	10 500	388 500
蛋白质	12 000	204 000

引自：Ron Maughan 等，1997。

糖在机体的储备量远远不及脂肪和蛋白质，可提供的能量也低于脂肪，但机体60%以上的能量来源于糖的分解。同时糖的供能速率快，耗氧量低，是唯一既可以无氧分解也可以有氧供能的物质。

（二）骨骼肌的能源储备

骨骼肌细胞的能量储备主要有 ATP、CP、糖原和脂肪，储量大小依次是肌糖原 > CP > 脂肪 > ATP（表 7 – 3）。表现为：

（1）ATP 的含量最少，可提供的能量也最少。CP 的储备是 ATP 含量的 3 倍左右，可提供的能量为 ATP 能量释放的 6 倍。

（2）糖原储备在骨骼肌中为最高。糖原在骨骼肌中既能通过糖酵解，也能通过有氧氧化的方式生成 ATP。其中，等量的糖有氧氧化提供的能量高于糖酵解反应的100 多倍。

（3）骨骼肌中的脂肪含量并不多，甚至低于 CP 的储备量，但脂肪完全氧化释放的能量是骨骼肌中所有能源物质中最高的，相当于等量糖有氧氧化提供能量的 1 倍左右。

表 7 – 3　骨骼肌细胞的能量贮备（70kg 体重成人）

能源物质	储量/（mmol/kg 干肌）	可利用的能量/（mmol ~ P/kg 干肌）
ATP	24.6	9.8
CP	76.8	61.4
糖原	365	1 060（糖酵解）
		14 200（糖有氧氧化）
脂肪	48.6	24 520

引自：冯美云，等，1999。

以 70 kg 体重成年男性为例，从 ATP 的最大生成速率和生成总量来看，磷酸原分解生成 ATP 的速率最快，但 ATP 的生成总量最少。糖酵解反应生成 ATP 的最大速率比磷酸原下降 50%，但 ATP 生成总量高于磷酸原 2 ~ 10 倍。糖有氧氧化的方式生成 ATP 的最大速率比糖酵解反应减少近 50%，但 ATP 的生成总量比糖酵解反应高出 10 ~ 50 多倍。脂肪酸有氧氧化合成 ATP 的速率最低，为糖有氧氧化生成速率的一半，但产生 ATP 的总量最多，为糖有氧氧化的 50 多倍（表 7 -4）。

表 7 -4　~P 的最大生成速率和总量（70 kg 体重成年男性，28 kg 肌肉）

	速率/（mol/min）	总量/ mol
磷酸原	4.4	0.67
糖酵解	2.35	1.6 ~6.7
糖有氧氧化	0.85 ~1.14	84
脂肪酸有氧氧化	0.40	4 000

引自：JR. Poortmans，2004。

二、运动时骨骼肌的能量需求和利用

安静时骨骼肌的能量消耗低，占机体总能量消耗的 20% 左右。运动时，骨骼肌的能量消耗增加。若以 1 ~2 min 最大强度运动至力竭的话，肌肉的能量消耗占机体总能量消耗的 90%，约为安静时的 120 倍。因此，运动时骨骼肌的能量消耗远高于安静时，需要根据运动强度和运动时间的不同，动用不同的能源物质，满足运动所需。

（一）不同活动状态下骨骼肌的能量需求

机体对 ATP 的需求不同，表现为 ATP 的转化率或周转率不同。ATP 的转化率越快，表明单位时间内机体对 ATP 的需求更多，对应的运动强度也越高。

安静状态下机体能量转换速率为 1 mmol ATP/kg 肌肉/s，当以最大速度或最大强度运动时，能量转换速率提高到 4 mmol ATP/kg 肌肉/s，表明运动时骨骼肌的能量消耗增加。从机体 ATP 总转化率来看，安静状态下为 0.1 mol/min 左右，随着运动强度的增加，ATP 总转化率也增加。例如，100 min 跑时 ATP 的总转化率是马拉松跑的 3 倍，是安静状态下的 50 倍（图 7 -2），也进一步说明运动时骨骼肌的能量需求增加。

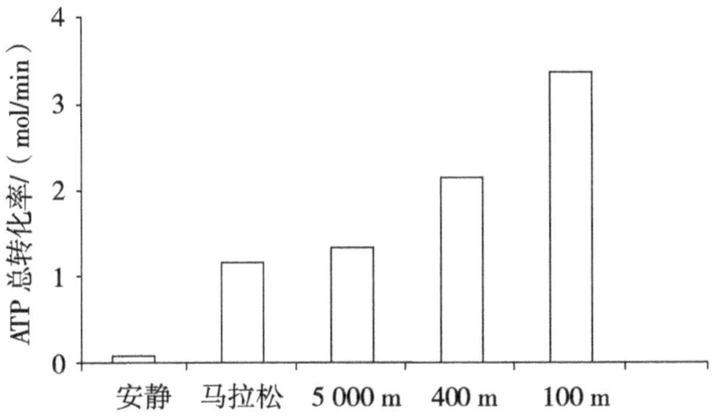

图 7－2　不同活动状态下 ATP 的总转化率（mol/min）

（引自 JR. Poortmans，2004）

从 ATP 的利用速率和利用总量来看（表 7－5），安静时骨骼肌处于静止状态，ATP 的利用速率几乎为零。不同径赛项目中跑程越短，跑速越快，ATP 的利用速率也越大；由于运动时间短，ATP 的利用总量不高。

表 7－5　不同径赛项目中 ~P 的利用速率和总量

	~P 的利用速率/（mol/min）	~P 的利用总量/mol
安静	0.07	
100 m	2.6	0.43
400 m	2.3	1.72
800 m	2.0	3.43
1 500 m	1.7	6.00
42.2 km	1.0	150.00

引自：JR. Poortmans，2004。

从供能分配比例来看（表 7－6、表 7－7），运动时间越短的项目，无氧供能的比例越高，有氧供能的比例越低。表明无氧供能主要为短时间运动项目供能，随着运动时间的延长，有氧供能的作用越来越大。事实上，绝大多数的运动都由有氧和无氧供能系统共同参与，只不过供能的比例不同，很少出现只由一个供能系统单独供能的情况。通常表现为短时间高强度运动以无氧代谢供能为主，长时间运动时所需的能量主要来自有氧代谢供能。

表 7-6　不同运动时间能量供应的比例　%

运动时间	无氧系统	有氧系统
1～3 s	100	0
10 s	90	10
30 s	80	20
60 s	70	30
2 min	60	40
	50	50
4 min	40	60
	30	70
10 min	20	80
30 min	10	90
120 min	0	100

引自：Scott K 等，2011 年。

表 7-7　不同距离游泳比赛的主要能量系统　%

时间	比赛距离	磷酸原系统	糖酵解系统	有氧氧化系统
10～20 s	25～50 m	78	20	2
40～60 s	100 m	55	35	10
1.5～2 min	200 m	10	65	25
3～5 min	400 m	7	40	53
5～6 min	400 m	7	38	55
7～10 min	800 m	5	30	65
10～12 min	1 000 m	4	26	70
14～18 min	1 500 m	3	20	77
18～22 min	1 500 m	2	18	80

引自：冯炜权，等，2006 年。

（二）不同活动状态下骨骼肌的能量利用

安静时，骨骼肌的能量消耗少，ATP 保持比较高的水平。骨骼肌的呼吸商为

0.7，表明主要由血浆游离脂肪酸提供能量，同时也摄取～20%左右的血糖作为能量代谢底物。另外，支链氨基酸的氧化可以提供骨骼肌总能耗14%的能量。

运动时骨骼肌根据运动强度和运动持续时间的不同，有所选择地动用机体的能源物质，其中运动强度是最重要的影响因素。

1. 不同运动时间时骨骼肌的能量利用

（1）6～8 s的极量强度运动主要由磷酸原系统供能，如50 m冲刺、射门、投篮、跳高、举重等主要靠磷酸原系统提供能量。100 m跑时90%的能量来自无氧代谢供能，其中主要又是靠磷酸原系统供能，部分能量由糖酵解系统提供。

（2）超过10～20 s，小于10 min的大强度运动靠有氧和无氧供能系统的综合利用。30 s到2 min以内的全力运动中，糖酵解是主要的供能系统，如400 min跑时（时间约为55 s左右）70%的能量来自于糖酵解供能，30%的能量来自糖的有氧氧化提供；2～10 min的大强度运动中，主要由糖酵解和糖有氧氧化供能。且随着运动时间的延长，糖有氧供能的比例增加，糖酵解供能的比例相应减少。

（3）超过10 min的大强度运动中，运动刚开始时仍由磷酸原和糖酵解供能。2～3 min后，当机体氧耗达到稳定水平时，糖有氧氧化成为主要的供能途径。当运动时间超过1 h，肌糖原储备开始显著下降，脂肪供能的比例增加，但运动强度也随之下降，成为疲劳的主要因素。

（4）>2～3 h的超长时间运动中，主要靠脂肪的有氧氧化供能。

（5）运动加速、冲刺时主要由磷酸原或糖酵解系统供能，运动后的恢复要由有氧氧化来提供能量。

2. 不同运动强度时骨骼肌的能量利用

（1）120% $\dot{V}O_{2max}$强度运动时，运动时间短，骨骼肌主要靠磷酸原系统供能，这时磷酸原的储备对运动能力有着重要影响。

（2）在90～95% $\dot{V}O_{2max}$以上强度运动时，骨骼肌以糖酵解供能为主，占总能量的95%左右，肌糖原消耗速率最大。但由于肌乳酸的快速增多，抑制糖酵解反应继续进行。所以，运动至力竭时，肌糖原的消耗不到原贮量的一半。

（3）当以75% $\dot{V}O_{2max}$强度运动时，糖有氧氧化是合成ATP的主要途径，肌糖原大量消耗，甚至动用肝糖原，肌糖原和肝糖原的储备是影响运动能力的重要因素。

（4）小于60% $\dot{V}O_{2max}$强度运动时，骨骼肌主要以脂肪氧化供能为主。

以 70 kg 体重的马拉松运动员为例，跑完 42.2 km 全程约消耗 2 800 kcal 能量。主要以糖和脂肪的有氧代谢为主，糖的消耗达到 500 ~ 550 g，占总能量输出的 71 ~ 78%，蛋白质供能仅占总能量输出的 1 ~ 2%。

（三）运动时骨骼肌 3 大供能系统的相互关系

运动时骨骼肌中 3 大供能系统间的动用关系可用图 7 – 3 表示。

（1）运动中基本上不存在一种能源物质单独供能的情况，肌肉可以利用所有的能源物质，只是利用的时间、顺序和相对比率随运动状况而异，不是同步利用。运动刚开始时，磷酸原系统最早被动用，然后根据运动强度和输出功率的要求动员相应的系统供能。

（2）各供能系统的最大输出功率不同，由大到小依次为：磷酸原系统 > 糖酵解系统 > 糖有氧氧化 > 脂肪酸有氧氧化，且分别以近 50% 的速率依次递减。

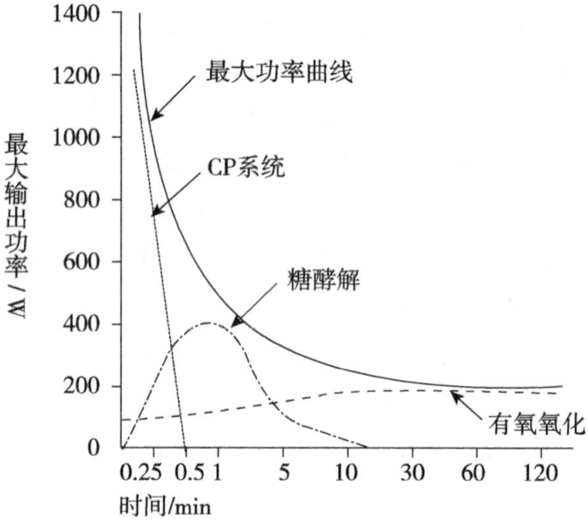

图 7 – 3　骨骼肌 3 大供能系统能量供应的相互关系

（引自 Billeter，1992）

（3）当以最大输出功率运动时，各供能系统能维持的运动时间分别是：磷酸原系统供极量强度运动 6 ~ 8 s；糖酵解系统供最大强度运动 30 ~ 90 s，可维持 2 min 以内的运动；3 min 以上的运动时，能量需求主要依赖有氧氧化途径，运动时间愈长、强度愈小，脂肪氧化供能的比例愈大。超过 30 min 的激烈运动中，蛋白质也参与供能，但供能量不超过总供能的 18%。

（4）运动结束后骨骼肌等组织细胞内有氧代谢速率仍高于安静时水平，所产生的能量用于运动时消耗的能源物质如 CP、糖原的恢复和代谢产物如乳酸等的清除。因此，有氧代谢是运动后机能恢复的基本代谢方式。

总之，运动时骨骼肌的能量需求是持续的，3 大供能系统之间不是孤立和单独供能，而是相互联系、相互衔接。随着运动强度和运动时间的不同，各供能系统参与供能的程度和比例不同。

（四）影响运动时骨骼肌能量利用的因素

运动时骨骼肌能源物质的选择和利用受很多因素影响，包括运动种类、运动强度和运动时间、饮食和营养状况、训练水平、肌纤维组成、环境因素等等。

1. 运动强度和运动时间的影响

运动强度是运动时骨骼肌能源物质的选择和利用的最重要的影响因素，运动时间又受运动强度的影响，一般运动强度越大，可持续的运动时间较越，骨骼肌主要以无氧代谢供能为主；中低强度运动时可持续的运动时间相对较长，骨骼肌以有氧代谢供能为主。表 7－8 中，100m 跑时 90% 的能量来自无氧代谢供能，10% 的能量来自有氧代谢的途径；马拉松运动恰好相反，99% 的能量来自有氧代谢系统供能，1% 的能量来自无氧代谢供能。

表 7－8　不同运动强度和时间能量供应的比例

距离	运动时间	平均跑速/（m/s）	%有氧供能	%无氧供能
100 m	9. 84 s	10. 16	10	90
400 m	43. 29 s	9. 24	30	70
800 m	1 min 41. 73 s	7. 86	60	40
1 500 m	3 min 27. 37 s	7. 23	80	20
5 000 m	12 min 44. 39 s	6. 54	95	5
10 000 m	26 min 38. 08 s	6. 26	97	3
42. 2 km	126 min 50 s	5. 58	99	1

引自：R Maughan 等，1997。

受运动强度和运动时间的影响，骨骼肌中氧的供应成为影响骨骼肌能源物质利用的派生影响因素，即无氧代谢供能可以不依赖氧的存在，但有氧代谢供能必需在有氧的条件下才能进行。

2. 运动训练和恢复的影响

骨骼肌对运动训练会产生相应的适应，能源物质的利用也会产生相应的变化。如长距离的耐力训练可以提高骨骼肌毛细血管和线粒体的密度，增加 I 型肌纤维的横截面积以及骨骼肌中甘油三酯的含量，提高亚极量强度运动时骨骼肌对脂肪利用的程度，减少对肌糖原和血糖的利用，减少乳酸堆积。

一次运动后机体的恢复状况，对下次运动时骨骼肌的能量利用也会产生影响，尤其是持续数天的运动。如肌糖原大量消耗后，如果恢复不及时，骨骼肌将减少对现有肌糖原的利用，增加对脂肪的利用，降低运动强度。同样，短时间大强度运动后，如果 CP 的恢复不充分，下次运动时骨骼肌将转而利用糖酵解供能，影响运动强度。

3. 肌纤维组成的影响

研究表明，优秀的耐力项目运动员具有更高比例的Ⅰ型肌纤维，如马拉松选手Ⅰ型肌纤维的比例高达 80%，短距离项目运动员Ⅱ型肌纤维的比例更高，可以达到 60%。不同肌纤维具有不同的代谢特征，表现在Ⅰ型肌纤维有氧代谢酶的活性较高，有氧代谢供能占优势；Ⅱ型肌纤维中尤其是Ⅱb 型肌纤维无氧代谢酶的活性较高，无氧代谢为其主要的供能形式（表 7－9、表 7－10）。

表 7－9　人骨骼肌纤维的代谢特征

特征	Ⅰ型肌纤维	Ⅱa 型肌纤维	Ⅱb 型肌纤维
毛细血管密度	高	中	低
线粒体密度	高	中	低
代谢特征	有氧代谢	有氧代谢和糖酵解	糖酵解
肌红蛋白含量	高	中	低
糖酵解代谢酶活性	低	高	高
有氧代谢酶活性	高	高	低
肌糖原含量	低	高	高
甘油三脂含量	高	中	低
磷酸原含量	低	高	高
肌球蛋白 ATP 活性	低	高	高

引自：R Maughan，等，1997 年。

运动强度较低时，机体以Ⅰ型肌纤维收缩为主，靠脂肪的有氧氧化供能就能满足活动的需要。随着运动强度的增加，Ⅱa 型肌纤维也被动用；当运动强度达到最大时，所有的肌纤维都得到募集，用来收缩做功。此时，Ⅱb 型肌纤维的利用率最高，无氧代谢供能成为骨骼肌的主要供能形式。

表 7－10 人骨骼肌纤维中相关酶的活性 μmol/min · g 湿肌

酶	Ⅰ型肌纤维	Ⅱa 型肌纤维	Ⅱb 型肌纤维
磷酸化酶	2.8	5.8	8.8
磷酸果糖激酶	7.5	13.7	17.5
琥珀酸脱氢酶	7.1	4.8	2.5
柠檬酸合成酶	10.8	8.6	6.5

引自：R Maughan，等，1997 年。

4. 饮食和营养状况的影响

饮食中脂肪和糖的比例以及运动中营养物质的摄入，都会显著影响运动时骨骼肌对能源物质的利用。高糖膳食有利于糖原的合成，结合运动，可以有效地提高肌糖原的储备，延长运动持续时间。饥饿或高脂膳食（或低糖膳食）将增加血浆游离脂肪酸的含量，使得运动时脂肪供能的比例提高。

能量代谢反应中都要有酶的催化，有些辅酶的成分是维生素或金属离子，尤其是 B 族维生素，如维生素 B_1 与糖代谢有关，维生素 B_2 与生物氧化有关。大多数维生素机体不能合成，要依靠外界摄取。当机体缺乏这些维生素，同时不能从外界摄取时，酶的结构将受到影响，催化作用受损，代谢反应无法正常进行。同样铁的缺乏使得血红蛋白的数量减少，影响氧的运输，最终使得机体的有氧代谢能力下降。

5. 环境因素的影响

高温的情况下，血液大量流向体表促进散热，运动中骨骼肌的血流相对减少，氧的供应也相对减少，促使骨骼肌动用糖酵解的比例增加，血乳酸的浓度也增加。与之对应的是，低温环境下，机体动用脂肪供能的比例增加。

高原环境下由于缺氧，骨骼肌中的氧供应相对不足，也将使得骨骼肌对糖酵解的利用增加，血乳酸的含量增加。当出现高原习服后，这种状况得以改善。

本章小结

作为生物体的能量货币，ATP 是机体可直接利用的能量来源。ATP 在机体储备少，依靠消耗的同时再合成，满足机体的需求，在能量的生成、转移、利用和储存中起着重要核心作用。

运动时骨骼肌 ATP 的再合成由磷酸原供能系统（ATP－CP）、糖酵解供能系统和有氧氧化供能系统来实现。根据运动强度和运动时间的不同，不同程度地动用这三大供能系统。

安静时骨骼肌的能量消耗相对较低，以血浆游离脂肪酸和支链氨基酸的氧化提供主要能量。短时间高强度运动无氧代谢供能为主，表现为 6～8s 的极量强度运动时主要由磷酸原系统供能，30 s～2 min 以内的全力运动，糖酵解是主要的供能系统。超过 2 min 的大强度运动中，糖有氧供能的比例增加，糖酵解供能的比例减少。$<60\%\ \dot{V}O_{2max}$强度的长时间运动时，脂肪氧化成为主要的供能系统。同时，运动刚开始、加速、冲刺时主要由磷酸原和糖酵解系统供能，运动后的恢复要靠有氧代谢系统供能来实现。

运动时骨骼肌能源物质的选择和利用受很多因素影响，包括运动种类、运动强度和运动时间、饮食和营养状况、训练水平、肌纤维组成、环境因素等。

总之，无论处于何种活动状态，骨骼肌不存在只由一个供能系统单独供能的情况，始终是有氧代谢和无氧代谢相结合，根据运动强度和运动时间以及运动环境的不同加以选择利用。

思考题：

1. 比较 ATP 和 CP 的生物学功能。
2. 运动时骨骼肌 ATP 主要利用在哪些方面？
3. 试阐述骨骼肌三大供能系统的特点和区别。
4. 请分析马拉松运动项目的能量代谢特点。
5. 举例分析影响运动时骨骼肌能量利用的因素都有哪些？

（左　群）

第八章　运动能力的生物化学

［本章要点］　本章从功和功率、肌肉和能量 2 个方面分析运动能力的内涵，在此基础上以能量供应为主线，进一步从肌肉与能量的产生、供能方式与供能途径和能量代谢与运动项目 3 个方面介绍构成运动能力的生化基础。同时，从运动性疲劳与恢复以及运动单位、能源储备、无氧代谢与有氧代谢能力等方面分析影响运动能力的生化因素。

［重点名词］　功；功率；运动性疲劳；恢复；半时反应

第一节　运动能力

一、功、功率和运动能力

运动能力（sport ability）泛指人体完成运动任务的综合表现。不同学科或不同运动项目对运动能力的解释重点都不一样。尽管如此，我们从人体运动的过程来看，不管是运动员还是参与体育锻炼的普通人；不管是体能的问题、还是技能的因素；不管是运动者心理方面的原因，还是其他诸如场地、器械、服装、赛场氛围等因素的存在或干预，最终都要通过“运动者”的运动表现来区分高低分出一二。例如，田径运动中跑的快慢、跳的高远和投掷的远近，球类项目中队员之间的配合、技战术的运用以及攻防之间的博弈等，最终也是要通过肌肉收缩力，使人体及环节或器械发生一定的位移。对于普通人的体力活动来说，如行走的速度、可以坚持的距离、搬运东西时动作的快慢、能够拿起重物的重量等也是如此，即肌肉收缩力对外界做了功。因此，从功和功率的角度认识什么是运动能力，是正确理解运动能力的概念和运用相关评价手段的核心。

功（work）是力对物体作用效果的一种量度，反映了力对物体作用效果随物体位移的积累，是能量变化的量度。广义的做功是能量传递的一种方式。通常人们指的机械功是力对物体作用的空间积累，即力与其作用距离的乘积。基本公式：W = F × D（F：力；D：距离）；通用符号为 W，SI 单位是 J（焦耳）。功率（power）是力在单位时间内所做的功。基本公式为：P = W/T（W：功；T：时间）；其中，通用符号是 P，SI 单位为 W（瓦特）。

在体育运动中，人体各种运动形式，如推、拉、蹬伸、缓冲、鞭打等动作都是通过肌肉收缩产生力，使人体及身体各部或器械发生了位移。而肌肉在单位时间内所做的功则是输出功率。输出功率与生物体化学能转为机械能的转换速度呈正相关关系。因此，通过肌肉做功和输出功率的大小可以评价人的基本运动能力。例如 PWC170 台阶实验、功率自行车和跑台等的测试原理均是源于功和功率的概念和理论的支持。图 8 – 1 为跑台和功率自行车。

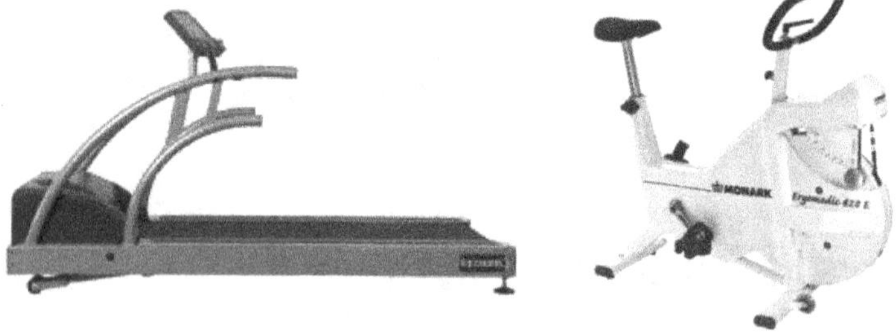

图 8 – 1　跑台和功率自行车

思考：

运动能力是一个复杂系统。除了从功和功率、肌肉和能量的角度认识运动能力外，还可以从哪些方面入手了解运动能力？它们与功和功率、肌肉和能量的关系如何？

二、肌肉、能量和运动能力

对肌肉、能量和运动能力的认识，按照传统的思维方式可分为：（1）分析事物在空间分布上的各个组成部分。例如把人体分成系统、器官、组织、细胞和分子等，分别研究它们的结构与功能，从而为研究人体运动技能的形成、体能状态的好坏、身体素质的高低等提供依据。（2）分析事物在时间发展上的各个阶段。例如动作技能形成的泛化、分化、巩固和自动化 4 个时相；肌肉收缩从神经冲动的发放到乙酰胆碱释放增加，引起膜电位改变，再到内质网钙离子释放，肌动球蛋白形成，最终 ATP 释放能量肌纤维滑行产生收缩。（3）分析复杂统一体的各因素、方面和属性，以逐步获得对该事物或问题的完整认识。例如从运动训练学的角度把运动能力的构成要素分为心智水平、训练水平、身体素质、技战术能力和思想作风等，然后逐一进行分析与研究；运动生理学一方面是从心肺功能、肌肉力量与耐力、柔韧性和体成分解释构成健康体能的基础，另一方面是从速度、力量、耐力和灵敏等身体运动素质的角度解释运动能力；运动生物化学则是更多地从能量的产生与利用的视角解释运动能力。

传统的思维方式的特点，在于通过把整体分解为部分，把复杂事物分解成简单要素，分门别类，加以研究，从而获得对事物内在本质和整体规律的认识。目前，大多数有关运动能力解释的理论基础和研究成果的依据都是建立在这种认知基础之上的。传统思维方式的不足之处，在于在进行分门别类、细致研究的同时，割裂了事物内部各要素之间的有机联系，以至于不能正确、全面的理解事物。

按照系统科学的观点，一方面系统科学把所关注的事物看作是其部分以一定的联系组成的结构与功能的整体，即系统。认为整体具有不同于各部分功能简单相加的新功能，认识系统就在于找出系统的这种新性质。例如运动能力是由训练、营养、体能、技能、场地、器材和文化等因素组合而成，但又不是这些因素简单相加的和；另一方面系统科学认为所有的系统都是开放的系统，都存在于一定的环境中，都与环境有着千丝万缕的联系和相互作用，进行物质、能量、信息的不断交换。系统科学研究的重点是系统的不稳定性、多样性和不平衡性等。这些一方面恰恰是传统思维的薄弱环节；另一方面对于全面认识和研究运动能力是非常重要的认识基础。

如果用系统的思维方式分析运动能力的话。首先，运动能力是一个复杂系统，是由多种因素共同作用的结果。从一个人完成动作的过程来看，与身体直接相关的部分有骨骼与关节、肌肉、心肺功能、能量和控制系统。其中，骨骼与关节，是起到杠杆和支点的作用，肌肉是体内最大的换能装置，是把化学能转换为机械能的地方；而能量是决定肌肉工作的动力之源，心肺功能和神经控制系统分别又可以影响到肌肉和能量的参与程度。因此，决定或影响肌肉结构与功能、能量产生和利用的因素便构成了影响运动能力的核心。而技战术能力、心理紧张程度和运动训练科学化程度等因素则是从不同层面或不同角度影响了肌肉与能量的功效。例如紧张会导致动作变形，动作变形又会造成额外的能量消耗或肌肉受伤等。

提问：

结合运动实例谈如何认识肌肉和能量的关系？如何认识肌肉和能量与运动能力的关系？

第二节　能量供应与运动能力

一、肌肉与能量的产生

肌肉的收缩是由运动神经以冲动的形式传来刺激引起的。运动神经元末端并不直接和肌纤维连结，而是形成一种神经－肌肉接点的装置。当神经冲动到达运动神经末端，神经递质乙酰胆碱（Ach）被释放，引起膜电位改变，继而库存于肌浆网中的Ca^{2+}释放增加，Ca^{2+}与肌钙蛋白结合又促使原肌球蛋白位移，使肌动蛋白与肌球蛋白结合形成肌动球蛋白，ATP 释放能量，肌肉产生收缩（图 8－2）。由此我们可以发现，神经冲动的大小和运动神经原支配的肌纤维数量，即运动单位的参与数量是影响肌肉收缩力量大小的重要影响因素；单位时间内有多少 ATP 可以供给肌肉收缩；再生成的 ATP 可以满足运动持续的时间。

肌纤维的类型与专项运动能力关系密切。从事短跑、跳跃等力量、速度项目为主的运动员，快肌纤维百分比占优势；从事马拉松、长跑等以耐力为主要项目的运动员，慢肌纤维百分比占优势，而介于两者之间的中长跑运动员的快慢肌的百分比差不多。不同类型的肌纤维在能量供应方面的差异主要表现在氧的参与程度的不同。

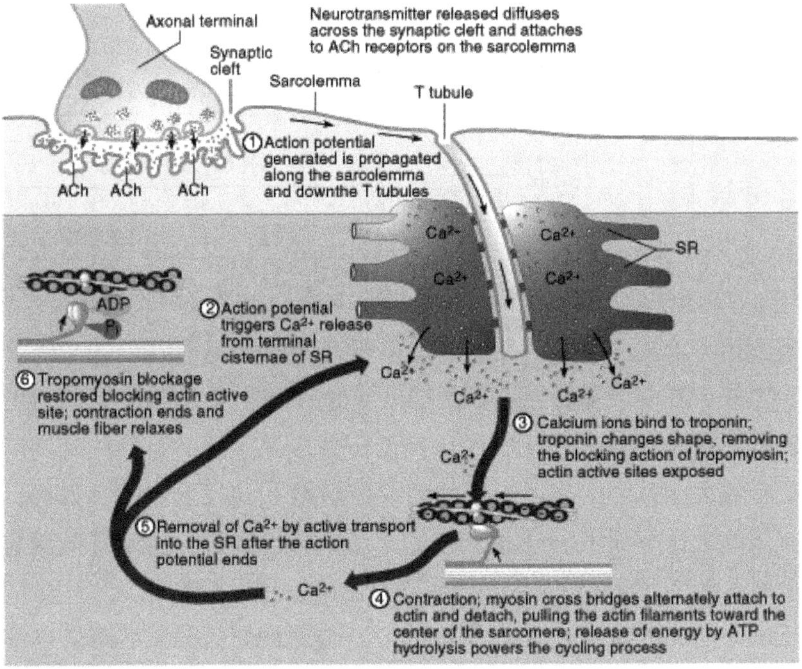

图 8－2　神经冲动和肌肉产生收缩与 ATP 关系变化示意图

二、供能方式与供能途径

糖、脂肪和蛋白质是构成机体的物质基础，也是再合成 ATP 所需要能量的“原材料”。根据机体产生能量的过程中是否有氧的参与和能够维持供能时间的长短，机体的能量供给可以分为 2 个基本过程和 4 个系统（图 8－3）。在实际的运动过程中，机体以什么方式、什么系统为主提供能量，主要取决于机体的主观和客观的条件。例如，运动训练水平、海拔高度、运动强度、运动时间等。与此同时，还可以通过测定最大摄氧量、乳酸阈值、磷酸原能商法和 Wingate 无氧试验等方法，或者是结合生理学的呼吸商（RQ）计算来推断、评价机体参与供能的实际情况。

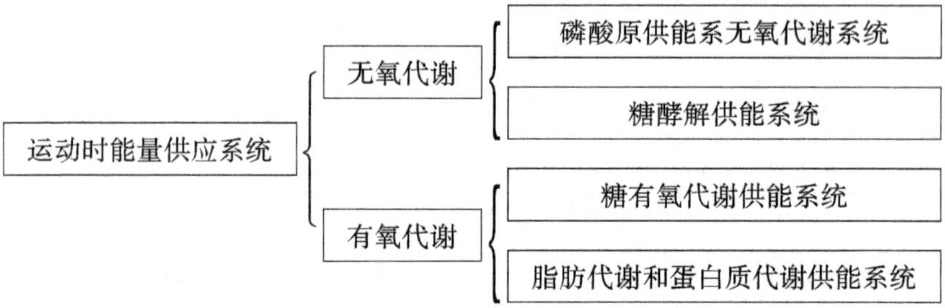

图 8－3　运动时物质代谢与能量代谢的 2 个过程和 4 个系统

依据最大用力时间的长短，我们可以很明显地观察到不同供能系统参与供能的比例是不一样的。其中，磷酸原可以维持供能的时间最短，但参与供能的比例最高；糖酵解（乳酸）供能系统参与供能的比例低于磷酸原系统，但持续时间明显长于磷酸原系统；有氧供能系统由于可以使用的“原材料”比较丰富，例如糖、脂肪和蛋白质，在有氧的条件下都可以分解产能供给 ATP 的再生成。由于有氧反应过程比磷酸原和糖酵解系统明显复杂，从能量参与的比例来说，随着最大用力时间的推移，有一个从低逐渐向高的发展过程（图 8－4）。与此同时，3 个不同的供能体系，在时间维度上相互交织在一起，显示出是一个能量连续供应体。从能量参与比例来看，3 个供能体系又在最大用力的不同时相，先后表现出最高峰值。能量连续供应体和最高峰值先后出现的特点，正是保证肌肉持续工作，使机体完成相应运动的基础。

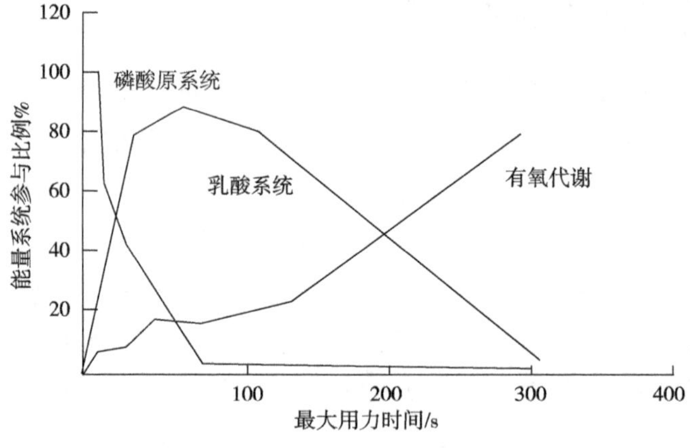

图 8－4　不同能量供应系统在最大用力运动过程中的代谢时间与比例

（Scott K. Powers，等著. 林正常总校阅 运动生理学 ExercisePhysiology（第四版）［M］. 台湾：台湾艺轩图书出版社，2002）

三、能量代谢与运动项目

供能系统参与供能的先后顺序并不是固定不变的，有时甚至是同时参与供能，保障运动者所需要的能量。决定供能系统参与供能比例的是运动强度。由于人的心肺功能是一定的，运动强度越大，心肺功能无法满足机体氧气供给量的比例也越大，以无氧代谢为主的供能体系，如磷酸原或糖酵解参与供能的比例就越高。因此，运动项目自身所固有的运动强度特征可以影响到参与供能的体系和先后顺序。图 8－5 所示是人们对一些运动项目有氧和无氧方式供能比例的估计，主要源于对运动项目的整体评估。

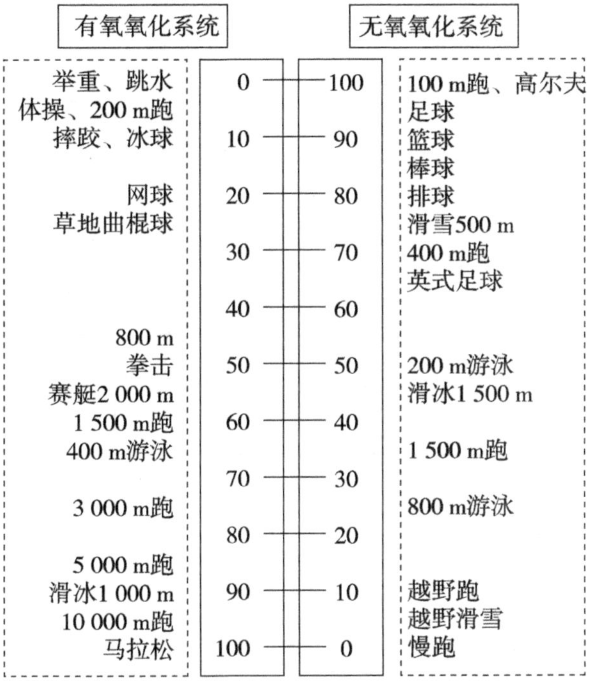

图 8－5　不同运动项目的能量来源

从提高运动能力的角度来看，（1）运动项目与能量供应途径之间存在相对应的关系。尽管人体有无氧代谢和有氧代谢产能之分，有磷酸原、糖酵解、糖有氧和脂肪有氧供能系统等的存在。但每一个运动项目，从能量供应的角度来观察的话，供能系统的参与程度，不同系统之间的参与比例是不一样的，带有明显的项目特征。

例如举重、投掷项目的主要供能系统是磷酸原供能系统；200 m 跑、篮球、排球和足球，则是磷酸原加糖酵解供能系为主体；糖酵解和糖有氧氧化是 1 500 m 跑和 200 m 游泳的主体供能系统；马拉松以脂肪和糖有氧氧化供能为主。(2) 提高主体供能系统的供能能力，是提高该项目运动能力最为重要的环节之一。依据机体应激与适应的生物学特性，控制最大运动负荷和运动时间是提高相应供能系统能力的核心。(3) 有氧代谢能力是影响所有运动项目供能能力高低、可持续运动时间长短的基础。因此，提高运动能力，既要注意到运动项目的特征，也要注重有氧代谢能力的提高，二者缺一不可。(图 8－6)

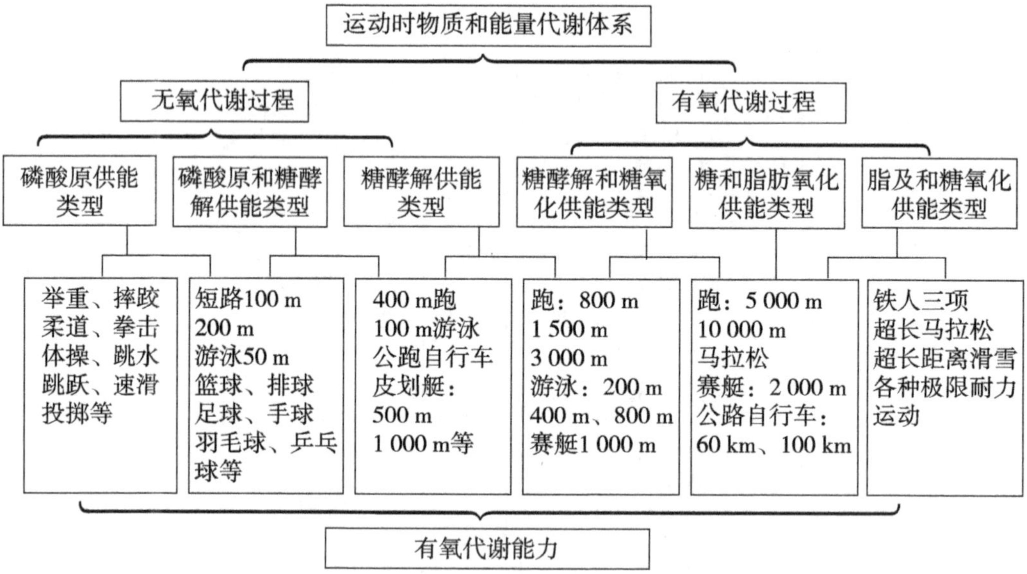

图 8－6　供能系统、供能方式和运动项目关系

思考：

根据应激与适应的原理，解释供能系统与运动项目的关系，说明在运动训练中应予以关注的重点是什么？为什么？

第三节 运动性疲劳与恢复

一、运动性疲劳与抗疲劳能力

理解：

按照《现代汉语词典》（第5版，商务印书馆，2005，第1038页）的解释，疲劳有3种含义：一是因体力或脑力消耗过多而需要休息；二是因运动过度或刺激过强，细胞、组织或器官的功能或反应能力减弱；三是因外力过强或作用时间过久而不能继续起正常反应。

首先，词典的解释对我们客观、全面地认识运动性疲劳有积极的意义。例如第一种解释告诉我们产生疲劳的因素既有体力原因也有精神的作用，运动不是唯一的原因，强调休息的重要性；第二种解释比较接近运动性疲劳的特点，但对于运动和运动导致机体出现疲劳的特点解释得不够清楚，对于人们借助这个概念去评价运动性疲劳缺乏有效的支撑；第三种解释，一方面强调了产生疲劳的2个要素，即力与时间的作用。另一方面说明疲劳既可以是在人身上产生也可以产生在各种物体中。例如为了飞行安全，飞机的零部件都有定期更换之说，其原因就是金属也有疲劳。所以，一般意义上的疲劳，可以是说人，也可以是说物；可以是说劳动产生疲劳、也可以是说运动导致疲劳。运动性疲劳不同于劳动疲劳，更不能用“物”的疲劳来解释“人”的疲劳。

（一）运动性疲劳的定义

目前人们广泛承认的是第5届国际运动生物化学会议（1982年）给出的解释，即“身体机能的生理过程不能持续在特定水平和/或身体不能维持预定的运动强度”。这个定义的特点主要表现如下。

（1）在研究运动疲劳时，要将身体各组织器官的机能水平和运动能力结合起来分析疲劳的发生和发展的规律。

（2）评定运动性疲劳要将生理生化指标，如心率、最大摄氧量、血乳酸等和运动能力，如功率计上的输出功率、运动场上的成绩结合起来。

（3）运动性疲劳应注意其专项特点，如 100 m 跑和 3 000 m 跑、篮球和跆拳道运动都存在不能维持预定运动强度（疲劳）的问题，但体内的生理生化变化不同，与劳动疲劳也有质的区别。

（二）运动性疲劳的分类

分类是人们认识事物的重要手段之一，同时分类没有绝对的标准，一般是根据认知的需求，选择相应的分类标准来划分事物的。因此，一方面对分类标准的理解是十分重要的，另一方面对同一事物有不同的分类结果也是正常的。

（1）按照运动性疲劳发生的“感觉”来划分，可以分为整体疲劳和局部疲劳。如足球、田径或任何一个项目比赛后身体所产生的疲劳就是整体疲劳，而下肢力量练习导致腿部肌肉的酸痛、僵硬以及肌力下降则主要是局部疲劳。

（2）按照观察侧重点的不同，可以把疲劳划分为心血管系统、呼吸系统和骨骼肌系统的疲劳等。如果按照疲劳在躯体发生的部位，可以分为外周性疲劳和中枢性疲劳。

（3）按照疲劳产生的程度划分的话，可以分为轻度疲劳、中度疲劳和重度疲劳。

此外，若是按照不同的学科的特点，又可以把疲劳分为躯体性疲劳和心理性疲劳等。

（三）运动性疲劳的产生机制

目前，运动性疲劳产生的机制有以下 4 种假说。

1. “外周疲劳－肌肉疲劳链”假说

这个理论的要点是从控制的角度，以中枢神经与肌肉形成的控制“链条”为线索，认为在形成链条的各个节点和节点之间，无论是形成节点的要素或是影响节点自身或节点之间联系的因素发生改变，都可能会对控制链条的“信息”传递产生影响。例如肌肉乳酸的生成、H^+ 的堆积、血糖下降、肌糖原耗竭等（图 8－7）。

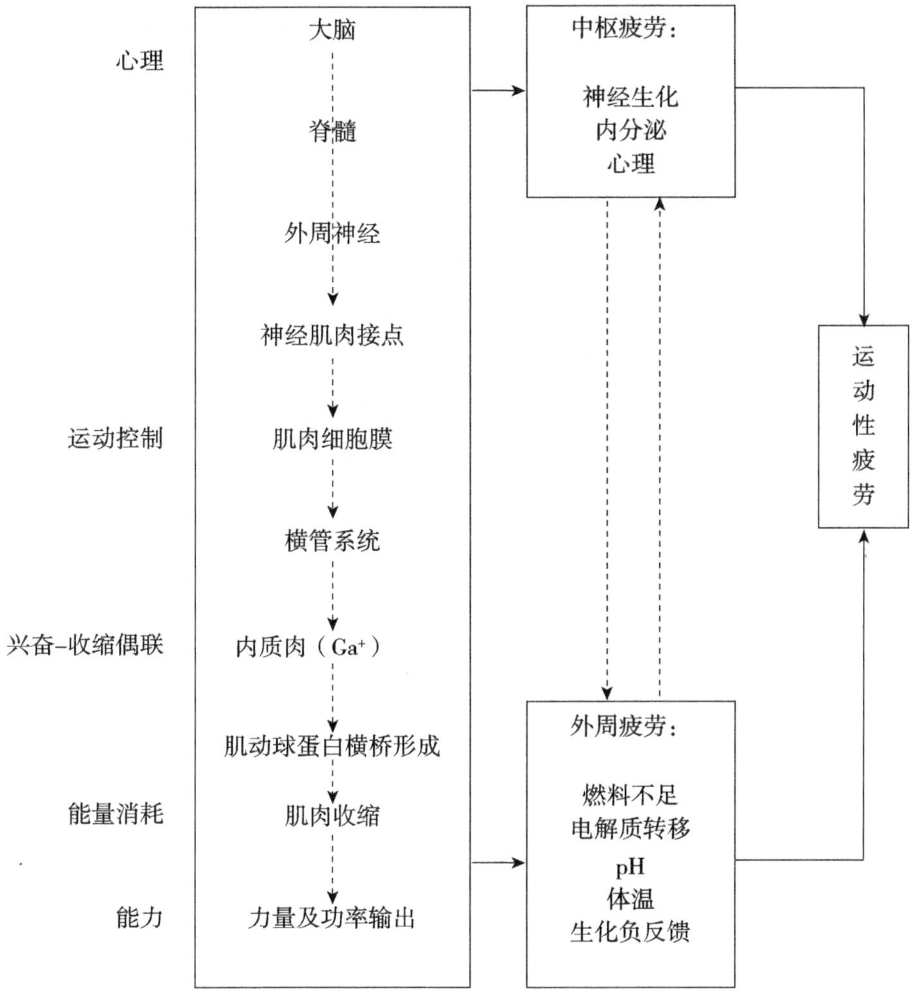

图 8－7　肌肉收缩链的控制和肌肉疲劳的可能机制

2. 突变理论

该理论把疲劳时细胞内能量消耗、肌肉力量和兴奋性的下降等因素联系起来，认为疲劳是上述 3 种因素共同作用的结果。即在细胞内能量不断被消耗下降的过程中，神经兴奋性呈下降趋势的同时有一个急剧下降的“突变峰”，肌肉受上述 2 种因素协同作用的影响，一方面肌肉的输出功率和肌力表现出突然的衰退，另一方面能源消耗随之减慢，抑制能量储备的进一步耗竭（图 8－8）。

突变理论的最大特点是把疲劳作为一综合性的问题来观察与分析。

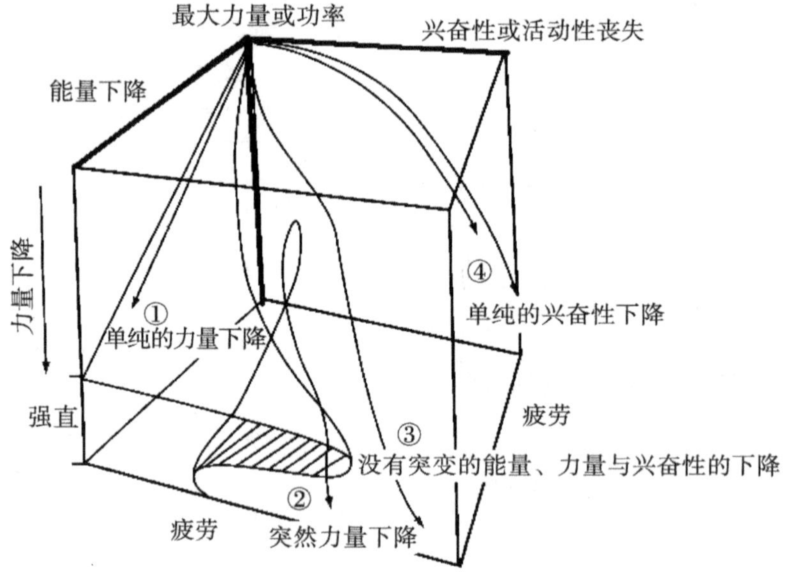

图 8-8　突变理论示意图

（引自 Edwards RH. Human muscle fatigue Physiological mechanisms [M]. England: Pitman Medical, 1981）

3. 神经、内分泌和免疫调节网络理论

这个假设有 3 个重要的依据（图 8-9）。

（1）“内环境稳态机制”。认为机体除了受到物理、化学、社会、心理和运动等各种外部因素的影响会发生相应变化外，在机体本身的生命活动中，包括分子复制、细胞信息传导都可能出现误差，从而导致在“分子-细胞”这一范围内稳态的破坏。机体是通过神经系统、内分泌系统和免疫系统的调节来维持稳态。

（2）已有实验证明，在 3 个系统之间存在交互的信息传递机制。即神经、内分泌系统能调节免疫系统的功能，而免疫系统也能反过来调控神经、内分泌系统的某些功能。它们相互交织、协同作用，构成一个立体的网络结构，共同负责机体对不同外环境和内环境的适应性反应。

（3）在 3 个系统中存在有共用的一些化学信号分子和受体。它们被称为网络的通用语言，在 3 大系统的协同作用中发挥关键性作用。

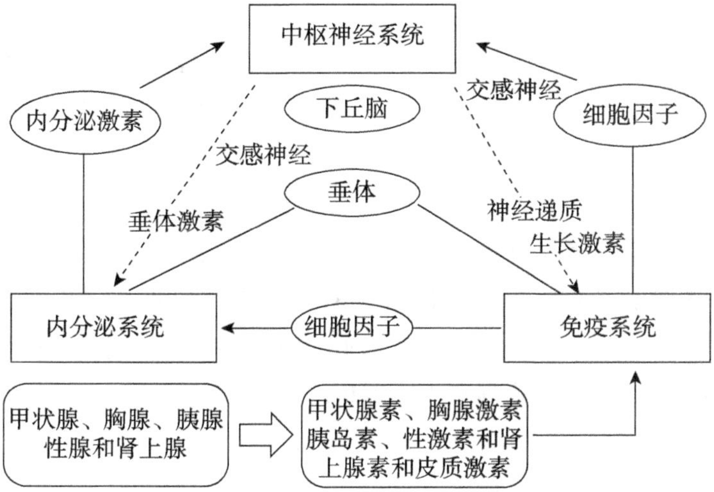

图 8－9　神经、内分泌和免疫调节网络示意图

4. 依据运动负荷与机体之间的关系提出运动性疲劳产生的可能机制

例如，短时间、高强度的运动疲劳，一个是与影响神经肌肉偶联相关因素的改变相关。例如肌膜内外 Na^+、K^+浓度的变化等，都会影响到兴奋－收缩偶联过程受损；另一个则是和能量供给的保障程度相关联。

例如，短时间大强度运动会使 ATP 消耗增加。由于 ATP 不仅是肌肉收缩的直接能源，而且还是肌膜和横管钠钾泵维持正常机能的必需。因此，ATP 的下降可能会影响到肌肉收缩，但比 ATP 影响更为明显的是磷酸肌酸的下降、ADP 再合成 ATP 速度的减慢以及 H^+的堆积产生的影响。

耐力性运动疲劳的主要因素包括有肌糖原和肝糖原的消耗、血糖的下降、脱水和体温上升等因素，这些导致疲劳的因素在不同运动性质和不同环境条件下所产生的影响存在有一定的差距。例如 25% $\dot{V}O_{2max}$ 的运动强度和 100% $\dot{V}O_{2max}$ 的运动强度，肌糖原的动用程度不一样，分别是 0.3 葡萄糖单位/kg/min 和 3.4 葡萄糖单位/kg/min；当以 70% $\dot{V}O_{2max}$ 的强度运动至力竭时，肌糖原的储备接近耗竭，可维持的时间约 90 min。所以，糖原储备是影响耐力性运动疲劳的重要因素。

（四）运动性疲劳与运动能力

运动性疲劳与运动能力有着密不可分的相关关系，认识两者之间的关系一是源于对它们的本质和特点的认识，这种认识会直接影响到对运动性疲劳和运动能力判断的思维方式以及可能采取的评价手段等；二是在面对具体的运动性疲劳和运动能力的问题时，一般会涉及2个层面的问题：（1）运动性疲劳已然形成，人们需要判断它对运动能力形成的影响，即诊断性评价或结果性评价；（2）通过控制运动性疲劳产生的程度，保持或提高运动能力，即过程性评价。

因此，在对运动者的运动能力做出判断之前，除了对运动性疲劳的认知和评价策略是关键因素外，还需要重点关注机体的“稳态”原理和“应激”机制。因为“稳态”和“应激”是机体生命活动最基本的特点之一，同时也是分析判断运动性疲劳和运动能力的重要理论依据和方法学基础。

选择相对应的指标（表8－1）是获得判断运动性疲劳和运动能力受影响程度所需相关数据、量化评价的重要前提。其中，确定运动负荷、运动时间、运动方式和运动对象的特点，正确运用对照性原则是做好分析评价工作的基础。

如果只是评估运动性疲劳的程度对运动能力造成的影响，一方面可以用安静值或同类数据作为参照系，进行比较分析；另一方面也可以选用定量负荷或最大负荷的测试方式，观察、分析相关指标的变化结果。例如定量负荷后，机体发生变化的数据以下降为好；而最大负荷刺激的条件下，测试数据的变化是增加的，且增加幅度越大越好。

如果是从预防运动性疲劳对运动能力形成负面影响，尽可能保持最佳训练状态为基本前提的话，一般可以选择以时间为线索，重点关注相关指标的变化趋势。

表8－1　评价运动性疲劳的常用指标

外周类指标	中枢类指标
乳酸、尿素、酮体、ATP、CP 肌糖原、自由基	γ－氨基丁酸、5－羟色胺、多巴胺、乙酰胆碱、某些酶、受体和蛋白质分子

二、恢复与恢复手段

（一）休息与恢复

休息是指在一定时间内相对地减少活动，使人从生理上和心理上得到松弛，消除或减轻疲劳，恢复精力的过程。在体育运动中，人们常常把休息划分为积极性休息和消极性休息。例如力量练习之后采取的拉伸练习或按摩放松；跑步结束时，不是选择静坐不动，而是采取走或慢跑等依然使身体保持一定的动态形式均属于积极性休息。相反就是消极性休息。

恢复是指人们充分利用各种休息方式使机体恢复原状所采取的一切措施。在运动训练实践中，从认识层面看，恢复问题是保证或提高运动能力的重要前提，与运动性疲劳并列为影响运动能力的重要因素。从操作层面看：（1）如何补充机体消耗的能源物质和丢失的无机离子；（2）以什么样的方式能够尽快清除体内的代谢“废物”；（3）如何尽快提高机体的控制能力等。

有时人们会用到“恢复疲劳”一词，泛指消除疲劳或身体的恢复等。但从词语的构成与其所要表达的内容来讲，“恢复疲劳”是一种错误的表达方式。

（二）恢复的理论基础

1. 超量恢复理论

超量恢复理论的提出者和提出时间在国内外的文献报道中是不一致的。普遍认为，从运动时供能物质消耗和恢复过程来看，超量恢复理论的研究始于前苏联的雅姆波斯卡娅（1950）。她以不同的电刺激频率使青蛙肌肉收缩相同次数后，在不同的时间测定肌糖原含量的变化。证明：（1）在适宜的刺激强度下，肌糖原的消耗随着刺激强度增大而增加；（2）在恢复期有一个阶段会出现被消耗物质超过原来数量的时间段，这一阶段称为超量恢复期；（3）超量恢复与消耗的变化过程有关。在一定范围内，物质消耗越多，超量恢复现象越明显。之后前苏联学者雅科夫列夫等又相继发现 CP、磷脂、结构蛋白和酶等在运动后的恢复期也都出现了超量恢复现象，而且不同物质出现超量恢复的速度不同（图 8－10）。

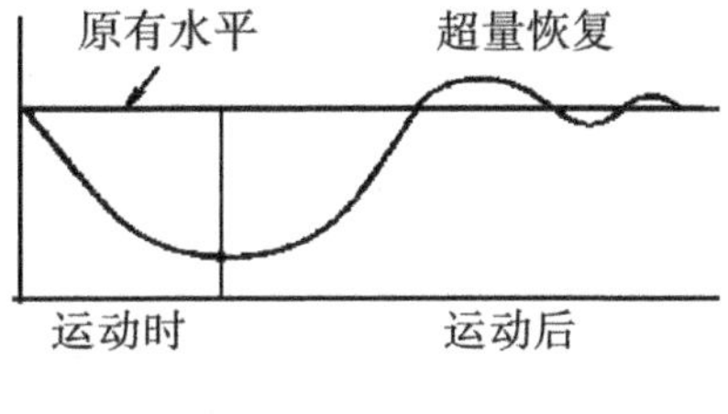

图 8－10　超量恢复示意图

超量恢复理论存在以下不足。

（1）证据不丰富。仅仅只用肌糖原这一单一指标的超量恢复现象延伸扩展到解释整个机体对运动的适应。事实上人们在运动中产生的适应变化，是在长期的运动训练、多种因素共同作用下，机体内部控制能力提高的一种外在表现，并且带有明显的个性化特征。不像超量恢复理论讲述的那样简单。

（2）超量恢复理论没有给出人体运动能力的极限。按照超量恢复理论，在超量恢复期的“高点”开始下一次训练是最佳时间点的话，后一次训练的起点总是在高于前一次训练的起点上开始的，如此循环往复下去，人的运动能力就会不断地提高。事实上机体的运动能力，特别是极限运动能力是受遗传因素的影响，并表现出很大的个体差别。因此，人的运动能力发展是有限度的，具有个体差异。超量恢复理论忽视了人体不同能力具有不同发展空间和发展速度的问题，只是从综合能力的角度描述了机能能力的增长。

（3）超量恢复理论强调了机能能力在运动负荷刺激下的提高，忽视了机能能力的保持和在不良刺激下的下降。

（4）有学者依据英文“supercompensation”的词义和“超量恢复”现象的实质，提出用“超代偿”表述比“超量恢复”更为贴切。

尽管如此，由于超量恢复理论是建立在原因与结果的机制基础上的。理论模式简单易懂，在训练实践中仍然被认为是最实用的模式之一。可以认为，超量恢复现象在运动负荷作用下在有机体的某些系统中是客观存在的。但是如果将其理论内涵扩大，演绎为用于解释运动员有机体各组织、器官、系统在运动负荷刺激下都会产生超量恢复现象，显然是错误的，而因此否认它的客观存在同样也是错误的。

2. 生物适应理论

（1）适应（adaption）是指机体按照环境变化调整自身生理功能的过程。人们把机体能根据内外环境的变化调整体内各种活动，以适应变化的能力称为适应性（adaptability）。适应可以分为生理性适应和行为性适应2种。

（2）按照生物学的观点，可以把运动训练看作是一种适应过程，其本质是如何按照训练要求提高运动员身体对训练的适应能力，从而实现提高运动能力的目标。

（3）人们对运动训练过程及恢复过程中，身体适应机制的了解仍属于“灰箱”阶段，许多现象和变化还无法得到准确、全面的解释和实验数据的支持（图8－11）。

尽管如此，还是有许多学者提出了他们的“适应模型”。例如班尼斯特（Bannister）的适应－疲劳理论（1982）、马德尔（Mader）的“机能储备模型”（1990）和诺依曼（Neumann）的“改变－适应的时间动态过程”（1994）。

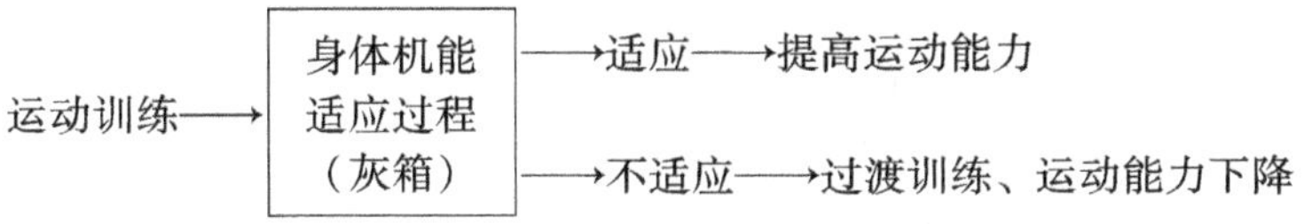

图8－11　运动训练与一般适应的关系

（引自冯炜权，等．运动生物化学研究进展（研究生用）[M]．北京：北京体育大学出版社，2006：501）

知识库：

1．班尼斯特（Bannister）的适应－疲劳理论（1982）

该理论认为不同的训练刺激会造成有机体不同的生理反应。在没有训练的情况下机体所处的状态是一个基准状态，它代表着个体当前总体运动能力水平。训练刺激导致训练后的效应有2种可能：一种为积极地训练后效应即适应效应，这种效应有助于运动员运动能力水平的提高；另一种为消极的训练后效应即疲劳效应，这种效应会给运动员竞技能力水平带来负面影响。一次训练课后运动员的竞技能力水平会由于机体适应水平的提升而得到发展。同时，也会由于疲劳的消极影响而使之下降，其最终的结果取决于训练后适应效应的积极作用与疲劳效应的消极作用的总和，即：训练后的运动能力水平＝训练后适应效应＋训练后疲劳效应。而训练后适应－疲劳效应的大小及持续时间的长短取决于训练刺激。

2．马德尔（Mader）的“机能储备模型”（1990）

该模型首先认定有机体的适应能力具有一个受遗传决定的极限，这一受个人条件限制且可以枯竭的适应力被称为“适应储备”；其次是机体对刺激的应答方式不同，既有即刻的反应也有非即刻的积累反应。因此，机体还有一个无时不存在的、独立于“适应储备”的“现时机能容量”。它决定机体当前的能力水平，也是机体对训练的适应效果。“现时机能容量”构成了现在可调动支配的“机能储备”的上限。“现时机能储备”是“现时机能容量”与“现时生理负荷量”之间的差。如果运动员的“现时生理负荷量”越逼近“现时机能容量”，也就是说“机能储备”的余留量越少，则说明训练负荷量是最佳的。如果训练负荷低于或超过了供支配的“现时机能”储备，说明训练负荷的安排不正确，在这两种情况下均会导致训练效果的下降。

3. 诺依曼（Neumann）的“改变－适应的时间动态过程”（1994）

该理论提出：（1）机体各器官系统受到外来刺激时会产生“变化”，在反复施加负荷的条件下则出现“适应”。（2）又根据各器官系统的适应形成在时间顺序上的不同，将适应的过程划分为4个阶段，并为各阶段的实现给予了明确的时间期限：①肌肉运动支配程序的改变（7～10 d）；②能量储备能力的增加（10～20 d）；③神经肌肉系统结构和调节的最优化（20～30 d）；④各系统之间的协调配合得到改善（30～40 d）。（3）该理论描述了在负荷情况下机体的平衡状态被破坏而产生“变化”，在连续适宜负荷的作用下又形成新的平衡，即一个从量变（积累作用）到质变的“适应”的过程。

（三）恢复与运动能力

恢复与运动能力的保持或提高关系极为密切。从现代运动训练理论的视角来看，恢复的问题已不再是单纯的训练后的休息，还包括训练中的间歇、训练课次之间的间歇以及比赛过程中的间歇。这些间歇或休息的作用不仅缓解了机体的疲劳，而且，更重要的是在相当程度上直接决定了训练的痕迹效应，即训练之后机体机能能力的恢复水平。因此，注重恢复，将训练间歇时间和方式与训练的负荷刺激作为制定训练计划中同等重要的内容是必要的。

在运动训练刺激的作用下，机体机能能力会出现暂时性下降，这种现象实际上是身体运动器官和系统产生适应的一个必然阶段。而这种急性或长期的适应必须有恢复过程的参与，运动能力是在身体恢复的过程中得到发展的，那些能够使机体产生恢复的负荷才会给运动员带来正面的积极性适应。

必须认识到，恢复是一个极具科学性的问题，涉及到不同组织、器官和系统不同的恢复速度，同时还涉及到与疲劳密切相关的运动损伤或过度训练等诸多方面的问题。因此，训练后的恢复并不是一个简单的问题，可以借助营养手段、物理疗法和心理辅导等方式与方法，按照训练计划或周期的关键点，依据不同运动项目或运动员的特点，选择有针对性的恢复手段或评价指标来促进恢复。

思考：

根据 Hans Selye 一般适应综合症理论在运动应激中的应用（图 8－12）：(1) 在运动训练中经常改变运动负荷的利与弊是什么？(2) 在运动训练过程中，为什么要注重休息的问题？(3) 采用什么样的运动训练方式可以避免进入衰竭阶段？(4) 如何使运动员的运动能力处于高水平状态？（图 8－12）

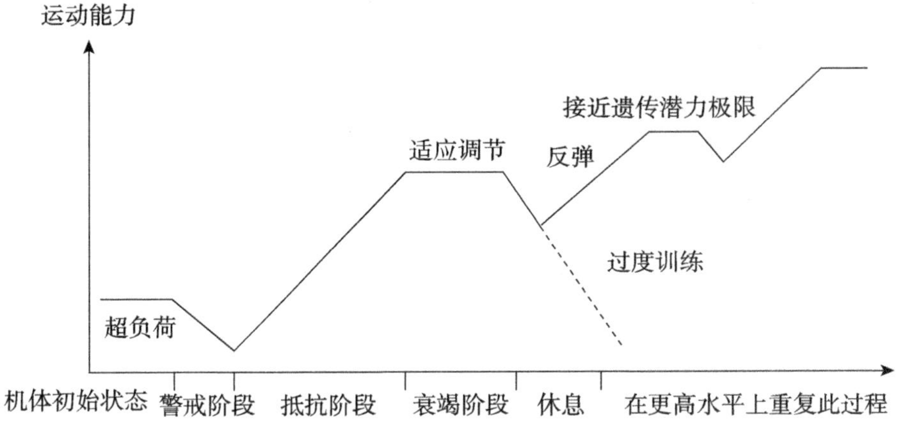

图 8－12　Hans Selye 一般适应综合症理论在运动应激中的应用示意图

（转引自：郑晓鸿．应激、超量恢复即适应－疲劳学说发展评述［J］．中国体育科技，2007，43（2）：91－93）

第四节　影响运动能力的因素

一、运动单位

尽管构成运动能力的因素非常多，相互之间的关系也比较复杂，从不同的学科、不同的视角对运动能力的解释也各有侧重，但总体来说，运动能力是人体运动的一种综合体现，肌肉是人体实现运动的“装置”，能量供应体系是肌肉驱动力的基础。其中，肌肉参与运动的程度与中枢神经的兴奋性直接相关。不同类型的运动，中枢神经系统的控制也不同。但是一切控制都是通过影响肌肉收缩产生的力、速度、加速度以及变换关节活动的方向和位置等主要运动参数得以实现。

脊髓是中枢神经的初级部位，具有介导各种反射的神经元网络，由感觉神经元、中间神经元及运动神经元组成。脊髓不但能将外周感受器的传入信息进行初步的整合，向上传至各级脑中枢，以辅助各种复杂的随意运动能精确而顺利执行，而且本身也能完成许多重要反射性运动，在维持正常的姿势和运动方面起着重要作用。

人的脊髓前角内存在有约 300 万个运动神经元直接与骨骼肌相连。它们既接受来自皮肤、肌肉和关节等外周传入的信息，同时也接受各级高位中枢下达的有关调控运动的指令，最后发出适宜的传出冲动引起所支配的肌肉收缩，从而实现各种反射运动和随意运动。因此，有人把位于脊髓前角的运动神经元称之为到达肌肉的“最后公路”。一个运动神经元与它所支配的肌纤维，组成一个运动单位（motor unit）。一块骨骼肌通常受许多运动神经元支配（图 8 –13）。因此，从运动生物化学的视角，通过对运动时运动单位的参与数量的评估，可以分析骨骼肌供能体系的参与程度、能量消耗的数量和能源储备动用的情况。

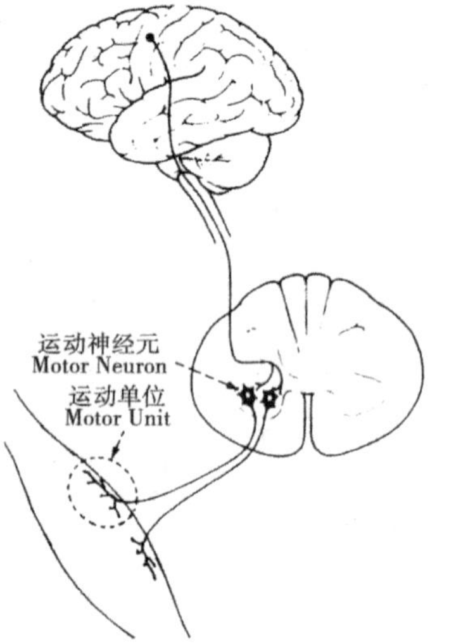

图 8 – 13　中枢神经、运动神经元和运动单位

二、能源储备

能源储备主要是指可以用来提供机体再合成 ATP 的底物数量和 ATP 自身的贮备量（表 8 –2）。一方面能源储备的变化与运动负荷和运动时间等因素的作用特点有关系；另一方面能源储备的变化与肌肉发达程度、肌肉类型和营养补充等均有关系。

例如，长时间的耐力项目和篮球、排球、足球项目的能量消耗特点就不一样；同样，不同训练水平或年限以及身体条件方面的差异等有可能在能源储备、可持续提供能量方面等有不一样的表现。

表 8－2 人体运动时 4 个能源系统的特征

能源系统名称	底物	贮量/(mmol/kg 干肌)	可合成 ATP 量 /[mmol/（kg·s）干肌]	可供运动时间	供给 ATP 恢复的物质和代谢产物
磷酸原系统	ATP	26.4	－	6～8 s	CP
	CP	76.8	100	（或小于 10s）	CP + ADP→ATP + C
糖酵解系统	肌糖原	365	250	2～3 min	肌糖原→乳酸
有氧供能系统	肌糖原	365	13 000	1.5～2 h	糖 + O_2→CO_2 + H_2O
	脂肪	48.6	不受限制	不限时间	脂肪 + O_2→CO_2 + H_2O

除此之外，保持能源储备的稳定与运动后的恢复策略也有密切的关系。运动项目不同、训练的重点不同、运动后的恢复方式和营养手段等，都可以影响到能源储备的恢复程度。其中，恢复所花费的时间通常可以作为控制休息间歇的主要参考，特别是半时反应时间（表 8－3）。

表 8－3 力竭性运动后可供选择的恢复时间

恢复物质		恢复时间		
		半时反应时间	最短恢复时间	最长恢复时间
ATP-CP		20～30 s	2～3 min	5～8 min
肌糖原	间歇运动后	5 h	－	24 h
	持续运动后	10 h	－	46 h
肝糖元		?	－	12～24 h
乳酸消除	运动性恢复	10～15 min	30 min	1 h
	休息性恢复	25 min	1 h	2 h

知识窗：半时反应

“半时反应”是运动生化的一个重要概念，反映了能源物质在体内的消耗和恢复的过程。它有 2 个方面的含义：（1）指在从事体育运动过程中，乳酸消除一半所需要的时间；（2）指在恢复期中补充运动时用去 ATP、CP 的 1/2 所需的时间。

在从事训练和比赛过程中，乳酸的消除速率影响着运动员的生理恢复速度。积极性的休息－运动性恢复期，乳酸消除的半时反应为 11 min；消极性休息－休息性恢复期，乳酸消除的半时反应为 25 min。因此掌握乳酸消除的半时反应规律，在训练和比赛中合理安排运动负荷，将有利于训练的科学化和训练水平的提高。同样，对于 ATP、CP 的恢复，在训练和比赛中有着更为广泛地应用。

三、无氧代谢和有氧代谢能力

人们根据能量产生的过程中，是否有氧的参与分为无氧代谢和有氧代谢。能量产生效率是代谢能力高低的重要标志。

（1）心肺功能与机体获取氧的能力有关，心肺功能强大意味着机体获取氧的能力越强，能够承载运动负荷的能力越大，特别是在能源物质的动员上，肌糖原和蛋白质的节省化趋势更加明显。

（2）酶的活力、酶的数量和酶的适应能力与代谢产能的快慢和多少关系密切。通过无氧运动或有氧运动，或是通过不同运动项目的专项训练，可以使肌肉的环境条件和酶产生相应的适应性改变，而这种改变又可以加快能量的产生速度，增强酶抵御内环境变化的能力等。

（3）无氧代谢和有氧代谢能力是运动能力的构成因素之一，除了自身有能力变化的问题，两者之间也既存在相互制约，也存在相互促进的作用。与此同时，运动能力的改变也会影响到包括无氧代谢和有氧代谢能力在内的诸多要素。

四、其　他

按照系统科学的思想，运动能力是一个复杂系统，虽然构成要素繁多，但运动能力不等于各要素间的加和。有时各要素之间的组合是正能量，有时是负能量。所以，对运动能力的整体评价，除了对不同的构成因素要加以分析研究以外，对各要素之间的相互关系也要予以关注。

按照分析研究或实际工作的需要，不管是宏观的认识运动能力，还是具体到诸如身体素质、运动性疲劳、情绪紧张、技术掌握程度、战术应用能力、物理康复、营养补给、环境氛围和运动服装等，一方面都可以把它们看作是一个“系统”，然后根据构成因素，做出相互之间，以及要素与所处环境之间关系的分析。另一方面也可以把运动能力看作为是一个比较大的系统加以研究。

因此，系统要素之间以及要素与环境之间的关系，可以通过它的“经济”程度做出判断。所谓“经济程度”是指各要素之间合作互利的比例。例如，运动技术的娴熟程度越高，动作对能量消耗的节省化程度就越高。但同样的情况下，运动员情绪越紧张，动作变得十分僵硬，能量消耗也会上升。如果运动后没有及时补充糖，机体的恢复时间就会延长。虽然力量、速度素质差一点，但柔韧、耐力等素质优异，也可能弥补力量与速度素质的不足。这就是“经济程度”的主要含义。

本章小结

运动能力泛指人体完成运动任务的综合表现。不同学科或不同运动项目对运动能力的解释重点也不一样。通过肌肉做功和输出功率的大小可以评价人的基本运动能力。肌肉是体内最大的换能装置，是把化学能转换为机械能的地方；而能量是决定肌肉工作的动力之源。机体的能量供给分为无氧代谢与有氧代谢 2 个基本过程以及磷酸原、糖酵解、糖和脂肪有氧供能 4 个系统。在不同运动项目中，供能系统有着明显的项目特征，运动性疲劳与恢复和运动能力之间关系密切以及运动单位、能量储备、无氧代谢与有氧代谢能力等是影响运动能力的主要因素。

思考题：

1. 何谓运动能力？结合运动实践进一步分析肌肉与能量在提高运动能力上的地位。

2. 如何理解能量供应与运动能力的关系？请联系实际举例说明。

3. 试进一步分析运动单位、能量储备和无氧代谢与有氧代谢能力的关系？

4. 在影响运动能力的其他因素中，为什么“经济性”是一个特别重要的问题。你如何理解这里所说的“经济性”。

（阎守扶）

第九章 运动训练的生物化学

［本章要点］ 人体运动能力除了受遗传因素的限制外，还受各种后天因素的影响。在诸多影响因素中，运动训练是改善人体运动能力至关重要的困素之一。因此，了解人体对运动训练的适应表现，即训练效果的生物化学基础，对完善训练机制十分必要。本章在了解运动训练的基本原则的基础上，根据不同项目的能量供应特点，介绍提高三大供能系统供能能力的训练方法，以及运动训练对机体造成的适应性效果。

［重点名词］ 最大乳酸训练；乳酸耐受力训练；乳酸阈训练；最大乳酸稳态训练；高原训练

在运动训练过程中，只有在充分了解和掌握运动时能量供应特点和身体机能变化规律的基础上，选择合理的训练方法和运动负荷，并进行合理组合与调配，才能使训练达到专项要求，提高运动能力。长期运动应激会导致身体内发生各种适应性变化，这些变化改善了身体机能，使之表现出更高的运动水平。

第一节 训练原则与训练方法

无论是提高体能水平的训练，还是提高专项运动能力的训练，训练方法可能千变万化，但总的训练原则都是一致的。本节主要介绍实施训练所应遵循的训练原则，并从提高身体代谢能力的角度，介绍常用的训练方法。

一、训练原则

制订训练计划和实施训练计划时，通常应遵循的以下原则。

（一）超负荷原则

运动机体必需在目前水平略高的训练强度或训练量进行训练时，才会获得运动能力的增长。所以，若要达到超负荷的水准（却又不会造成过度训练），就应完整地评估日常的体能活动情况和运动能力。

（二）渐进性原则

运动能力绝对不会因为几次的训练就大幅地增长，不应过急，应当逐步推进，以免受伤。此外，在训练的过程中，运动能力会逐渐提高，使得最初的训练计划不再满足超负荷的标准。此时，需逐步提高训练负荷（如量、强度、频率等），才能使运动能力得到持续不断的进步。

（三）特殊化原则

简单地说，就是“种什么因，得什么果”，对于想增进运动能力的人而言，运动训练的动作模式要尽可能地与实际的运动动作相符（如用力时的关节角度、速度），才能有助于专项能力的提高。

（四）个性化原则

每个人的运动特征和适应能力等不尽相同，需求也不一样，不同的个体应有不同的训练计划。因此，训练前完整的评估是很重要的，训练计划不当，不仅事倍功半，还可能造成运动伤害。

（五）用进废退原则

通过训练获得的运动能力增长，在受不同原因影响造成停止训练时，这种增长会迅速消失。

不同的运动项目能量代谢的规律和特点不同，怎样根据运动时的供能规律和特点选择合理的训练方法以提高其代谢能力是科学训练的关键。不同专项素质，其训练的方法和要求不同。以下重点介绍提高无氧代谢能力与有氧代谢能力的训练方法。

二、提高磷酸原代谢能力的训练方法

磷酸原（ATP、CP）供能的输出功率最大，所以由磷酸原供能时，运动时的速度或力量是最大的。

（一）训练原则

磷酸原系统的供能特点是维持运动时间短，维持最大强度运动仅为 6 ~ 8 s，但输出功率在所有供能系统中最大。因此，磷酸原系统的训练可采用专项或专门的最大用力 5 ~ 10 s 重复性练习。在 5 ~ 10 s 大强度运动时，能量的供应几乎全部来源于磷酸原供能，在恢复间歇中仅有少量的乳酸生成。

磷酸原供能系统训练最重要的是掌握休息间歇时间，如果间歇时间太短，磷酸原恢复的量少，则重复运动时部分能量由糖酵解提供，使血乳酸水平明显上升，这对发展磷酸原供能是不利的。反之，休息间歇时间过长，磷酸原虽能完全恢复，但是根据运动训练学的超量负荷原则，训练密度不足以刺激磷酸原，也不利于提高磷酸原系统的供能能力。

据多数学者研究，提高磷酸原系统的重复或间歇训练中，间歇时间应根据 CP 恢复的半时反应来决定。由于 CP 恢复的半时反应约为 20 ~ 30 s，所以，其最适宜的休息间歇应为 30 s 左右。但对于训练水平较低或大运动量训练初期的运动员，休息间歇可适当延长，如 60 ~ 90 s 休息，随着训练水平的提高，休息间歇时间可逐渐缩短。

（二）训练方法

发展磷酸原供能能力常采用最大速度（力量）的间歇训练。

1. 最大速度的间竭训练

从生化原理出发，在发展磷酸原供能能力的训练中，主要采用无氧 - 低乳酸的训练方法。原则如下。

（1）最大速度或最大力量练习，时间不超过 10 s。

（2）每次练习的休息间歇不低于 30 s，根据运动员的训练水平休息间歇可选范围是 30 ~ 90 s（图 9 - 1）。

（3）成组练习后，组间休息间歇不能短于 2 ~ 3 min，通常在 4 ~ 5 min。

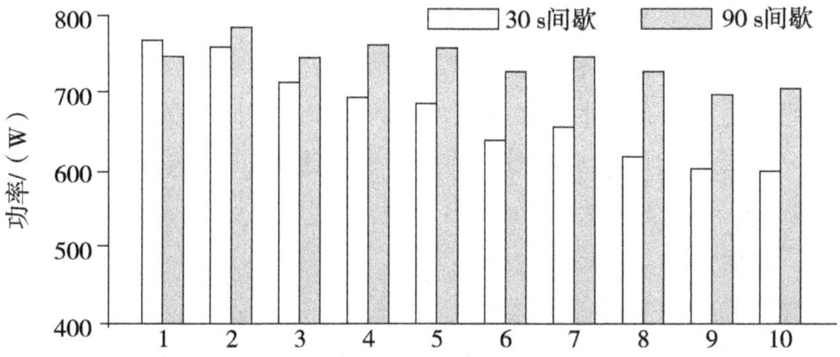

图 9－1　6 s 短冲 30 s 休息间歇运动的输出功率

（引自 Heimgard，1988）

在专项训练中，多采用重复训练法，如短跑训练的 20 ~ 60 m 进行间跑、30 ~ 60 m成组跑、篮球训练中 10 s 内 30 m 跑、运球跑、曲线变向跑、10 m 冲刺跑等，其运动时间也均在 10 s 内，都是发展磷酸原供能能力的有效训练手段。

总之，提高速度素质，需要发展磷酸原供能能力的训练，要求运动强度达到最大，运动时间持续在 10 s 以内，间歇休息不少于 30 s。

三、提高糖酵解代谢能力的训练方法

速度耐力素质取决于无氧代谢能力，由于磷酸原的供能时间短，所以，速度耐力主要依靠糖酵解供能。要改善速度耐力，首先必需提高糖酵解代谢能力。提高糖酵解供能能力的最有效方法是高强度运动（运动时间在 1 ~ 2 min），保证运动中主要由糖酵解供能，机体内的乳酸积累明显增加。在运动时，乳酸积累会导致机体疲劳或机能衰减，影响运动能力；但大量积累乳酸可刺激机体对酸性物质的缓冲和适应，提高糖酵解供能能力。

提高糖酵解供能能力的训练，目前常用最大乳酸训练和乳酸耐受力训练 2 种方法。

（一）最大乳酸训练（Maximal Lactate Training）

乳酸是糖酵解的最终产物，运动中乳酸生成量越大，说明糖酵解供能的比例越大，无氧耐力素质好。利用最大乳酸训练，提高肌肉单位时间利用无氧糖酵解生成能量的最大能力，并生成最大浓度乳酸。这种极高浓度的乳酸，有利于提高机体，尤其是大脑皮质在高乳酸浓度环境中的工作能力。所以，最高乳酸训练的目的是使糖酵解供能能力达到最高水平，以提高 400 m 跑和 100 m、200 m 游泳以及最大强度运动 1 ~2 min 运动项目的运动能力。例如，全力跑 1 min 左右达力竭状态时，血乳酸最高也只有 15 mmol/L 左右。如能进一步提高乳酸生成能力，就可刺激机体产生更强的抗酸、耐酸能力，提高抗疲劳能力。

最高乳酸训练通常采用间歇训练法，即采用 1 ~2 min 大强度运动，间歇休息为 3 ~5 min 的间歇训练法。在训练中，可调整间歇休息的时间和运动与休息时间的比例来提高乳酸生成量。以 400 m 跑为例，生成乳酸的最大能力和机体对它的耐受力与运动成绩直接相关。

研究认为，血乳酸在 12 ~20 mmol/L 是最大无氧代谢训练的敏感范围，要达到这个目标，采用一次 1 min 左右的超量负荷是可以实现的，但完成的训练量太小。为了实现超负荷训练，在训练课中必须重复多次。霍曼森（Herrmanen，1971）让 5 名运动员进行持续 1 min 超量强度跑，休息间歇为 4 min，跑 5 次后，血乳酸浓度达到 32 mmol/L（图 9 -2）。这一结果说明，1 min 左右的高强度间歇运动，可以使身体获得最大的乳酸刺激，是提高最大乳酸能力的有效训练方法。

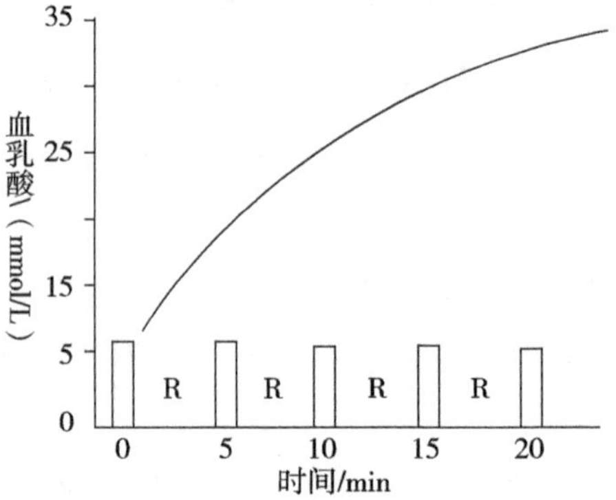

图 9 -2　5 次 1min 超量强度间歇运动后血乳酸的水平

（引自 Hermansen，1971）

在我国短跑选手训练中也观察到相似的结果，1 名以 200 m 跑为主的运动员，在用 95% 强度连续跑 3 个 150 m 后，又以 95% 强度跑 1 个 300 m，血乳酸可达 23.33 mmol/L，而在 400 m 比赛后只有 19 mmol/L。对此的解释是：在 1 min 左右的超量强度跑时，第一次跑后，肌肉乳酸可以升高到较高水平，在间歇休息时，骨骼肌细胞的 H^+ 向细胞外间隙弥散出一半量的时间约为 39 s，而乳酸根从骨骼肌弥散出细胞一半量的时间为 9 min。因此，在 4 min 的休息期间，肌肉中升高的 H^+ 浓度降到接近运动前水平，使 H^+ 对糖酵解的抑制作用明显减弱。在继续进行运动时，骨骼肌中糖原可持续分解供能，结果使间歇运动时血乳酸大大高于 1 次力竭性运动后血乳酸的浓度，从而提高身体的最大乳酸耐受力。

有关资料表明，许多优秀的400 m 跑运动员运动时血乳酸的浓度可达 19.08 mmol/L，无氧代谢供能的比例超过 90% 以上。运动强度的大小和运动时间的长短决定了能量供应的形式，根据 400 m 跑的时间和运动时血乳酸浓度的变化，糖酵解系统供能应该是运动中能量供应的主要来源。所以要提高 400 m 跑运动员的成绩，必须最大限度地减少供能速率慢的有氧代谢供能比例，努力发展供能速率较快的无氧代谢的供能能力，特别高度重视对于发展供能时间较长的糖酵解供能能力。

400 m 跑的能量供应特点及其对人体内环境的影响较为复杂，机体的适应过程也并非那样简单。美国短跑专家威廉·布莱克研究证明，400 m 跑时 ATP－CP 系统的供能占 20% ~25%，糖酵解系统供能占 55% ~65%，而有氧代谢供能的比例仅占 15% ~25%，所以进行 400 m 跑运动员训练设计时，在充分保证速度素质训练的基础上，结合其具体的特点，努力提高其糖酵解供能能力，特别注意机体产生乳酸和耐受乳酸的能力。400 m 运动员最大乳酸训练方法见表 9－1。

表 9－1　400m 最大乳酸训练方法

训练	前期	中期	后期
	准备期	专项期	赛前期
血乳酸最大值测试时间	12 月底 ~3 月	4 月 ~5 月	6 月 ~7 月
周训练时间安排	1 次/周	2 次/周	2 次/周
运动量	组数多：2 ×2 ~4	组数中等：2 ×1 ~3	组数少：2 ~3
运动强度	80% ~85%	85% ~90%	95%
间歇时间要求	间歇时间短	间歇时间加长	间歇时间长
间歇时间	间歇 3 ~5 min	间歇 6 ~8 min	间歇 10 ~15 min
设计强度指标	40″5 ~42″0	38″ ~39″5	37″0 ~38″0

引自：官钟威，2001。

思考：

某400 m跑运动员进行4×400 m间歇训练，当递减间歇时间时，会造成血乳酸浓度出现更高的增长幅度（图9－3），为什么？对于发展最大乳酸代谢能力的运动员来说，哪种训练手段更有效？

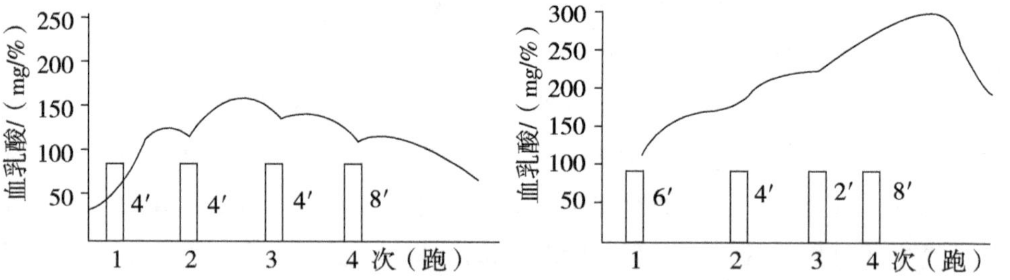

图9－3　恒定休息间歇和递减休息间歇的4×400 m跑时血乳酸的变化

（引自雅科夫列夫，1974）

（二）乳酸耐受力训练（Lactate Tolerance Training）

不同训练水平的运动员对乳酸有不同的耐受力，耐受乳酸能力可通过提高缓冲能力和肌肉中乳酸脱氢酶（LDH）活性而获得。乳酸耐受力提高时，机体不易疲劳，运动能力也随之提高。有研究报道，当乳酸耐受力提高时，游泳的运动成绩也会随之提高。因此，乳酸耐受力的训练对中跑和100 m、200 m游泳运动员尤其重要。

乳酸耐受力训练常采用超量负荷的方法。在第1次练习后使血乳酸达到较高水平，目前认为以12 mmol/L的血乳酸浓度为宜，然后保持在这一水平上，使机体在训练中忍受较长时间的刺激，从而产生生理上的适应和提高耐受力。在训练中可采用1～1.5 min运动，4～5 min休息的多次重复的间歇训练方法。1 min的运动可使血乳酸达到12 mmol/L左右，休息4～5 min，血乳酸有一定的转移，再进行下一次练习，使血乳酸又回升至12 mmol/L左右。运动重复进行，血乳酸保持在较高水平，使机体适应这种刺激，体液和组织的碱储备增多，对酸的缓冲能力增大，从而提高乳酸耐受力。如果强度过大，休息时间过短，间歇休息中体力的恢复少，在2～3次运动后血乳酸下降，运动能力也随之下降（图9－4）。乳酸耐受力训练在游泳训练中应用最为广泛，表9－2是发展游泳运动员乳酸耐受力的训练方法。

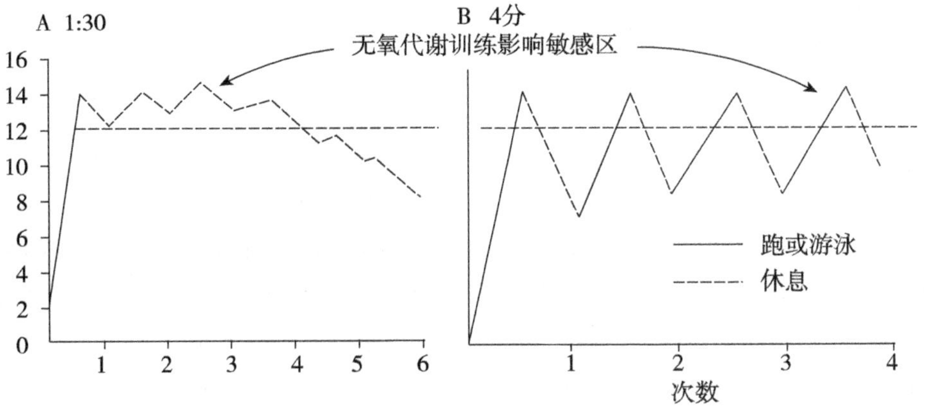

图 9－4　休息间歇的充足和不充足对速度的影响

（引自 Maglischo，1982）

表 9－2　游泳血乳酸耐受力的训练方法

距离（码）	适宜组数	休息间歇	速度
50	4～6 （6～20 次）	每次游间休息 10～15 s，完成 1 组后休息 30～60 s	最好成绩的 85%～90%
75	4～5 （40～20 次）	每次游间休息 10～15 s，完成 1 组后休息 3～5 min	最好成绩的 85%～90%
100	3～5 （8～12 次）	每次游间休息 30 s～5 min，完成 1 组后休息 3－5 min	最好成绩的 85%～90%
150～200	3～6	每次游间休息 30 s～5 min	比赛速度的 90%～95%
300～400～500～600～700～800	3～5	每次游间休息 3～5 min	比赛速度的 95%～99%

引自：Maglischo，1982。

四、提高有氧代谢能力的训练方法

通过有氧代谢能力的训练，改善机体内氧运输和氧利用的能力，可以提高有氧耐力素质。常用的提高有氧代谢能力的训练方法有间歇训练法和持续性耐力训练法。此外，利用高原环境提高运动员的运动能力也是目前常用的训练手段之一。

（一）提高有氧能力的间歇训练

对间歇训练而言，每次运动的时间、运动强度、组内休息间歇、每组运动次数、组间休息间歇和运动组数是制定间歇训练计划必须明确的问题。运动强度、运动时间和间歇时间不同，所对应发展的供能系统也不相同（表9－3）。在以发展有氧代谢耐力为目的的间歇训练中，运动强度要求在接近80%～85%$\dot{V}O_{2max}$强度或接近无氧阈强度，持续时间适当延长。间歇时间与运动时间相等，如瑞典学者奥斯特郎认为，一般用80%$\dot{V}O_{2max}$强度跑3～5 min，休息间歇3～5 min，以发展有氧耐力。有研究报道2 min运动、2 min休息和4 min运动、4 min休息的间歇运动对骨骼肌内有氧代谢影响明显，有助于提高氧利用能力。

表9－3　发展不同供能系统的间歇训练方法

最大无氧功%	能量系统	每次运动时间	运动与间歇时间比
90～100	磷酸原	5～10 s	1:12～1:20
75～90	糖酵解	15～30 s	1:3～1:5
30～75	糖酵解和有氧氧化	1～3 min	1:3～1:4
20～35	有氧氧化	>3 min	1:1～1:3

引自：Essentials of Strength and Conditioning，NSCA，2000。

主项为5 000 m跑的男子运动员，运动成绩为16 min10 s。发展专项速度、速度耐力主要采用的训练距离为：100 m、200 m、300 m、400 m、500 m，训练的强度一般控制在100%、95%、90%、85%，运动成绩100 m为12 s左右、200 m为27 s左右、300 m为45 s左右、400 m为1 min左右、500 m为1 min16 s左右。组间间歇的时间根据训练距离的长短而定，一般情况下，间歇时间略大于训练的时间，随着训练时间的延长间歇恢复的时间也相应延长，二者之间成正比关系。高强性间歇训练方法一般多用于春季发展中长跑运动员的专项速度及速度耐力，比赛期的准备阶段主要发展运动员的速度能力及比赛中最后冲刺能力，其它训练阶段则很少运用此种训练方法。再则，高强性间歇训练方法的运用要注意运动员的意外损伤。

（二）持续性训练

广义上讲，连续、不间断地周期性运动为主的训练都可称之为持续性训练。根据持续性训练的强度选择，又可以分为长时间低强度持续性训练（Long slow - distance exercise，LSD）、高强度持续性训练等，也可以根据生理生化指标选择具体的训练强度，如无氧阈（或乳酸阈）强度训练，最大乳酸稳态训练等。

1. LSD 训练法

自20世纪70年代以来这种训练方法逐渐在长跑（尤其是马拉松）、自行车以及长距离游泳等耐力性项目中流行。强度的选择一般在57% $\dot{V}O_{2max}$ 强度或70%最大心率强度。训练量通常高于比赛距离。通过完成更长的距离，运动员获得有氧耐力的增长。马拉松项目是最多采用该训练方法的运动项目。图9－5中，由跑速和血乳酸的关系说明马拉松训练要求的供能特点，当达到比赛速度时男女运动员血乳酸值都在3 mmol/L。因此，在马拉松跑时可采用在3 mmol/L 血乳酸水平的强度负荷进行。

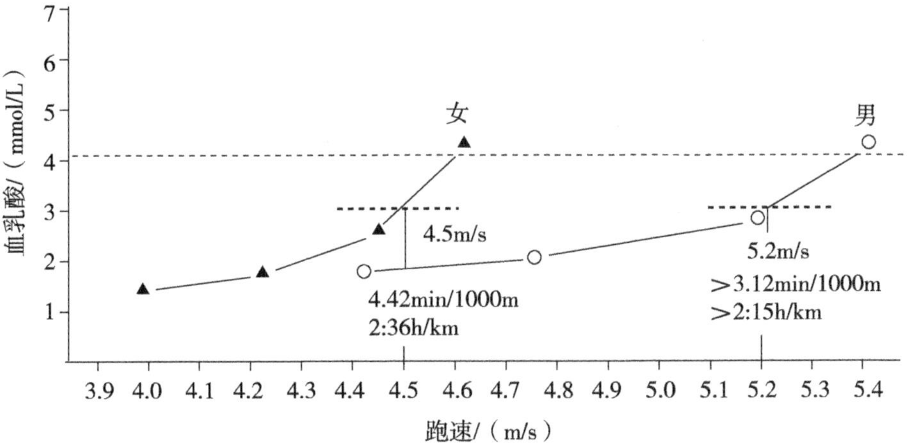

图9－5　男女马拉松跑运动员在达到比赛速度时的血乳酸值

（引自 Mader，1991）

2. 乳酸阈强度训练（Lactate Threshold Training）

乳酸阈是指在递增负荷运动时，运动机体由有氧供能为主向以无氧供能为主的转折点，叫无氧阈，通常以4 mmol/L 血乳酸对应的强度或跑速来表示，也称之为乳酸阈。

根据超负荷原则，若要提高有氧代谢能力，需以最大有氧代谢能力对应的强度进行训练。虽然不同的人最大有氧代谢能力的临界点有所不同，但耐力训练中，血乳酸达到4 mmol/L 时的稳定状态的浓度对大多数个体是适合的。因为在这样强度水平运动20～30 min内血乳酸浓度不会进一步升高。4 mmol/L血乳酸被认为是无氧阈的血乳酸值，是提高有氧代谢的适宜强度，以这样的强度运动，机体不会产生酸血症，故能在长时间内进行练习。多数研究已经证实，采用略高于乳酸阈强度进行训练，可有助于运动个体获得最大有氧代谢能力的增长。因此，乳酸阈强度训练是提高有氧氧化供能能力的负荷强度，是当前训练中用得最多的一种模式。

乳酸阈强度的训练可以更大程度地刺激机体，使得机体原有平衡体系被彻底地打破，为了适应新的训练刺激，机体会动员合成更多的红细胞和血红蛋白来保证机体的氧供应，提高机体的有氧能力。以乳酸阈训练法进行训练发展蹼泳运动员的有氧能力，效果显著。

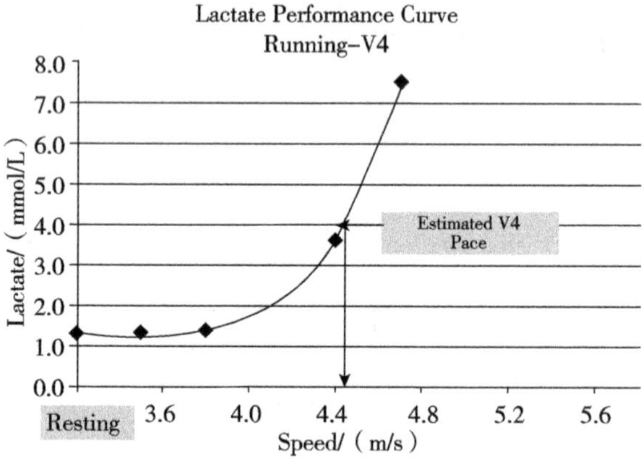

图9-6 4mmol/L血乳酸对应的跑速示意图

在进行乳酸阈训练时，教练员应掌握好循序渐进地增加速度这一原则，当在完成相近速度训练时血乳酸积累减少，则要再增加速度，以不断提高身体的适应能力。随着运动员训练水平的提高，在一定速度练习时，血乳酸减少和乳酸排除速率增加，结果使乳酸阈提高，这时应提高运动速度才能达到血乳酸的无氧阈值。当运动员出现以上情况时，说明其有氧素质提高了。

由于乳酸阈也存在个体差异，为了在训练中达到更高要求，最好测定运动员的个体无氧阈，并利用个体无氧阈强度指导训练。

思考与交流：

根据图 9－7 所示，判断该运动员的乳酸阈水平是多少？对应的跑速是多少？

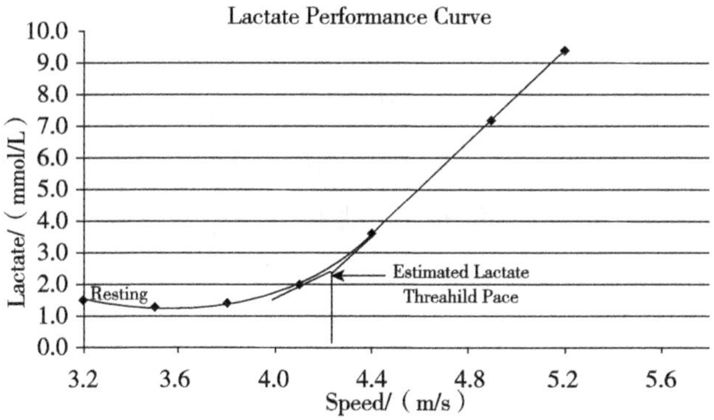

图 9－7　个体乳酸阈对应的跑速示意图

3. 最大乳酸稳态训练（Maximal Lactate Steady State Training，MLSS Training）

最大乳酸稳态是指在长时间运动时，可以保持血乳酸水平至少在 30 min 之内处于稳态的最小运动负荷。由于该强度下运动不会引起乳酸的积累，被认为是适合长距离项目训练的最佳强度。图 9－8 是某耐力选手最大乳酸稳态的测试示意图，由图可见，运动员以 4.2 m/s 的跑速持续跑时，可以保持血乳酸浓度在较长时间内不出现大幅度的上升。因此，该跑速即为这名运动员的最大乳酸稳态训练强度。

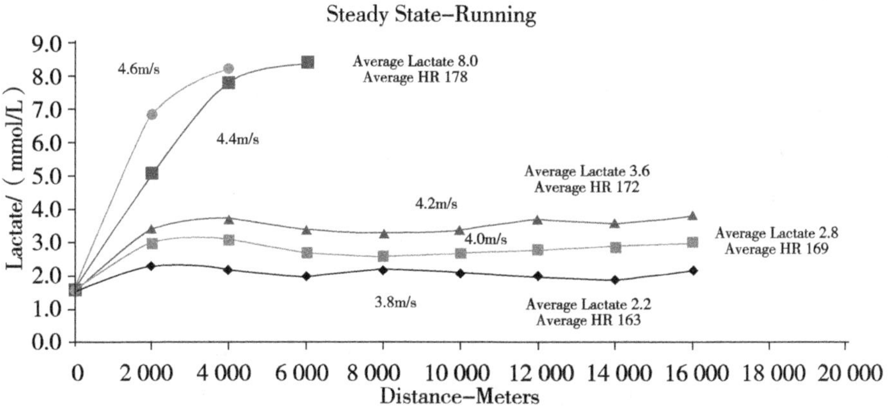

图 9－8　最大乳酸稳态训练示意图

有研究表明，游泳运动员经过1个月的最大乳酸稳态训练后，血乳酸－游速曲线无论在低速游区段、还是在高速游区段均出现右移，表明运动员的有氧代谢能力提高。与此同时，只要合理的训练安排，机体的无氧代谢能力并非因发展有氧代谢能力而削弱。

（三）高原训练（Altitude Training）

低氧条件是高原环境的一大重要特征。随着海拔高度的增加，氧分压与大气压成比例下降。因此，高原训练的目的在于提高运动员机体组织在缺氧条件下ATP的再合成能力。具体表现为：（1）高原缺氧加重了训练的缺氧，刺激糖的无氧酵解能力提高；（2）利用高原缺氧训练提高组织细胞获得和利用氧的能力，使机体的有氧代谢能力得到加强。

1. 利用高原环境进行有氧能力训练时要注意的问题

（1）高原训练的适宜高度

一般认为，海拔在2000～2500m是最佳高度，这个高度对提高运动员的有氧耐力水平效果最佳。海拔不高，不利于训练强度的增大，海拔太低，不能引起机体的刺激。适宜海拔高度是影响高原训练效果，使其达到最佳生理适应的关键因素之一。国内外研究者在高原训练高度的认识上又提出“重提高高原训练高度”。但选择训练高度时应考虑以下因素：①对有氧代谢平均强度要求特别高的项目（竞走）高度可相应提高；②世居或久居高原有多年高原训练经历的高水平运动员训练高度可相应提高；③技术性很强的项目（摔跤、柔道等）高度不宜过高。

（2）训练的量和强度

强度相对较低、量相对较大的高原大运动量训练可提高运动员的有氧代谢能力。有研究表明，经过3～4周的高原训练，其前后10 d的血乳酸值都有明显下降。高原训练构成因素中，最核心的因素是训练的量和强度。目前国内外高原训练的负荷强度安排遵循“适应—提高”的训练原则，采取2种训练计划：①针对年轻运动员或无高原训练经历者的“保守战略”，即负荷量略低于平原或接近平原训练量，但降低负荷强度，最大不超过平原最大强度的70%；②有高原训练经历者或赛季中间采用的“强度战略”，即负荷量达到或超过平原（100%～120%），负荷强度接近90%或达到平原水平，以保持高水平的负荷强度和运动能力。

（3） 高原训练的持续时间

从平原到高原训练的时间最少要 3 周，因为从平原到高原要有一个适应过程。高原训练后可以形成 3 个竞技高峰，其时间大约在下高原后的 3 ~ 5 d、10 ~ 18 d 和 19 ~ 32 d，若训练安排得当，则高原效应可保持 1 ~ 2 月。已有统计发现，经云南昆明、青海多巴高原训练后在 3 ~ 45 d 内参赛均取得过好成绩。冯连世等研究认为中、长距离项目下高原 1 ~ 2 周，较短距离项目下高原 3 ~ 4 周参加比赛较适宜。

2. 高原训练的最新研究趋势

（1） 向短时间无氧供能项目扩展

高原训练的项目由耐力性已发展到赛艇、排球、冬季两项、摔跤、武术、短跑等几乎所有的奥运会项目。有研究报道，4 周急速自行车骑行训练后，常氧和低氧组的最大累计氧亏、30 s 全力往返跑总功均显著性增加，但最大输出功率仅在低氧组有显著性增加，提示低氧环境下训练对于改善短时急速骑行能力有积极作用，低压低氧大强度急速骑行训练为提高短时急速运动能力开辟了一条新的路径。

（2） 建立新的训练方法及模拟训练手段

高原训练出现了一些新的训练手段及模拟训练方法，如高住低训、高住高练低训、低住高练、间歇性低氧训练、低压舱训练、呼吸低氧混合气体、模拟高原训练场馆、低氧设施、高原训练前的低氧预适应等。有学者对男子赛艇运动员 8 周不同模式低氧训练后有氧运动能力的研究表明，不同模式低氧训练对运动员有氧能力都有所提高。因此，如何科学合理的利用低氧训练方法是目前科研人员较为关注的问题，也是今后高原训练值得研究的趋向。

（3） 重视个性化的训练监控

运动员对高原训练的反应、适应和成效因个体差异有所差别，因而对运动员的高原训练安排要因人而异。根据国外学者对近 15 年来国际上 150 项高原训练研究结果的分析认为，建立评价高原训练时的个体负荷强度与负荷量的科学指标是高原训练实践与研究的主要趋势之一。

第二节　运动训练效果的生物化学

运动训练在改善人体运动能力方面有着极为重要的作用，深入掌握运动训练带给机体一系列变化的规律，有助于合理利用相应的训练方法提高机体运动能力。运动应激会使机体发生大量的适应性变化，不论从肌肉形态、代谢水平还是神经内分泌等方面都会发生改变，从而协调身体各部分机能，提高运动能力。人体的物质代谢变化与运动训练相适应，不断获得的适应性改变正是取得训练效果的表现。

一、训练适应

训练适应是指机体对不同运动方式所引起的化学组成、结构和功能发生适应性变化的现象。由于运动是一种特意性的刺激，因此不同的运动所引起的变化是不同的，训练适应的结果是机体运动能力提高和身体状况良好的标志。

有机体不仅具有应激性，能够对刺激发生反应，更为重要的是，它还具有适应性。适应性表现为：若长期施加某种刺激，机体会通过自身形态、结构与机能的变化，对抗和适应这种刺激，使得这种刺激对机体的破坏或影响越来越小，以保证机体安全。对训练刺激的适应也不例外。在训练后的恢复 期，所损伤的肌纤维不仅得以修复，而且修复后的肌纤维有所增粗，可以产生更大的收缩力量；骨密度有所增加，骨小梁的排列方向有所改变，可以承受更大的力量；运动中所消耗的糖原以及酶等物质不仅得以恢复，而且会发生超量补偿。恢复期中结构的改善称作“结构重建”（structure reconstruction）。结构重建后身体机能所得到的相应提高，称作“机能重建”（function reconstruction）。这样，长期的运动训练过程实质上是一个不断重复进行的刺激—反应—适应过程，是一个身体结构与机能不断破坏与重建的循环过程。通过这个循环过程，运动能力不断增强，运动成绩不断提高。

需要注意的是，机体对不适宜的运动刺激，也能发生适应性变化，可适应的结果往往并非我们所预期的。例如长期安排过大负荷而恢复不足，机体所产生适应性变化的结果并非我们预期的运动能力提高，而是发生过度训练（over-training）或过度疲劳（over-fatigue）现象，运动能力反而降低，这是一种不良适应。综上所述，运动训练的本质，实质上就是人为地、有目的地、按计划地给机体施加系统化的适宜运动刺激，使之产生人们所预期的适应性变化。

训练适应具有专项特点，变化的程度也依赖于实施的训练类型。长期的力量训练可引起神经、肌肉系统的适应性变化，表现为肌力增强或体积变大；进行长期的耐力训练，如跑步训练等，可引起呼吸、循环系统的适应性变化，外在机能表现为机体运输和利用氧的能力显著提高，耐力增加。因此，对机体运动训练适应的研究不但揭示了训练效果的生物化学本质，还能根据不同运动方式的适应特点，科学指导运动训练。

二、力量训练效果

力量训练最明显的效果是肌肉收缩力量增加和横截面积增大，两者之间存在明确的正相关，且不存在性别差异。同时，神经系统和训练肌肉伴有一系列适应性变化（表9-4），由此产生最大肌力作出相应反映。

表9-4　人体对力量训练的适应性变化

组织变量	适应性表现
神经系统	运动单位的募集数量和同步化程度提高
肌原纤维	数目增多，体积增大，收缩蛋白合成增多
无氧代谢酶活性	CK、MK、FPK 活性上升，无氧代谢供能增强
供能物质贮量	肌肉 ATP、CP、糖原贮量增多
肌纤维周围结缔组织	韧带、肌腱增粗，保护肌肉和神经接点，增加支持力量
骨质	无机盐密增高，使支撑组织强壮有力

引自：冯美云，1998。

（一）肌力增大

短期力量训练后，肌肉体积不增大而力量增加，神经适应性在这种形式的力量增长中起作用，表现在：（1）增加对拮抗肌的抑制作用；（2）增强协同肌的协同收缩，使协调作用改善；（3）加强对肌肉收缩保护性反射机制的抑制作用，使运动神经的兴奋性提高。

在一般水平的运动员中，力量训练明显地提高运动神经的兴奋性；但是，高水平的力量型运动员具有运动神经兴奋性高的遗传优势，力量训练效果好，提高快，而相应运动神经兴奋性、遗传性低的运动员，在相同条件训练时，要进一步提高力量需要花费更长的训练时间。

肌力增长可以发生在肌肉体积不变的情况中，例如，女子在接受相同负荷的力量训练中，获得的力量与男子相同，但肌肉体积的增加程度远不如男子明显，这与力量训练不能明显改变女子血睾酮水平和中枢调节因素有关。

力量训练效果存在个体差异，主要原因是骨骼肌快肌纤维含量不同。这表明，获得最佳力量训练效果的先决条件之一是具备高比例的快肌纤维。

（二）肌肉壮大

力量训练另一效果是肌肉变得粗大，其机制可能是蛋白质的合成速率增加，同时蛋白质降解速率减慢，表现为肌纤维横截面积的增大。

例如在三级跳远等跳跃项目膝关节力量训练中，不同性质的力量训练手段对发展跳跃能力具有专门性和特异性，尤其是对于一些在用力方向、用力幅度、用力时间和动作结构相同的各项跳跃素质的提高方面更具有方向性和可靠性。力量训练对提高伸膝肌群快速力量的效果要优于伸膝最大力量的训练效果。训练对提高屈膝肌群的最大力量和快速力量都具有较好的训练效果，尤其对提高屈肌最大力量的效果最为显著。实验中采用不同的力量训练方法和手段对发展膝关节前后肌群的最大力量和快速力量存在着一定的差别，尤其是对提高带有水平速度的各项跳跃素质更具有显著效果，而且对提高全身协调用力能力也具有较好的作用。

三、速度训练效果

速度训练适应后，训练肌发生明显的生化变化，表现在以下 4 个方面。

（一）磷酸原供能能力增强

速度训练能明显提高肌肉 CP 贮量，提高运动时 ATP、CP 分解和再合成速率，恢复期磷酸原合成速率也加快，从机能水平上表现为最大功率输出增大和维持运动时间延长，运动后恢复能力提高。

（二）糖原酵解酶活性增强

其作用是运动时肌糖原分解速度加快，并保持在更高速度水平上合成 ATP，因而糖酵解供能的输出功率增大。

（三）快肌纤维选择性肥大

这种训练效果稍逊于力量训练的效果。

（四）改善肌肉缓冲酸的能力

如8周短跑训练能提高肌肉缓冲容量50%，相比之下，耐力训练这种适应性变化较差。

案例分析：

跳远运动需要通过助跑来获得最大的惯性，结合完美的起跳产生的合力，将身体“跳”得更远。国内外优秀跳远运动员的训练和比赛已充分证明，助跑速度对跳远成绩有着巨大的影响。因此，速度训练一直是跳远运动员训练中一项非常重要的内容，提高速度水平也是跳远运动员的重要训练任务之一。因为跳远运动员需要的不是简单地跑得快就行了，而是必须有跑的节奏、步长、速度的分配等来配合跳远项目的特殊要求，这样才能保证在助跑中充分地发挥速度水平与起跳速度以及摆动速度相互适应的项目特点。

因此，跳远运动员不但要有短跑运动员的速度，而且应有跨栏运动员的节奏及跳高运动员的弹跳，只有这样才能在助跑中既能发挥速度又能准确地踏在踏板上。跳远运动员的速度训练，一直都是国内外跳远运动员专项训练研究的课题。

跳远运动员的绝对速度和助跑速度是必备的基本条件，而踏板速度、起跳速度以及摆动速度等则是使助跑速度充分发挥作用、创造优异成绩的保证。在努力抓好技术和有关专项能力训练的同时，使跳远运动员的各方面能够相互协调和适应，并被最大限度地加以利用。

四、耐力训练效果

长时间持续耐力训练能明显改善呼吸循环系统机能，使运动时氧转运能力提高；大强度间歇性耐力训练对运动肌利用氧的代谢系统具有更大的刺激作用，训练适应后能明显促进线粒体内有氧代谢合成ATP。耐力训练的适应性效果见表9－5。制订适宜的训练计划，有效地提高转运氧和利用氧的能力，能获得最佳耐力训练效果。耐力训练对肌纤维增粗的效果不明显。

表9-5 人体对耐力训练的生化适应

参数	适应性表现	生理意义
慢肌纤维线粒体	体积增大，数量增多	有氧代谢能力提高
有氧代谢酶	活性提高	
血红蛋白、肌红蛋白	含量增多	氧转运能力提高
运动肌微血管密度	增加	增强热交换、气体和代谢物交换能力
能源物质	肌糖原、肝糖原增多，肌内脂肪贮量增多	供能物质增多
肝脏糖异生作用	非糖物质合成糖增多	运动时肝糖原消耗减慢
体脂百分比	减小	体成分改善

引自：冯美云，1998。

耐力素质是中长跑运动员的最重要的运动素质，不仅直接关系到运动成绩，而且是维持中长跑运动员正常训练的基本素质。有氧耐力训练和无氧耐力训练是中长跑运动员耐力训练的主要内容，中长跑运动员的有氧耐力训练方法包括有氧基础练习、有氧间歇跑、长距离反复跑等，无氧耐力训练包括无氧间歇跑、间歇短跑、长距离变速越野跑。

五、停训的适应性变化

一般来说，通过训练获得的生物化学适应，当停止训练后，它们会逐渐消退。

（一）停训对训练效果的影响

停训对训练效果的影响，主要表现为以下4个方面。

1. 肌肉力量的消退

力量训练获得的肌力和输出功率的增长会在停训后逐渐衰减，但速度极慢。例如3周等张力量训练（3次/周，3×6 RM）获得的力量增长，在随后6周停训过程中，基本保持不变；12周训练获得的力量增长，在1年后仍保持45%左右。停训引起肌力下降的机理，推测与下列原因有关：

（1）肌肉质量和含水量减少引起肌肉体积减小和最大肌力下降。

（2）改变神经兴奋的频率和募集肌纤维的正常途径，使运动单位和肌纤维募集量减少，导致部分力量丧失。

所以，一旦达到力量增长的目的后，应当及时建立保持力量的训练计划。每周1次大负荷量的力量训练，可有效保持最大力量，但进一步增长力量训练效果仍需增加每周训练次数。

2. 肌肉耐力的消退

停训对耐力训练效果影响极大。例如卧床休息1周，最大摄氧量、总血红蛋白量、血容量和做功能力大约下降6%～7%。停训对肌肉有氧代谢的影响更大，停训7 d使细胞细胞色素C由训练获得的增加量丧失50%，以这种速度继续下降，大约1个月左右酶活性下降到训练前水平。估计停训4～6周，耐力训练引起的酶适应可以完全消退，使耐力明显下降。

在间歇训练中，降低训练密度，保持训练强度，如由3次/周降至2次/周，至少在10周内可以保持最大摄氧量不变，在16周内保持亚极量运动时具有较低血乳酸堆积的能力。

3. 肌肉能量贮存量的减少

高负荷力量训练停止35 d后，运动员肌肉内ATP、CP、糖原等的含量下降。耐力训练停止后，肌糖原贮量也会下降，如停训4周使贮量由每1 kg肌肉27.5 g降至16.7 g。停训期间，速度、灵敏性素质消退相当慢，对无氧代谢供能系统的影响很小，但柔韧性消退极快，故而这方面的训练应当贯穿全年。

4. 酶活性消退

持续性训练所提高的酶活性，在停训后会逐渐消退，直至下降到原来水平。这一方面由于停训后代谢率降低，酶的合成量减少；另一方面，由于已增加的酶量也会因停训而逐渐降解。

停训后酶活性消退的速度与酶的半寿期有关。半寿期长者，消退速度慢；短者，则消退速度快。例如，LDH的半寿期为16 d，精氨酸酶为4～5 d，而酪氨酸转氨酶半寿期只有1.5 h，所以停训时间不宜过长，否则所获得的良好酶活性效果有可能消退。

（二）防止运动能力下降的措施

由于运动训练所获得的生化效应在停训后会自然消退，运动能力随之下降。因此，采用有效措施防止运动能力下降是运动训练中的重要环节。防止运动能力下降的措施有：（1）停训时间不宜过长；（2）保持适宜的训练量。

总之，运动员停训后机能的消退速度经过一个斜率较大的急速下降后，下降速度逐渐变缓。可使运动员在未完全消退的训练基础甚至是较高训练适应起点上进行新的负荷而产生更高水平的训练适应。运动员在停止训练后，原有训练痕迹的稳定保留以及与训练相关的一些因素在记忆库中的继续组合加工所导致的结构性的适应，可能对重新训练的技能、意识等方面产生积极影响。停训的过程有可能对以前训练控制不当所造成的机体、心理等方面的影响起到自然的调节和恢复作用而使运动员能更好地适应新的训练。

六、过度训练

适度的负荷是提高运动能力的基本前提。但是，当缺乏科学训练、盲目追求高密度大强度训练时，则经常出现过度训练的现象。

（一）过度训练的概念

当训练计划安排不当，运动负荷量过大，超过运动员机体的承受力时，这样的训练即称为过度训练。

过度训练可以是一次性的短期行为所致，也可以是长期累积的结果。可以把它理解为是训练及恢复、运动及运动能力、负荷与负荷的承受力 3 方面平衡的破坏。这个概念中的负荷，不单单指运动负荷，还包括其它非运动性的负荷，如某些感情和精神上的负荷等。一旦出现过度训练，机体就会表现出多种功能的减退，情绪异常，以及运动能力下降等现象。出现过度训练的运动员易患某些疾病，还可能出现某些生理机能的异常。

以下仅从生物化学方面分析过度训练的特征及防治措施。

（二）过度训练的生物化学特征

1. 运动机能状态低下

运动员发生过度训练时，最直观的特征首先是运动状态的低迷，表现如下。

（1）晨脉升高，睡眠心率升高，睡眠质量差。

（2）慢性疲劳状态，伴随食欲不振。

（3）肌肉酸痛。

（4）没有训练欲望，厌倦训练。

2. 血、尿常规指标异常

（1）血红蛋白处于较低水平或呈下降趋势，血细胞比容（Hct）降低。有些过度训练的运动员兼有运动性贫血，而且血红蛋白下降出现比晨脉率加快更早。

（2）血浆激素水平异常。在过度训练的情况下，可发现：①运动后儿茶酚胺水平显著下降，儿茶酚胺夜间分泌可减少50%～70%。而且通过反馈机制，使肾上腺素能受体的密度和敏感度都呈下降趋势。②血浆睾酮/皮质醇比值低下，当低于原始值的30%或其比值小于0.000 35便可定为过度训练。③促黄体生成素和生长激素显著下降。

国外学者证实，在长距离游泳运动员和长跑运动员长周期耐力训练阶段或长期使用肾上腺素能激动剂期间，在力竭性动力性运动后，可出现肾上腺素能受体密度、促异丙肾上腺素的C－AMP活性及心率反应的降低。

因此，在慢性疲劳中，以儿茶酚胺为代表的靶器官的激素或神经递质的敏感性的变化，可能是反映机体疲劳的一个重要指标。

（3）能量代谢机能下降。过度训练的运动员运动时最大血乳酸水平下降，运动中易出现低血糖症，无氧阈成绩不变或下降；在完成定量负荷时，血清CK升高。因此，CK指标可作为评定过度训练的一项有参考意义的指标。

国内的研究认为，在过度训练时，运动员的血红蛋白含量处于较低水平或呈下降趋势，血细胞比容降低，有些过度训练的运动员兼有运动性贫血，免疫球蛋白降低、CK增高。血糖、胰岛素、乳酸等指标在过度训练运动员中未见显著变化。

（4）过度训练运动员尿中蛋白质排出量增加或出现血尿。

3. 免疫系统机能损伤

过度训练运动员血中免疫球蛋白降低，自然杀伤细胞（NK）减少，T淋巴细胞增殖能力下降，抵抗能力下降。因此，当运动员经常感染这样或那样的“小”病时，就应考虑到是否存在过度训练的可能。应当指出的是，并非所有症状都会出现在一个过度训练的运动员身上，且其轻重也不相同，会随着过度训练期间运动强度及运动量、以及过度训练持续时间而改变。

此外，我国学者曾有报道，100例过度训练运动员的心电图，其中安静心电图改变的占67%，48例负荷后心电图改变的占93.75%。其变化以ST段下降、T波改变、ST-T改变多见，其次为节律失调和传导方面的改变，故认为心电图可作为诊断过度训练的指标之一。我国还把对过度训练运动员采用心血管联合机能试验检查作为诊断过度训练的指标之一。据统计，过度训练运动员中异常反应的阳性率达60%，其中梯形反应占异常总数的90%，其他为紧张不全和高压反应等。

（三）防治过度训练的措施

防治过度训练是运动持续进行的保障，过度训练的预防可采用如下措施。

（1）合理安排运动训练。制订训练计划时要考虑运动员机体的可接受性和个人特点，恰当规定训练任务，注意运动负荷与恢复过程的最佳统一。

（2）合理安排休息，注意劳逸结合。

（3）合理安排膳食营养比例，保证摄人足量的糖、蛋白质、维生素和无机盐。

（4）加强系统的医务监督，定期作身体机能检查。

一旦出现过度训练，则应调整训练内容或改变训练方法，并加强各种恢复措施，对症进行治疗。

本章小结

不同的运动项目具有不同的代谢特点，是贯穿训练计划制定与实施步骤的根本要素。训练计划制定的主要原则包括超负荷原则、渐进性原则、特异性原则、个性化原则以及用进废退原则。不同专项素质，其训练的方法和要求不同。磷酸原供能系统是速度素质的基础，速度素质训练必须以发展磷酸原供能能力为主，由于磷酸原供能时间短（6～8 s），其恢复半时反应为20～30 s，故训练时，运动时间不超过

10 s，每次练习间歇时间不少于30 s，组间间歇不少于2～3 min，运动后血乳酸保持在较低水平。糖酵解供能是速度耐力的基础，速度耐力训练主要是糖酵解供能能力。目前，通常采用最高乳酸训练和乳酸耐受力训练两种方法。耐力素质取决于有氧代谢供能能力，提高有氧代谢能力的训练方法主要包括间歇训练，持续性训练（如LSD训练、乳酸阈训练、最大乳酸稳态训练）和高原训练。

长期适宜负荷的训练可引起机体内发生大量的适应性变化，身体机能改善，运动能力提高。不同性质的训练所引起机体的适应性变化不同，力量训练可使肌肉收缩力增强和横截面增大；速度训练可使肌肉收缩速度产生适应性加快，磷酸原和糖酵解供能能力增强；耐力训练可使肌肉收缩耐力产生适应性增大，糖酵解和有氧代谢供能能力增强。但是，通过训练获得的生化效应在停止训练后会逐渐消退，如果训练负荷量超过运动员的承受力而导致过度训练时，不仅不能提高运动能力，而且可能出现某些生理机能的下降。

思考题：

1. 制订训练计划应遵循哪些原则？
2. 制订间歇训练计划的主要要素有哪些？
3. 提高磷酸原代谢能力的训练与提高糖酵解代谢能力的训练，其训练原则有哪些不同？
4. 试列举3种以上提高有氧代谢能力的训练方法，并简述其要点。
5. 骨骼肌对耐力训练的生化适应表现在哪些方面？
6. 何谓过度训练？试述过度训练的生化特征。如何防治过度训练？

（邱俊强）

第十章 运动训练的生物化学评定

［本章要点］ 运动训练的生物化学评定对正确地控制训练负荷、挖掘运动员的最大运动潜力，更有效地提高竞技能力以及防止过度疲劳和运动损伤的发生，均有十分重要的意义。本章主要介绍对运动训练进行监控时常用的生化指标，以及如何运用生化手段对运动员的训练状态和运动能力进行科学监控和机能评定。

［重点名词］ 血乳酸；运动性尿蛋白；运动性贫血；血睾酮/皮质醇；Wingate实验

运动时人体内的一系列生物化学变化是机体对所承受运动负荷的客观反映，这些化学变化，可以正确反映机体对运动训练的应激能力。负荷过大，不仅不能提高运动能力，反而损害身体健康；负荷太小，运动能力提高不明显。因此，在运动训练中不断对运动员进行机能评定，科学地进行监控，是科学训练的重要内容。

第一节 训练监控的常用生化指标

运动时体内代谢过程加快，代谢产物增加，内环境发生暂时的改变，使得血液、尿液中某些成分会发生改变，甚至出现某些异常成分，因此，常以血液、尿液中某些成分的变化，作为评定运动负荷和身体状态的重要内容。本章主要介绍几种常用训练监控的生化指标及其在训练实践中的应用。

一、血乳酸（Lactate）

（一）概　述

乳酸是人体供能体系中重要的中间产物，它既是糖酵解的产物，又是有氧代谢氧化的底物（即原料），并可经糖异生途经转变为葡萄糖。运动时乳酸主要在骨骼肌中生成，然后透过细胞膜进入血液，并随血液循环到达身体的其它组织。正常情况下乳酸的生成与消除处于动态平衡中。乳酸生成速率、入血速率和消除速率之间的平衡，决定血乳酸浓度的高低。如果乳酸在肌肉和血液中堆积，会引起内环境酸化，影响体内代谢过程的正常进行。血乳酸是了解运动时能量代谢特点、掌握运动强度的重要指标。

当运动使糖酵解作用加快时，如果与之数量相同的线粒体氧化速率没有加快，那么过剩的丙酮酸就会变成乳酸。运动产生乳酸量增多的同时，乳酸排除量也增多，血液中乳酸的浓度取决于乳酸产生量与排出量的差值，乳酸浓度是动态平衡的结果。当运动强度逐渐提高到某一界限时，血液中乳酸的浓度就会开始急剧上升，在这种情况下，运动员肌肉氧化能力越好，乳酸阈值越高，耐久力就会越好。特别是在比赛水平相差不大的竞走运动中，运动员最大摄氧量水平相同的情况下，比赛成绩取决于乳酸阈值的高低。

（二）血乳酸指标在运动实践中的应用

正常人安静时血乳酸浓度为 1 ~ 2 mmol/L，运动员与常人无差异，但是在赛前情绪紧张时，血乳酸安静值可以升高到 3 mmol/L 左右。

运动中血乳酸的变化与运动肌肉动用的能量系统有关。当肌肉以磷酸原系统供能为主时，肌乳酸很少产生，血乳酸一般不超过 4 mmol/L；以糖酵解供能为主时，血乳酸可达 15 mmol/L 以上；以有氧代谢供能为主时，则血乳酸在 4 mmol/L 左右。在最大强度短时间间隙运动时，血乳酸最高可达 32 mmol/L。在 1 ~ 2 min 全力运动时，如 400 m、800 m 跑后，血乳酸浓度可达到 14 ~ 15 mmol/L 以上。最大摄氧量强度运动后可达 9 ~ 12 mmol/L。万米或马拉松跑后血乳酸浓度上升较少，为 6 ~ 12 mmol/L。

血乳酸在运动实践中的应用包括以下重要方面。

1. 评定运动强度

任何一个体能项目的教练在制订 1 个周期的训练计划时，都会把有氧、无氧等发展各种能量代谢系统的手段以不同比例安排在每堂训练课中。但不同的运动员以及同一运动员在不同的训练阶段，训练水平存在差异，同一训练手段的训练效果也会有所不同。因此，可以应用血乳酸评定不同训练手段的运动强度（表10－1）。

表10－1　用血乳酸监控不同训练方法的训练强度

训练方法	发展目的	心率/（次/min）	血乳酸/（mmol/L）	负荷安排	代谢特点与作用
ATP－CP系统训练	最大速度、力量	>180	<3～4	95%以上最大速度（或力量），练习时间10 s左右，间歇2～30 s	由ATP、CP以最大代谢速率分解供能，尽可能多地消耗CP，很少乳酸产生
最大乳酸训练	最大速度、力量耐力	>180	>15	1 min左右最大速度（或力量）重复运动，间隔3～5 min	由最大速率的糖酵解供能，数次运动后乳酸积累达最高水平
耐乳酸训练	亚最大速度、力量耐力	>180	10～12	1 min左右85%～90%最大速度（或力量）运动，4～5 min间隔，重复使血乳酸升高到12 mmol/L以上	以较高血乳酸水平，维持较长时间运动，使各器官组织受到深度酸化刺激，提高在高乳酸环境下工作能力，提高速度耐力
乳酸阈训练	最大有氧代谢能力	160～170	4	乳酸阈水平时的训练强度，运动时间在60 min以上	刺激运动肌乳酸生成和最大速率消除乳酸
最大稳态乳酸训练	有氧耐力	<160	<4	低于乳酸阈强度10%～15%，运动时间在60 min以上	有氧代谢能力的最大负荷强度和量度的综合
乳酸消除训练	迅速消除乳酸	120～140	下降越快越好，训练后<3	一般在60%～70% $\dot{V}O_{2max}$强度的匀速运动；运动疲劳后的恢复，以40%～60%最大摄氧量速度较为适宜	有氧代谢最大速率消除乳酸

引自：冯连世等，2006。

应当注意，当采用血乳酸指标进行评价时，不同个体之间存在着一定差异，血乳酸峰值出现的时间也存在差异。研究数据表明，运动后血乳酸峰值的出现时间基本上在第5～7 min，但也有例外，可能与以下因素有关：（1）代谢机能。因为不同个体之间的代谢机能不同，故他们的有氧、无氧能力不同。有氧代谢能力强的运动员，血乳酸峰值出现的时间要晚一些；相反，有氧代谢能力差的运动员，血乳酸峰值出现的时间就要早一些。（2）运动能力。血乳酸峰值出现的时间与运动能力有着密切关系。运动员虽然都从事着相同的运动专项，但训练年限和训练水平不同，所表现的运动能力也不同，相应的血乳酸峰值出现的时间也就不同。训练时间长、水平高的运动员有氧代谢能力较好，在相同负荷下血乳酸峰值出现的时间就会晚一些。

2. 评定运动员机能状态的变化

如在一个训练周期中，运动员的机能状态（尤其是肌肉状况）提高，则完成同等训练负荷时的血乳酸值会下降，尤其是100%绝对运动强度时。

3. 评定运动员训练水平或选材

速度耐力性项目的高水平运动员，运动成绩好，同时血乳酸最大浓度值也高；耐力性项目的运动员，在完成相同亚极量运动负荷时，优秀运动员血乳酸值相对较低。

4. 评定无氧代谢能力

测定无氧运动后血乳酸升高的幅度，可以评价运动员的无氧代谢能力。30 s～90 s全力运动后，通过评估乳酸升高幅度，可以评价无氧代谢能力。

（1）ATP－CP系统能力的评定（适宜于举重和田赛中的投跳项目）

做功大而血乳酸值低者，说明ATP－CP系统储备高；做功小血乳酸值高，说明ATP－CP系统储备低。

（2）糖无氧代谢能力的评定

通过测定最大血乳酸值，高水平的运动员，血乳酸值越高说明运动员机体耐受乳酸能力越强，肌肉适于参与剧烈运动，即无氧能力较好；反之，说明最大乳酸能力较差，即无氧能力较差。

5. 评定有氧代谢能力

测定运动后血乳酸的恢复速率，可以反映机体有氧代谢能力。恢复速度快，表示有氧代谢能力强，氧化利用乳酸的速度快，从而运动后因乳酸堆积产生的运动性疲劳恢复也快。

可通过多级负荷实验和两点法做出的血乳酸—速度曲线来评定运动员所具有的有氧能力。当血乳酸达到4 mmol/L时所对应的速度越高，说明有氧能力越强。另外，通过同等条件的第2次测试，在记录成绩的同时，检查血乳酸的变化，如果

4 mmol/L 时所对应的速度越高，说明该运动员有氧能力提高了；如果 4 mmol/L时所对应的速度下降了，说明该运动员有氧能力下降了。

中长跑要求运动员必须具备良好的有氧和无氧耐力水平。如何科学地提高运动员的耐力水平是教练员亟待解决的难题，在训练中要学会运用血乳酸指标，通过数据分析，准确地掌握每个队员的实际有氧阈值和无氧阈值以及对应的功率，进行有针对性的训练，使有氧训练具有目的性，并逐步实现训练计划和训练负荷的个体化，从而为教练员评定训练强度、有氧和无氧训练能力及训练效果提供科学的理论依据。

思考：

图 10－1 为 4 名优秀的游泳选手在全力 100 m 游泳后的乳酸恢复曲线，试分析 4 名选手的恢复能力高低？

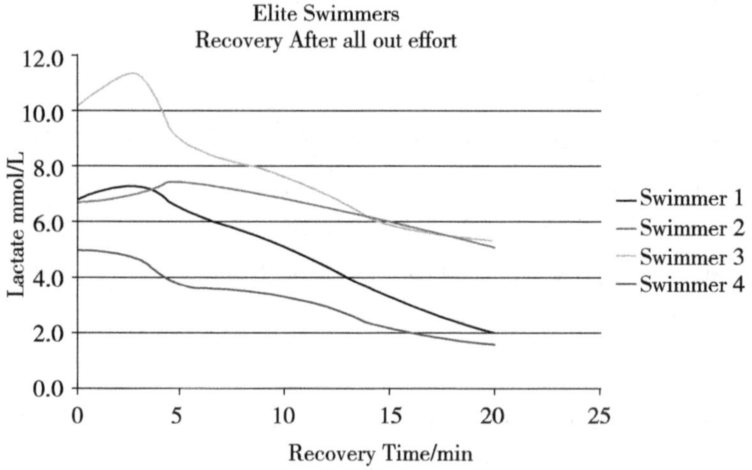

图 10－1　4 名游泳运动员全力 100 m 游泳后乳酸恢复曲线

二、尿蛋白（Urinary Protein）

（一）概　述

正常生理情况下，人体安静时尿中蛋白质含量很少，尿常规检查呈阴性。应用灵敏度高的化学分析法测定时，尿蛋白浓度在 2 mg% 左右，日排出总量不超过

150 mg。运动后尿中蛋白质主要来自血浆蛋白。由体育运动引起的尿中蛋白质含量增多的现象，称为运动性蛋白尿（Exertional Proteinuria）。运动训练中常把运动后尿蛋白作为评定运动员身体机能、运动负荷的指标。

运动性蛋白尿是一过性的（暂时性尿蛋白），在运动后能迅速自行复原，不同于病理性蛋白尿。运动引起的尿中蛋白质含量的增加量与运动负荷强度和负荷量呈正比，尤其与运动强度关系更为密切。当运动员的身体机能状态不同时，在完成相同的运动负荷量或运动负荷强度时所引起的尿中蛋白质排泄量也不同。身体机能下降时，尿中蛋白质排泄量会增加。

因此运动时尿中蛋白质排出的数量和组分可作为评定运动员的负荷强度和量，评定运动员身体机能状态或运动员对运动负荷适应情况的指标。

影响尿蛋白排泄有以下几种因素。

1. 运动强度

一般来说，运动强度越大，尿蛋白的排泄量越多。

2. 运动项目和训练手段

尿蛋白的排泄具有项目特点，往往全身性的动力性运动尿蛋白排泄量增加，如短跑、球类、游泳划船等。

3. 年　龄

完成同等负荷，少年运动员相对于成年运动员更容易出现尿蛋白。

4. 环　境

高原训练相对于平原训练尿蛋白排泄量增多，这是由于高原缺氧的原因，而低温环境（如冬泳）比常温易出现尿蛋白，这与低温促使血管收缩，引起缺血铁氧有关。

5. 遗传因素

不同个体在完成运动负荷后尿蛋白排泄量具有极为明显的个体差异，有些人运动后易于出现尿蛋白，且尿蛋白含量较高，而有些人运动后则不出现或数量极少，这与训练水平关系不大。因此，在应用尿蛋白来评定运动员身体机能状态及恢复情况时，应进行纵向比较。

运动训练中，一次激烈运动时，尿蛋白排泄量在运动后约 15 min 达到最高值，并在 4 h 内基本消除。因此运动训练中一般采集运动后 15 ~ 20 min，以及运动后 4 h

以后或次日晨的尿样，观察机体对运动的反应以及恢复情况。

（二）尿蛋白指标在运动实践中的应用

尿蛋白指标主要应用于4个方面。

1. 评定一次训练课的运动负荷

尿蛋白受负荷强度影响最大，运动强度越大，持续时间较长的以无氧供能为主的运动，由于运动中血乳酸生成较高，缺氧程度较高，则尿蛋白生成量越多。

2. 评定机体恢复能力

对运动后尿蛋白呈阳性者，检测运动后4 h或次日晨尿蛋白含量，转阴性者，表明运动负荷量、负荷强度较大，对机体有一定的刺激，但运动员机能状态保持良好，能够及时恢复，这是运动员对运动负荷量和负荷强度适应，身体机能状态较佳的表现；次日晨尿蛋白仍处于较高水平，说明运动员对此运动负荷不适应或是身体机能水平下降的表现，需要进一步观察。

3. 训练周期中评定机体适应运动负荷的状况

在大负荷训练初期，尿蛋白排泄量增多，说明运动员身体不适应训练负荷；进行一段时间的训练后，完成相同训练负荷时，尿蛋白排出量减少，说明机体逐渐适应，机能改善。

4. 评定身体机能状态

在完成相同训练负荷时，尿蛋白增加或持续上升，恢复时间延长，说明该运动员身体机能状态不佳，应做进一步检测和查明缘由；如果晨尿中蛋白含量较高或超出正常范围，则有过度疲劳或过度训练的可能。

值得注意的是运动性蛋白尿的产生受遗传因素影响很大，具有非常显著的个体性。因此，在应用尿蛋白来评定运动负荷或运动员身体机能状态时，一定要注意不要进行运动员之间的横向比较，而应进行运动员个体的纵向比较。另外，在应用尿蛋白评定运动负荷强度或量时往往是以尿蛋白的浓度高低进行评定，而运动时、运动后运动员的尿量是受到排汗量和饮水量的影响，排汗量和饮水量的不同会严重影响尿量，进而影响尿蛋白浓度，从而影响应用尿蛋白浓度评定的准确度。因此，在训练周期中应用尿蛋白来监测运动员对运动负荷的适应情况时应加强系统观察，并结合其他生化指标以增加评定的准确度。

三、血清肌酸激酶（Creatine Kinase，CK）

（一）概 述

人体骨骼肌、心肌、脑、平滑肌中含有CK，骨骼肌含量最多，约占全身总量的96%。在代谢过程中CK催化肌酸和ATP与磷酸肌酸和ADP之间的转化，与运动中、运动后能量平衡及转移的关系密切。CK在细胞内的作用为催化磷酸肌酸分解快速再合成ATP。因此，骨骼肌细胞内CK活性是决定短时间、最大强度运动时运动能力的主要因素。正常情况下，组织细胞膜结构完整、功能正常，组织细胞内的CK透出细胞较少，正常人安静时血清CK值男性为10～100 U/L，女性为10～60 U/L。

运动训练可引起血清CK升高，其原因可能与肌细胞膜的通透性增大或肌肉损伤有关。运动强度和运动量对血清肌酸激酶活性都有影响，一般认为，负荷强度的影响大于负荷量，当负荷强度和量都大时，酶活性升高最明显。因此，血清CK活性变化是评价运动负荷强度、骨骼肌微细损伤及其适应与恢复的敏感生化指标。

（二）肌酸激酶指标在运动实践中的应用

运动后血清CK出现峰值的高低以及恢复至正常水平的速率与运动负荷强度、运动持续时间、运动方式、训练水平、身体机能状态等有关。运动强度越大，持续时间越长，运动后血清CK活性越高，恢复所需的时间越长。长时间激烈运动后，血清CK活性一般在0～2 h内轻度增加，6～8 h明显升高，16～24 h达到峰值，持续48～96 h恢复到运动前水平。在短时间极量运动后，血清CK在5～6 h升高，8～24 h达到峰值，48 h以后逐渐恢复。在持续时间较短、强度又不大的运动后，血清CK活性变化不大。

在较大强度运动后血清CK的活性可增至100～200 U/L；极量运动后可达到500 U/L，甚至是700～800 U/L。血清CK活性值的个体差异较大，比较使用时应注意。对于训练水平高的运动员在完成相同运动负荷时，血清CK活性升高幅度小于训练水平低的运动员；当运动员身体机能状态下降时，完成相同的运动负荷后，血清CK活性升高幅度增大，而身体机能状态恢复时，完成相同运动负荷后血清CK升高幅度降低。

四、血红蛋白（Hemoglobin，Hb）

（一）概　述

血红蛋白是红细胞中一种含铁的蛋白质，主要生理功能是运输 O_2 和 CO_2，并对酸性物质起缓冲作用。血红蛋白的含量对运动员的运动能力影响很大，对耐力运动员的专项素质尤为重要。在训练和比赛期间，运动员的血红蛋白含量受营养、运动负荷、休息等因素的影响。因此，定期测定血红蛋白的含量有助于了解运动员的营养、对运动负荷的适应、身体机能水平等情况。

成人 Hb 正常范围：男性为 120～160 g/L，女性为 110～150 g/L，运动员 Hb 与正常人差别不大。Hb 浓度与运动员身体机能水平和运动能力关系密切。

由运动引起的血红蛋白下降或红细胞数降低或红细胞压积低于正常水平的一种暂时性现象，通常称之为运动性贫血（Sports Anemia）。由于 Hb 的主要功能是运输 O_2，因此，运动性贫血会造成运动员机能水平的显著降低，明显影响运动员的运动能力。目前，我国运动性低血红蛋白的诊断标准是成年男、女分别低于 130 g/L 和 120 g/L。

（二）血红蛋白指标在运动实践中的应用

血红蛋白是运动队最常用的测试指标，能综合反映运动员运动时血液运输氧的能力。在训练监控中，一方面，可根据训练中和比赛前测定的血红蛋白浓度，了解运动员的机能状态。运动员在大运动量训练开始时，易出现血红蛋白下降，一般认为由红细胞溶血增多造成。经过一个阶段训练后，身体对运动量逐渐适应，血红蛋白的浓度又会回升，这是机能改善、运动能力提高的表现，此时运动员参加比赛成绩一般较好；如果血红蛋白仍未回升，且较训练前下降了 10%，运动员比赛成绩大多不好；下降 20% 时，运动员成绩明显下降。这种情况下应及时调整训练计划和比赛安排，加强营养的补充，防止过度训练和贫血的发生。另一方面，一旦观察到运动员发生了贫血，应对其发生的原因进行调查，并针对不同原因给予相应的营养补充和药物治疗。

耐力运动员的血红蛋白值是否越高越好？对耐力运动员来说，血红蛋白含量因与有氧能力有关，因此维持血红蛋白处于较高水平有利于运动能力的发挥。但是，运动员个体差异较大，该值只需要维持在本人正常范围即可。如果血红蛋白值过高，血粘度会大大增加，血流速度减慢，心脏收缩阻力增加，反而不利于氧的运输。一般耐力选手的血红蛋白数值不应超过 180 g/L。

Hb 的含量对运动员的运动能力影响很大，因此，定期测定 Hb 的含量有助于了解运动员的营养、对运动负荷的适应及身体机能水平等情况。

五、血尿素（Blood Urea，BU）

（一）概　述

人体内蛋白质和氨基酸等含氮类化合物代谢的最终产物是尿素，在肝脏中产生后释放入血，经血液循环通过肾脏由尿液排出体外。因此，血尿素通常作为评定蛋白质分解代谢和机能状态的指标。血尿素在运动实践中的应用非常广泛，它是评定训练负荷量和机能恢复的重要指标。

在正常生理状态下，尿素的生成和排泄处于平衡状态，血尿素水平保持相对稳定。血尿素受蛋白质营养、机体蛋白质分解代谢水平和运动训练等因素的影响。一般来说，超过 30～40 min 的运动，血尿素值才会明显上升；短时间运动时血尿素变化不明显。此外，在运动强度和运动量这 2 个因素中，血尿素变化幅度对运动量更敏感。

（二）血尿素指标在运动实践中的应用

用血尿素评定一次课的训练负荷时应注意，一般在 30 min 以内的训练课中，其血尿素水平变化不大。当运动时间长于 30 min 时，血尿素水平才明显增高。优秀运动员一次训练课后，以次日晨起血尿素水平在 8.4 mmol/L 以下较为合适。负荷量越大或机体适应越差，血尿素水平上升越明显，次日晨起的恢复也可能较慢。在实际应用时，还需根据运动员身体状况和训练水平，结合其它的生理生化指标及主观疲劳感觉指数进行综合评价。在运动训练中，血尿素是评定运动量和机能恢复的重要指标。

用血尿素评定一个训练周期的训练负荷安排时，有以下 3 种情况：①在训练前期、中期和后期血尿素水平始终不变，说明运动量不足，对身体刺激不大；②大负荷量训练初期晨起血尿素上升，但在训练调整期结束时血尿素能恢复正常水平，说明训练负荷足够大，而且身体能适应，训练负荷安排合理；③训练中晨起血尿素逐日上升，并持续至训练周期结束，说明运动负荷过大，机体不能适应，此时应调整运动负荷量，以免造成过度疲劳。

分析运动员晨起安静血尿素增高的原因，还应注意以下几点。

（1）血尿素有一定的个体差异，该运动员是否出现血尿素系统性增高，可进行纵向的系统分析和比较。

（2）运动员在控体重期间，安静时的血尿素水平较高。

（3）血尿素水平与蛋白质的代谢关系紧密。高蛋白饮食后，过量蛋白质会在体内代谢转化引起血尿素的增高，这要与训练所导致的增高相区别。可通过询问该运动员是否补充蛋白粉、对该运动员的进食习惯进行分析，是否存在由于蛋白质补充引起的假性增高。

六、血睾酮与皮质醇

（一）睾酮（Testosterone）

1. 概　述

睾酮是雄性激素中的一种，属于类固醇激素。正常成年男性睾酮主要由睾丸分泌，另外小部分由肾上腺皮质和外周组织转化而来。女性睾酮50%来自肾上腺和卵巢，另外50%由外周组织转化而来。睾酮的生物学作用广泛，首先是促进副性器官发育，调节性腺功能。此外，睾酮能够加速体内合成代谢，刺激组织摄取氨基酸，促进蛋白质和核酸的合成，加速血红蛋白合成和红细胞的增加，促进肌纤维和骨骼生长，加强磷酸肌酸合成，增加肌糖原储备，增强攻击性等。

在运动训练对人体形态和机能的改造中，尤其对运动成绩的影响，雄性激素起着重要的作用。因此，测定运动员的血睾酮值具有重要意义。一般来说，运动员机能状态良好时，血睾酮水平变化不大，而且在体能增强时血睾酮往往呈上升趋势；当疲劳、过度训练或机能状态不好时，血睾酮水平则会下降。所以，可以将血睾酮作为评定运动员机能状态的指标。

2. 血睾酮指标在运动实践中的应用

通常在某一训练周期中定期进行血睾酮含量的测试，如在集训前、中和后期进行评价，也可以根据运动员的主观表现来进行不定期的检查。需要注意的是训练期前后进行取样比较时，运动员的状态应保持一致，如都处于安静状态、相同的采血时间，取样前一天运动负荷应大致相同，以避免短期因素掩盖长期训练对血睾酮的影响。

当运动员血睾酮升高时，可认为机体合成代谢旺盛，可继续大强度训练，以获得更好的训练效果；当运动员血睾酮持续明显下降时，应考虑下丘脑—垂体—性腺轴功能下降的可能。此外，应该考虑到血睾酮值的个体差异较大，仅用某一次血睾酮值来评价该运动员睾酮水平是不全面的，应该注意积累资料进行纵向比较，建立运动员个体的正常值。在不受任何药物干扰的情况下，当运动员增加训练量后血睾酮值低于训练前的25%，并持续不回升，即应进行调整。

由于测试误差及个体差异比较大，血睾酮值缺乏横向可比性，应以自身对照为主，进行系统监控较为有效和可靠，各类文献所列的数值仅供参考。目前，运动员血睾酮参考值的范围是：男运动员 270 ~ 1 000 ng/dL（或 9.5 ~ 35.0 nmol/L），女运动员 10 ~ 100 ng/dL（或 0.35 ~ 3.50 nmol/L）［其中单位换算为：nmol/L（国际单位）×28.6 = ng/dL（常用单位）］。

（二）皮质醇（Cortisol）

1. 概　述

皮质醇是肾上腺皮质分泌的一种糖皮质激素，运动应激时大量分泌，主要促进体内分解代谢，如促进糖原分解供能、升高血糖等，提高运动能力。但是，在运动后皮质醇持续保持高水平则会造成体内能量储备过分消耗，不利于恢复。

2. 皮质醇指标在运动实践中的应用

周期性训练初期，随着训练负荷加大，安静状态下皮质醇通常上升，其生物学意义是提高机体的应激水平，有利于运动肌糖原分解供能；经过一段时间训练后，安静皮质醇又可以恢复到原来水平。这种规律性变化，是机体对训练应激逐步适应的结果。如果进一步加大训练负荷，还会出现血皮质醇先升高、后下降的过程。

在实际应用中，可以根据训练周期安排定期测试，如在集训前、中、后以及赛前测定安静状态下运动员的血清皮质醇值。在进行分析时，通常把血皮质醇含量的高低作为机体分解代谢快慢的指标。如果运动后血皮质醇仍然保持较高水平，表明机体分解代谢可能过于旺盛，不利于运动后恢复；如果血皮质醇长时间保持较高浓度而不恢复到正常水平，提示运动员有过度训练的危险。此外，较高的血皮质醇水平会抑制机体的免疫机能，还应特别关注运动员的免疫状况。

需要注意的问题是，血清皮质醇浓度受多种因素影响，甚至连情绪激动时也会使其升高。所以，测定安静状态时皮质醇浓度尤其要注意控制实验条件，前后比较时一定要在一天中的同一时间，以避免昼夜节奏对血清皮质醇的影响。

皮质醇是一个非常灵敏的应激激素，影响因素多，下列值仅供参考：上午 8 时，6 ~ 26 μg/dL 或 165 ~ 720 nmol/L；下午 4 时，2 ~ 9 μg/dL 或 55 ~ 250 nmol/L；午夜 0 时，2 ~ 5 μg/dL 或 55 ~ 140 nmol/L。

（三）血睾酮/皮质醇（T/C）

1. 概　述

在人体内，睾酮促进合成代谢，有利于运动后消除疲劳，恢复和提高运动能力；皮质醇则促进分解代谢，在运动后如果不能及时恢复到正常水平，则不利于消除疲劳。二者的作用正好相反，因此常常采用二者的比值（睾酮/皮质醇，T/C）来反映运动员体内合成代谢与分解代谢相对强弱，并作为评价运动后恢复能力和过度训练的参考指标。比值高时，表明机体合成代谢占主导地位，是机能状态好，对运动负荷适应的表现。比值下降时，说明机体分解代谢大于合成代谢，机体处于消耗占主导地位的过程，往往反映对运动负荷不适应和身体机能的降低。

2. 血睾酮/皮质醇在运动实践中的应用

在运动训练中：（1）定期测试运动员安静状况下血浆 T/C 比值，用以监控运动员的机能状况。（2）阶段性训练前测晨起值，作为基础值，然后在阶段性训练中根据需要定期测定晨起值，与基础值进行比较，反映机体合成代谢与分解代谢的平衡状况。如果血清 T/C 比值不变或升高，表明机体的分解代谢没有超过合成代谢，运动员机能状况正常。如果血清 T/C 比值出现大幅度降低，则有可能是分解代谢大于合成代谢，不利于运动后恢复。（3）芬兰学者把血清游离 T/C 比值作为机能评定的敏感指标，当该比值下降超过 30% 或比值绝对值小于 0.35×10^{-3}，诊断为过度疲劳。有人将该标准运用于耐力运动员的训练监控中，效果较理想。

需要注意的问题是：（1）运动员血睾酮、皮质醇水平受多种因素的影响，因此不能仅凭 T/C 比值一个指标来评价运动能力。在实际中，常结合其他反映过度训练的指标来共同评价运动员的机能状况，如血尿素、血清肌酸激酶、血红蛋白等。有条件的话，最好能根据不同专项，在测定 T/C 比值的同时，进行运动员做功能力的测试，全面反映运动员的机能状况。（2）运动员血浆睾酮、皮质醇水平存在个体差异性，在运用该指标评定运动员机能状况时拟建立个人的正常值，并进行自身纵向比较。（3）当运动员的血浆睾酮、皮质醇同时出现下降时，由于二者下降幅度不同，其比值既可能下降也可能上升。在这种情况下，即使 T/C 比值升高，首先要注意运动员的机能状态是否正常，其次看血睾酮的绝对值是否处于较高水平，如果太低则有可能意味着下丘脑—垂体—性腺轴和下丘脑—垂体—肾上腺轴都受到了抑制。这种情况也不利于运动员提高运动能力，因此也要慎重对待。

在实际中，可以定期测试运动员安静状况下的血清睾酮/皮质醇比值，用以监控运动员的机能状况。在阶段性训练前测晨起值作为基础值，然后在阶段性训练中根据需要定期测晨起值，与基础值进行比较，反映机体总的合成代谢与分解代谢的平衡状况。如果血清 T/C 比值出现大幅度降低，有可能是分解代谢大于合成代谢，不利于运动员消除疲劳，需要对运动员加强营养等恢复手段，当低于训练期前 25% 而又不回升时，应调整训练计划或增加恢复措施，以免发展为过度训练；如果比值不变或升高，则表明机体的分解代谢没有超过合成代谢，运动员机能状况正常。

第二节　代谢能力的评估

运动员的代谢能力主要指体内的 3 个代谢供能系统，即磷酸原系统、糖酵解系统和有氧氧化系统的供能能力，对运动员供能系统代谢能力的评定是了解运动员运动能力、反映运动训练效果的主要途径。由于在运动时往往是所有代谢供能系统同时参与供能以满足肌肉收缩的需要，只不过是每一种代谢系统合成 ATP 的相对比例，随运动强度和持续时间而改变。因此，评价代谢能力的运动测试方案，要求遵守一条原则，利用不同时间的全力运动时某一代谢系统供能为主的特点，建立相应的运动测试基本方法，从而能够比较客观的反映起主导作用的代谢系统供能状态。

一、磷酸原代谢能力的评估

磷酸原供能系统代谢能力的生化评定分为直接测定法和间接测定法两种。直接测定法是利用肌肉活检、核磁共振等技术直接测定肌肉中 ATP、CP 的含量，以评价磷酸原供能系统的供能能力。由于直接测定法或者是对运动员的损伤较大，运动员难以接受；或是仪器昂贵、测定方法繁杂，在运动实践中的使用受到限制。间接法是采用测定其做功能力和间接测定代谢产物来评定磷酸原供能系统的代谢能力，具有简易、快速、无损伤或较小损伤的特点。目前，主要采用间接法评定磷酸原供能系统的能力。

（一）磷酸原能商法

这是 1988 年在国际奥林匹克百科全书中介绍的一种方法，测定程序为：先测定安静时血乳酸，然后让受试者在自行车功率计上作 2 ~ 3min 准备活动后，再以 100 转/min，600 W 最大用力运动 15 s，记录在 15 s 期间完成的总功（TWP，以千焦耳表示），并在运动后 6 min 取血测定血乳酸，求出血乳酸增值，通过下列公式计算出磷酸原能商（AQ）：磷酸原能商 = TWP（15 s）/血乳酸增值（15 s）。

求得的磷酸原能商值越大，表示磷酸原供能能力越强。常用于棒垒球运动员，短跑、短跨运动员，摔跤、柔道运动员等爆发力项目运动员的专项能力测试。

（二）10 s 最大负荷测试法

根据磷酸原供能系统的供能特点，可采用 10 s 以内的最大负荷运动进行测试，如自行车功率计、活动跑台或 30 ~ 60 m 跑，也可根据具体运动专项进行评定。先测定安静时血乳酸值，然后进行 10 s 内最大负荷运动，记录完成的功率或跑速，并测定运动后的血乳酸峰值，求出运动中血乳酸增值。若完成功率大或跑速快，而血乳酸增值低者，磷酸原供能能力强。

二、糖酵解代谢能力的评估

（一）Wingate 实验

Wingate 无氧实验（Wingate Anaerobic Test，WAT）是 1970 年以色列 Wingate 体育学院运动医学研究室首先提出来的，以后被世界各国广泛应用，成为评价糖酵解供能系统能力的经典实验。

一般使用改良的 Monark 或 Fleisch 功率自行车分别测定腿或臂肌肉的做功能力。阻力负荷的选择为：（1）Monark 型：测臂 0.050 kg/kg 体重，测腿 0.075 kg/kg 体重；（2）Fleish 型：测臂 0.030 kg/kg 体重，测腿 0.045 kg/kg 体重。对于爆发性项目的运动员，阻力负荷可在此基础上适当增加。

测定时，要求受试者首先完成 3 ~ 5 min 准备活动。正式开始时，受试者尽可能快蹬，在 3 ~ 4 s 内调整到规定的阻力负荷，同时开始计时，进行 30 s 全力蹬车运动。分别记录 30 s 平均功率、输出总功、5 s 内最大输出功率和 5 s 内最低输出功率，按公式计算出疲劳指数。若平均输出功率和输出总功值大，疲劳指数小，是糖酵解供能能力强的表现。

（二）60 s 最大负荷测试法

这是一种评定最大糖酵解供能能力的方法。让受试者进行 60 s 跑台全力跑，记录成绩，分别测定运动前安静时血乳酸值和运动后血乳酸峰值。如果运动后血乳酸浓度在 14 ~ 18 mmol/L 左右，是糖酵解供能能力好的表现；如在 9 ~ 10 mmol/L 以下，是供能能力差的表现。在一个训练阶段结束后，如果运动成绩提高了，血乳酸值也升高，是糖酵解供能能力提高、训练效果好的表现；如果成绩提高，血乳酸值仍为原水平，是有潜力的表现；如果血乳酸不变或升高，但成绩下降，是训练效果差或机能水平下降的表现。

三、有氧代谢能力的评估

（一）乳酸阈测试法

乳酸阈的测定方法很多，一般都是以乳酸—功率曲线为原理，采用逐级递增负荷方法进行测定（表 10－2）。起始负荷和递增负荷的大小取决于运动员的性别、年龄和训练程度。例如，跑台的起始负荷，一般无训练者为 2.5 m/s，中等训练水平的男子或具有高度耐力训练的女子为 3.0 m/s，高水平耐力训练的男子 3.5 m/s。根据每级血乳酸值和相应的功率（或跑速），在坐标纸上做出乳酸—功率曲线，取对应于 4 mmol/L 血乳酸浓度的功率值，即乳酸阈功率（或跑速）。

表 10－2　递增负荷实验程序

测功器	性别	起始负荷	递增负荷	持续时间/min	间歇
功率车	男	50～100 W	40～50 W	3	不间歇
	女	50 W	40～50 W		
跑台	男	3.0～3.5 m/s	0.5 m/s	3	30 s
	女	2.5～3.0 m/s	0.5 m/s		
手控测功器	男	30 W	40 W	3	不间歇
	女	30 W	40 W	3	

由于在完成运动负荷时，每个人都具有不同的血乳酸动力学变化特点，因此，对于不同运动项目和不同的个体，如果一律以 4 mmol/L 乳酸浓度及所对应的功率作为乳酸阈值，必然忽视个体差异性。德国的司特格姆（Stegnam）研制了在血乳酸动力学变化曲线上标定个体乳酸阈的方法。采用蹬功率自行车逐级递增负荷的形式，起始负荷为 50 W，每 3 min 递增 50 W，一般递增不超过 6 级。分别采取安静时、各级负荷后即刻及恢复期第 2、5、8、10、15 min 的血样测定血乳酸，在坐标纸上做出乳酸动力学变化曲线，最后一级负荷后即刻的血乳酸值定为 A 点，由 A 点作水平线与恢复期曲线相交于 B 点，再由 B 点向负荷曲线作一条切线，切于 C 点。C 点所对应的纵坐标为个体乳酸阈乳酸浓度，对应的横坐标为个体乳酸阈强度（图 10－2）。

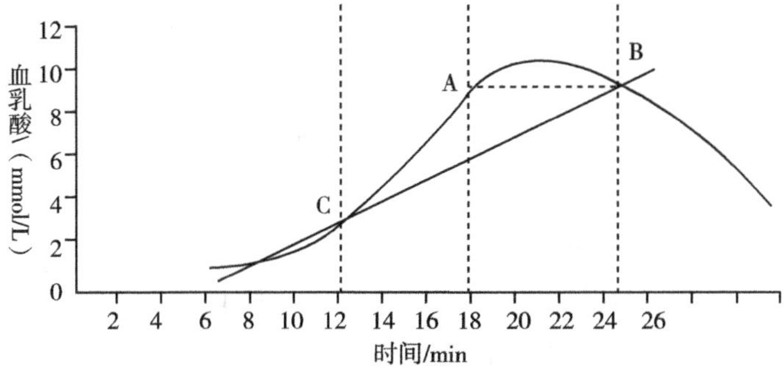

图 10－2　个体乳酸阈测定示意图

（引自 Stegmam，1981）

采用个体乳酸阈值的测定方法，可以比较和评判不同运动员个体有氧代谢能力的差异与优劣，可以根据运动员个体选择最佳训练强度和训练计划，也有助于评价训练效果。

思考：

某耐力运动员在 3 个月的冬训后，其乳酸阈曲线变化如图 10－3 所示。试分析冬训对其专项能力是否有效？

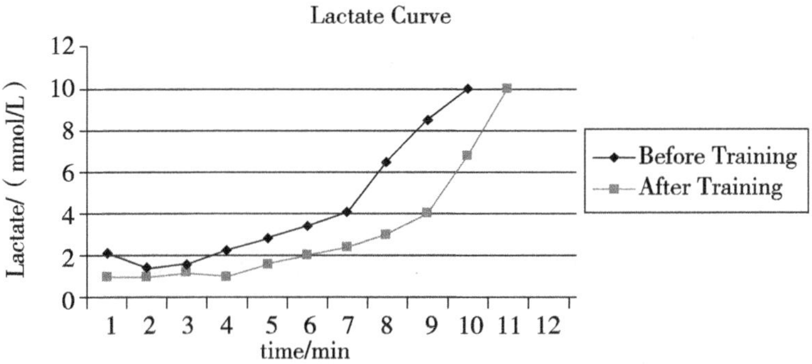

图 10－3　采用乳酸阈曲线评价训练效果示意图

（二）12 min 运动测试法

12 min 运动测试法是评定运动员最大有氧能力的一种测试方法。先测安静时血乳酸值，然后让受试者在做准备活动后进行 12 min 跑，记录 12 min 的最大跑距和跑后 3、5、10、15 min 血乳酸值，用跑距和血乳酸值综合评定。跑的距离长，跑后血乳酸消除速度快，是有氧代谢能力强、机能状态好的表现；跑的距离短，跑后血乳酸消除速度慢，是有氧代谢能力差、训练水平低的表现。

12 min 跑是目前测定有氧耐力最常用的方法。大多数测定在 400 m 跑道上进行，如无合适的跑道，也可以在足球场进行。依据 12 min 跑的成绩，教练员可以推断运动员的耐力水平，依据不同年龄、性别和级别的等级评价标准，对选手进行耐力水平估计，并可以与其他选手和群体进行比较。

在我国，为了了解足球运动员耐力水平，教练员必须在准备期开始时、准备期中间阶段、准备期结束时，以及联赛中至少进行一次定期的 12 min 跑测试，以经常了解训练的效果。耐力训练需要精确地进行控制。在 12 min 跑测试时，必须同时进行血乳酸测定，以了解真实的有氧耐力水平。同时，在确定运动员应达到 12 min 跑的标准时，必须考虑到个人的训练水平、比赛中的位置以及战术上的任务。12 min 跑耐力测试在没有附加生理生化指标、不考虑足球运动专项化和个体化身体素质情况下进行，并不能真实反映足球运动员的有氧耐力水平。仅仅只是追求 12 min 跑的跑距，只会偏离足球运动的专项化特征，将准备期的体能训练引向岐途。应科学认识足球运动体能训练的生物学规律，改革现行宏观管理与身体素质的评价方法和标准。

总之，关于运动员代谢能力的评定，除采用上述常用的方法外，更应根据专项特点和运动能力的要求，选择适合专项供能代谢的方法，才能获得更佳的效果。

本章小结

运动时体内代谢过程加快，代谢产物增加，内环境发生暂时的改变，从而使血、尿、汗、唾液中某些成份会发生改变，甚至出现某些异常成份。因此，测定血、尿、汗、唾液中某些生化成份，间接地反映运动时物质、能量代谢的特点和规律，且具有取样方便、可监测指标多，反映机能状态信息量大等特点，成为人体机能生化评定的主要内容。常用指标有：血乳酸、尿蛋白、血清肌酸激酶、血红蛋白、血尿素、血睾酮/皮质醇比值等。

人体机能的生物化学评定包括 2 个重要内容：一是代谢能力的评定，二是身体机能状态的评定，这 2 方面是相辅相成的。应根据运动专项的特点和供能代谢的要求，选用相应的测试方法。人体机能的生物化学评定，应是多指标、多层次、多因素的整体综合评定，可根据评定的目的和测试对象的年龄、运动专项、训练水平等具体情况选择测试指标，并依据运动生物化学原理，对测试结果作出客观、全面、科学的综合评定，从而更科学地掌握和指导运动训练过程，更有效地提高训练效果。

思考题：

1. 常用的评价训练负荷的生化指标有哪些？如何评价？
2. 常用的评价运动员是否恢复的生化指标有哪些？如何评价？
3. 采用血乳酸指标，如何评价运动员的有氧能力和无氧能力？
4. 如何用血尿素指标评价运动员的训练？
5. 简述如何采用 Wingate 测试评估运动员的无氧能力？
6. 评估运动员的有氧能力可采用哪些方法？如何评估？

（邱俊强）

第十一章　运动健身的生物化学

［本章要点］　本章从运动系统、心血管系统、呼吸系统、神经内分泌系统以及物质能量代谢几个方面阐明了儿童少年、老年和女性的生物化学特点，提出了不同人群科学运动锻炼的方式方法及其重要意义。

［重点名词］　儿童少年；老年人；女性；运动性贫血；女运动员三联症

第一节　不同年龄阶段的生物化学特点和运动

一、儿童少年的生物化学特点和运动

儿童少年（4～17岁）正处在旺盛的身体生长和发育时期，其在骨骼、肌肉、心血管系统、中枢神经系统、内分泌系统、物质代谢等方面具有不同于成人的特殊性。儿童少年阶段进行体育锻炼是培养终身体育观念的重要时期，也是为今后从事竞技体育奠定坚实基础的关键时期。因此，了解儿童少年身体机能的特点是取得体育锻炼或运动训练积极效果，避免运动性伤病和损伤的基础，对科学合理安排儿童少年的体育锻炼、运动训练和营养具有十分重要的意义。

虽然儿童少年生长发育的个体差异很大，但仍存在着共同的规律。儿童少年是人体一生中生长发育的旺盛阶段，这一阶段的身体组成和物质代谢与成年人相比有一定的特点，这种差异的外在表现皆以生物化学为内在基础。

（一）儿童少年运动系统的特点与运动

1. 骨骼的特点

骨骼的化学成分主要由水、有机物和无机盐组成。有机物主要为胶原蛋白、蛋

白多糖和糖蛋白等；无机盐类主要为磷酸钙、碳酸钙和磷酸镁等。骨骼的硬度与无机物的含量有关。儿童少年骨骼处于生长发育过程中，年龄越小，骨组织中水分和有机成分占比例越大，无机盐比例越小，骨钙化程度越低。因此，儿童少年的骨骼表现出骨质较软、柔韧性高、弹性大、不易骨折的特点，但承受较大重量后易变形、弯曲。这些特点决定了儿童少年在柔韧性要求高的项目中易取得良好成绩，而从事力量性要求高的项目训练时应注意掌握适宜的强度和训练时间，不宜进行过大的力量训练。

2. 骨骼肌的特点

儿童少年肌肉占体重的百分比较低，主要表现为机体内水分较多、肌肉蛋白质较少、肌肉内磷酸原总量和糖原等含量相对体重较少（表 11 –1、表 11 –2）。因此，儿童少年的肌纤维细长、肌力较小，比较适合于柔韧性、灵敏性为主导的运动训练。

表 11 –1　儿童少年肌肉占体重的百分比

年龄	肌肉占体重百分比/%
4 岁	20
8 岁	27
15 岁	32
17 岁	40
青年、成年	42 ~ 45

引自：冯炜权，1995。

表 11 –2　儿童少年骨骼肌中能源物质的储量和运动时的可利用量

能源物质	安静肌内浓度	运动时利用量
ATP	与成人相同	与成人相同
CP	低于成人	与成人相近
糖原	低于成人	远远低于成人

引自：Gleeson，1986。

（二）儿童少年心血管系统的特点与运动

儿童少年心脏的重量和心腔容积均明显小于成人。但相对于体重的比值却大于成人，幼儿的心脏重量占体重的0.89%，而成人只占0.48%～0.52%。心脏的重量随年龄逐渐增长，到青春期时心脏已达到成人水平（表11－3）。在整个生长发育阶段，心脏的重量和容积不断增大，其中2岁之内和青春期发育加速期增大的更为明显。尽管儿童少年心脏占体重比高于成人，但并非儿童少年的心血管系统功能比成年人高，只是其心脏的功能有较大的潜力。因此，儿童少年以较快的心率补偿每搏输出量的不足。另外，血管发育快于心脏，以及血液水分含量较多导致随着年龄增长动脉血压逐渐升高的特点。儿童少年运动训练计划应当注意负荷的适宜性，保证心血管系统的正常生长和发育。

表11－3　人体心脏重量随年龄的变化特点

年龄	重量
新生儿	20～25 g
1岁	70 g
5岁	新生儿的4倍
9岁	新生儿的9倍
青春期	新生儿的12～14倍

引自：全国体院通用教材《运动生理学》，1989。

（三）儿童少年呼吸系统的特点与运动

肺脏通气功能强弱是人体供氧的最初环节，也是影响人体运动能力的一个重要条件。儿童少年的胸廓和肺的容积都比较小，呼吸道较成年人狭窄，所以吸气和呼气时所产生的阻力大。呼吸肌收缩做功是肺通气的源动力，儿童少年呼吸肌的力量较小，呼吸的动力小而呼吸的阻力又大，因而通气功能较差，儿童少年呼吸系统有待于进一步完善。儿童少年呼吸频率较快以维持所必要的通气水平，安排儿童少年运动训练计划时应考虑这些因素。

（四）儿童少年神经系统的特点与运动

儿童少年时期中枢神经系统的兴奋过程占优势，神经过程易泛化、不易集中，并且灵活性大、工作适应能力较成人差、比较容易养成运动性条件反射。随着年龄的增长，抑制能力逐渐增加，第一、第二信号系统的相互作用逐渐完善。儿童少年时期神经细胞的工作耐力差，容易产生疲劳；由于神经细胞有较大的可塑性，神经细胞有很快恢复平衡的能力，因而机能恢复较快。儿童少年在运动训练时协调和平衡的能力会下降，所以，安排其运动训练计划时应注意间歇性。

（五）儿童少年内分泌特点与运动

儿童少年的身体发育在很大程度上与内分泌系统的变化有关，尤其是性激素的变化关系密切。儿童少年的性激素分泌量随年龄的增长而增加，在青春期时增加更快（图 11－1）。根据性激素的分泌特点，儿童少年应在青春发育期（10～16 岁）重视力量和速度素质的训练与发展。同时应注意增加蛋白质摄入量，以满足肌肉蛋白质合成增加的需要，满足发展力量和速度素质的需要。

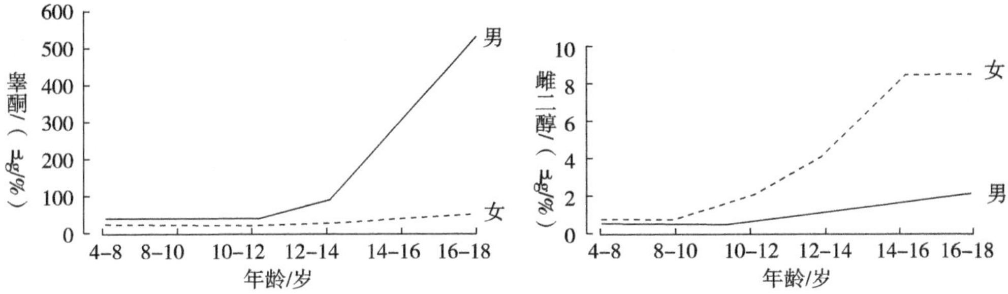

图 11－1　儿童少年性激素分泌特点

（引自 Winter，1978）

（六）儿童少年的物质和能量代谢特点与运动

1. 儿童少年的无氧代谢特点与运动

儿童少年骨骼肌中 ATP、CP、糖原的储量都低于成人，且在运动时利用的速度也低于成人。采用 Wingate 无氧功测试法测定儿童少年的最大无氧功，不论是用绝对功率输出（W），还是用单位体重的功率输出（W/kg 体重）来表示，男孩的无氧功均随年龄的增大而增大，女孩的最大无氧功则出现在 10 岁左右。研究证实，人体从儿童少年时期运动时最大血乳酸水平随着年龄的增长而增高，到 16 岁达到最大，随后保持一段稳定时期，之后则随着年龄的增长而递减（图 10－2）。因此，在运动训练中应注意年龄的区别和性别的差异。

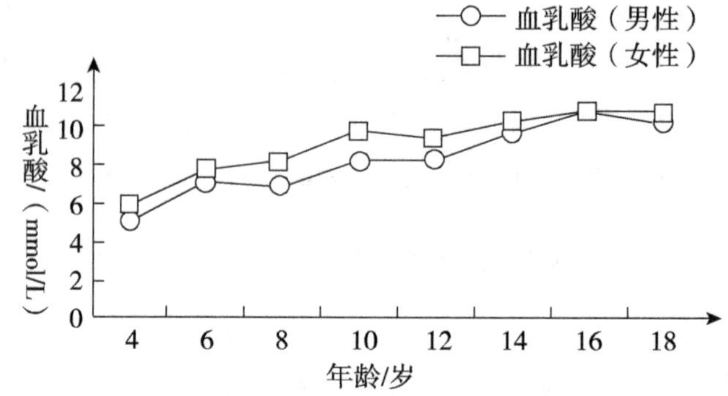

图 11－2　儿童少年递增负荷运动后血乳酸水平与年龄的关系

（引自许豪文，1997）

2. 儿童少年的有氧代谢特点与运动

儿童少年有氧代谢能力也有随年龄增长而变化的特点。通过对 12 000 名不同年龄儿童少年 1 英里跑成绩的分析发现，在青春期前，运动成绩与年龄增长呈正相关（图 11－3）。对有氧代谢测试的结果则证明，16～18 岁男孩的耐力达到最大，成年后出现下降。女孩的耐力变化趋势与此相似，不过峰值出现得更早（约在 12 岁），但女孩的耐力始终低于男孩（图 11－4）。

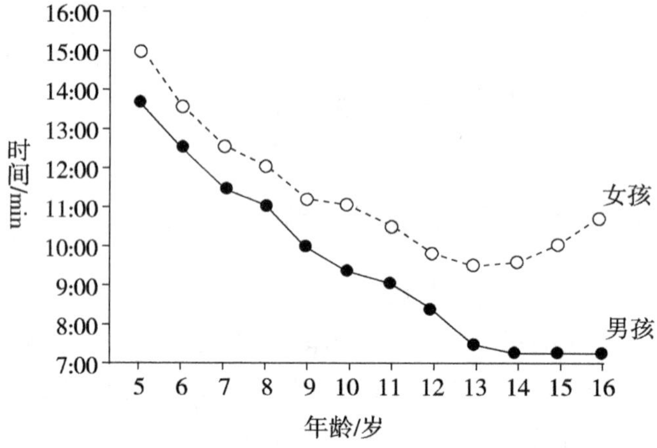

图 11－3　儿童少年进行 1 英里跑运动成绩

（引自“美国体育、健康、娱乐及舞蹈协会”研究报告，1980）

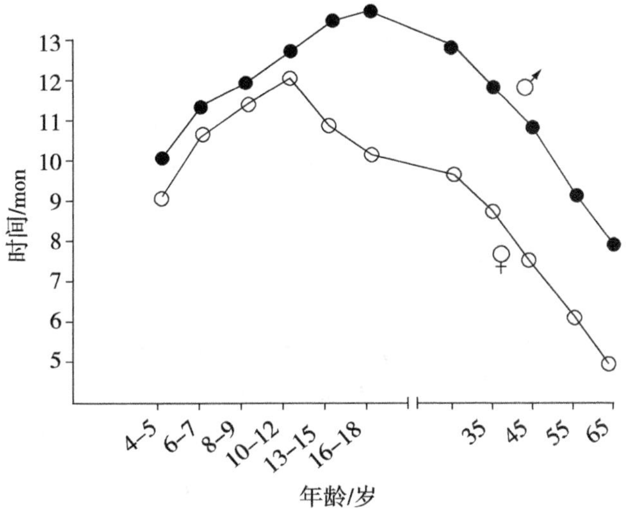

图 11－4　不同年龄阶段男女性跑台耐力测试比较

（引自 Cumming，1978）

血红蛋白、红细胞数目是反映机体运氧能力的指标，随着儿童少年身体的生长发育，机体内血红蛋白、红细胞数目表现出大致上升的趋势，到 15～16 岁其指标值达到成年人水平（表 11－4）。

表 11－4　儿童少年血液中红细胞数目和血红蛋白水平变化

年龄/岁	性别	血红蛋白/g%	红细胞数目/（$\times 10^{12}$/L）
3～6	男	12 ±0.9	4.5 ±0.5
	女	12 ±1.0	4.2 ±0.3
7～9	男	12 ±0.9	4.3 ±0.5
	女	12 ±0.8	4.3 ±0.3
10～12	男	13 ±1.1	4.3 ±0.3
	女	13 ±0.6	4.3 ±0.4
13～15	男	14 ±1.1	4.6 ±0.5
	女	13 ±1.2	4.5 ±0.5

注：依据中国医学科学院血液研究所资料。

最大摄氧量 $\dot{V}O_{2max}$ 是一项反映机体有氧代谢能力的有效指标。研究发现，无论男性还是女性皆表现出生长发育过程中 $\dot{V}O_{2max}$ 随着年龄增长而升高的变化特点（图 11－5）。

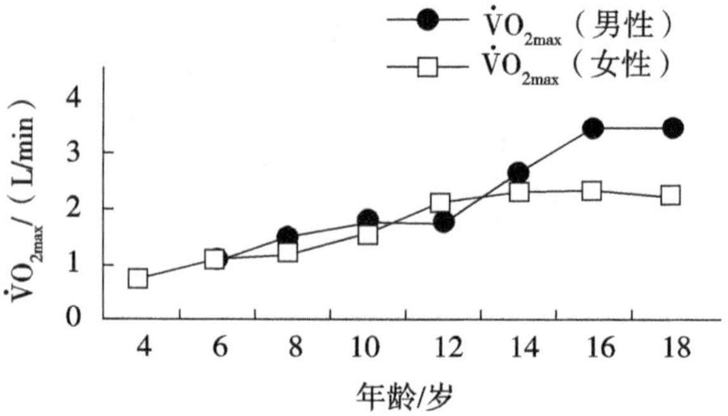

图 11－5　人体最大摄氧量随年龄变化情况

（引自 Sans，1985）

乳酸阈功率或强度是评价有氧代谢能力的主要方法，乳酸阈功率或强度越大，则有氧代谢能力越好。少年的乳酸阈功率显著低于成年人（表 11－5）。

表 11－5　少年与成年人乳酸阈功率

年龄	功率/W	心率/（次/min）	血乳酸/（mmol/L）
少年	102 ± 2	164 ± 11	3.84 ± 0.52
成年	143 ± 19	148 ± 18	3.68 ± 0.47

总之，儿童少年的有氧代谢能力明显低于成年人，其主要的原因可能与儿童少年摄取氧、转运氧的能力以及肌肉的有氧代谢能力都明显低于成年人有关。

（七）体育锻炼对儿童少年身体机能的影响

1. 急性运动对儿童少年身体机能的影响

（1）对儿童少年运动系统的影响

中小负荷急性运动对运动系统的影响较小，大负荷急性运动对骨骼和肌肉的影响各有特点。研究发现，大负荷急性运动后骨骼系统无明显的变化，而大负荷急性运动后肌肉由于缺氧和酸性代谢产物的堆积会发生肌肉损伤。

（2）对儿童少年自由基的影响

急性运动后儿童少年机体自由基相关指标表现与负荷量相互联系的特点。研究证明，丙二醛（Malonyldialdehyde，MDA）在极量和亚极量运动负荷下极显著地高于安静时的水平，且极量负荷下又明显地高于亚极量负荷时的水平；全血中谷胱甘肽（Glutathione，GSH）在 2 种负荷下均比安静时显著下降；超氧化物歧化酶

(Superoxide dismutase，SOD）的活力在两种负荷运动下均显著高于安静状态；过氧化氢酶（Catalase，CAT）在亚极量负荷下其活力与安静时无差异，而在极量负荷下显著地高于安静和亚极量负荷状态时。

(3）对儿童少年免疫系统的影响

高负荷运动应激可以抑制儿童少年机体的免疫功能，而适宜负荷的运动可以增强机体的免疫功能，此变化趋势与成人的结论相一致。过度训练会出现免疫功能的抑制期。研究发现急性过度训练后儿童少年的呼吸道和消化道分泌液中的IgA水平显著下降，易引发机体发生上呼吸道和消化道感染（表11－6）。

表11－6　急性有氧运动对儿童少年免疫系统的影响

取样时间	白细胞	粒细胞	淋巴细胞	单核细胞	T细胞
运动后即刻	升高	升高	升高	升高	升高
运动后24 h	升高	升高	升高	升高	无变化

引自：Eliakim，1997。

2. 长期运动对儿童少年身体机能的影响

(1）对儿童少年内分泌系统的影响

研究发现，血清睾酮水平在长期运动训练后未发生显著性变化，一次性固定负荷运动后血清睾酮水平变化也无显著性变化。

(2）对儿童少年免疫系统的影响

长期系统的运动可以增强儿童少年的机体免疫力，尤其是自然杀伤细胞(Natural killer (cell)，NK）活性和CD^{4+}/CD^{8+}表现出显著性升高特点（图11－6、图11－7）。

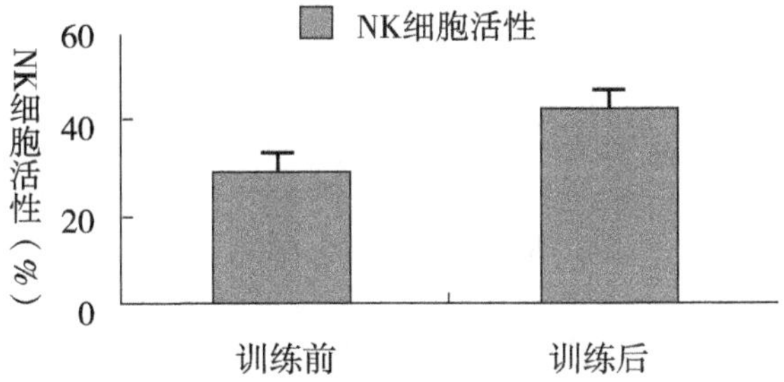

图11－6　长期运动对儿童少年NK细胞的影响

（引自叶超群等，2000）

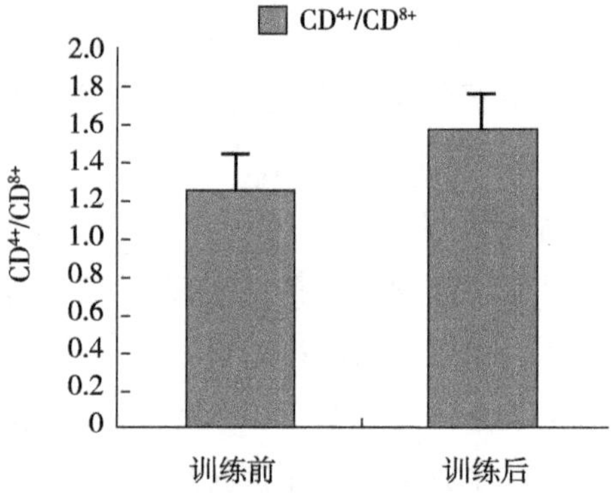

图 11－7 长期运动对 CD^{4+}/CD^{8+} 的影响

（引自叶超群等，2000）

3. 对儿童少年运动系统的影响

系统的适量运动可以增强儿童少年骨骼宽度、骨面积、骨密度，有助于骨骼的健康发育成长。反之，儿童少年缺乏适量的运动则易发生"运动不足性骨发育不良"综合症。研究证实，儿童少年经过系统性运动训练其优势手的长度、中指指掌骨长度均明显大于非优势手。合理的运动训练可以明显提高机体肌肉力量。

4. 对儿童少年心血管系统的影响

儿童少年进行有氧代谢为主的低负荷、多次重复的力量训练对于心血管系统有积极影响。研究发现，儿童少年经过 9 周的有氧代谢为主导的训练后，HDL－C 浓度上升、LDL－C 浓度下降（表 11－7）。

表 11－7 体育锻炼对儿童少年心血管系统的影响

研究对象	性别	年龄/岁	总胆固醇	HDL－C	LDL－C	甘油三酯
田径运动员	男、女	10～15	不变	升高	不变	下降
运动学校学生	男、女	14	不变	升高	不变	下降
田径运动员	男	11～13	不变	升高	不变	不变
	女	11～13	不变	升高	不变	下降
活跃儿童少年	男、女	12	不变	升高	不变	不变
专业儿童少年	男	14～16	不变	升高	不变	下降
	女	14～16	不变	不变	不变	不变
活跃儿童少年	男、女	7～11	不变	不变	不变	不变
足球运动员	男	12	升高	升高	－	不变
活跃儿童少年	男	8～12	不变	不变	－	下降

引自：Rowland，1990。

5. 对有氧代谢和无氧代谢的影响

合理的运动训练可以提高儿童少年有氧代谢和无氧代谢的能力，且系统的训练对于提高儿童少年的无氧代谢能力更为明显。研究发现，儿童少年在1个月的篮球、力量、耐力的综合训练之后，反映ATP-CP和无氧糖酵解供能能力的无氧功率指标明显升高；反映机体有氧代谢能力的乳酸阈、最大摄氧量等没有显著变化，但血红蛋白水平有显著的升高，骨骼肌糖酵解产物乳酸的清除率加快。

二、老年人的生物化学特点和运动

随着年龄的增长，人体的形态、结构和功能不断发生变化，从而引起人体对内外环境适应能力逐渐减退，这是新陈代谢的必然规律。一般情况下，年龄在35~40岁后，身体的新陈代谢即逐渐缓慢，各器官的功能也相应降低，不过这个时期机能减退的进程较慢。50~60岁后，机能减退的进程就明显加快了。

适宜地开展老年人体育锻炼，对于抗衰老、防治老年性疾病具有重要意义。

（一）老年人的身体机能特点与运动

随着年龄的增长，人体的机能特点表现出一定的变化规律。老年人体内各系统和器官发生了一系列衰老性的改变。主要表现在运动系统、神经系统、心血管系统、呼吸系统、内分泌系统和免疫系统。

1. 运动系统

老年人运动系统由于骨和肌肉萎缩表现出肌肉力量减小、韧带弹性减弱、骨质疏松和软骨发生纤维性变性、骨关节的退行性改变和畸形等。肌肉随着老化而出现质和量的变化，如30岁的男子肌肉可占体重的40%~45%左右，而老年人肌肉仅占体重的25%左右。

2. 神经系统

衰老过程会发生许多神经系统方面的变化，主要表现在神经系统的稳定性下降，神经过程的灵活性降低，兴奋和抑制之间的转换速度减慢，难以形成新的条件反射，记忆力减退。

老年人的神经细胞不仅表现为数目减少而且表现为脑细胞中“衰老色素”（脂褐素）的堆积。脂褐素是一种不能为细胞所排泄的代谢终产物，随着年龄的增长，细胞内脂褐素越积越多，到 60 岁时几乎占据了细胞空间的 50%，其堆积阻碍细胞内信息传递，严重地影响脑细胞的正常功能，表现出反应迟钝等。另外，血流量随着衰老的进程表现出减少的特点。研究发现，老年人的脑血流量仅为年轻人的 80% 左右，导致脑细胞能量供给不足。

3. 心血管系统

老年人心血管系统随着衰老的进程表现出不同的变化特点，主要表现在心脏和血管的结构和功能改变：（1）心脏细胞萎缩，冠状动脉易发生粥样硬化，结缔组织增长和脂肪沉积，使心脏易发生异位节律，心肌收缩力量减弱，收缩压升高与舒张压下降；（2）心肌纤维的 ATP 酶活性降低，老年人在一定负荷后每分输出量、每搏输出量、心率均下降；（3）机体各处毛细血管弹性减弱，易发生破裂出血。

因此，老年人心血管功能的衰退，代谢能力降低，最大摄氧量比年轻时降低 20% 左右，其中最大心率、每搏输出量和动静脉氧差均下降。

4. 呼吸系统

随着年龄的增长，老年人的呼吸肌逐渐萎缩，肋骨钙化，肺组织的纤维组织增多引发肺的弹性降低，肺泡萎缩，肺廓的活动幅度减小。因此，老年人的呼吸机能下降，如肺活量和最大通气量下降，肺泡内 CO_2 分压增加、动脉血氧饱和度下降。另外，老年人肺脏的通气和换气功能下降相对增加残气量，进而易引起肺气肿和呼吸困难。肺血管口径随着年龄增长也逐渐变窄，相对增加肺动脉压，进而加重了右心室的负担。

5. 内分泌系统

随着年龄的增长机体的内分泌系统也出现衰退的变化特点，其主要表现于甲状腺、胰腺、肾上腺、性腺等。

老年人甲状腺功能有下降的趋势。研究证实，老年人甲状腺素合成速率减慢，分泌减少。从 20 ~ 80 岁可减少 50%。因此，老年人易出现心跳迟缓、怕冷、疲倦等症状。

胰岛腺作为机体血糖水平的主要调节器官，其在老年时期同样表现出功能下降，与此同时，机体组织对胰岛素的敏感性降低。因此，老年人易发生高血糖和糖尿病。

肾上腺是影响肾脏排泄机能、调节水盐代谢平衡及调节糖和蛋白质代谢的调节器官，其分泌的肾上腺素、去甲肾上腺素、多巴胺、肾上腺皮质激素、雄激素、雌激素和孕激素可以有效地从物质代谢和内脏系统方面调节机体的运动能力。随着年龄的增长，肾上腺的重量减轻，功能减退，使机能的应激反应能力下降。

雄性激素和雌性激素可以对机体进行调节，维持机体正常代谢的进行。雄性激素睾酮是由睾丸间质细胞分泌的，其可以促进蛋白质合成。老年人机体内睾丸间质细胞分泌功能减弱，血液睾酮水平降低，进而影响肌肉力量、骨骼健康和红细胞状态。雌性激素是由卵巢分泌，主要存在形式为雌二醇，可以促进成骨细胞的活动，抑制破骨细胞的活动，加速骨的生长和促进钙盐的沉积。衰老时期体内雌激素水平表现出下降的特点，影响成骨细胞和破骨细胞的正常活动，进而易引起骨质疏松症、脊柱变短和弯曲等症状。

6. 免疫系统

免疫系统功能随着机体的衰老会表现出逐渐下降的特点和规律。伴随着机体免疫功能的减退进程，机体越来越容易感染传染性疾病，基因的癌变及自身免疫紊乱等危险情况的发生概率也越来越高。

随着机体的衰老，胸腺机能表现出衰减的特点，因此其分化的 T 细胞数目增殖和对外界刺激的反应能力呈现出减退的特点。NK 细胞作为重要的免疫调节细胞，随着机体的衰老发生显著变化。另外，研究发现免疫细胞因子如白细胞介素等也具有随年龄的增长而衰退的现象。

总之，老年人的身体机能表现出逐渐衰退的现象（表 11－8），因此，宜采用低强度缓慢的运动方式进行身体锻炼。

表 11－8　衰老对身体机能的影响

身体结构的变化	身体机能的变化
运动系统：	
肌肉体积↓	
Ⅱa 和Ⅱb 型肌纤维数目↓	
运动单位大小↓	
运动电位阈值↓	
（Ca^{2+}－肌球蛋白）－ATP 酶↓	
总蛋白质含量↓	力量和爆发力↓
线粒体体积和数目↓	

续表

身体结构的变化	身体机能的变化
琥珀酸脱氢酶（SDH）↓	
细胞色素氧化酶↓	
苹果酸脱氢酶（MDH）↓	肌肉呼吸能力↓
乳酸脱氢酶（LDH）↓	糖酵解能力↓
关节结缔组织僵硬↑	关节稳定性和灵活性↓
关节机械应激积累↑	柔韧性↓，易出现僵硬和骨关节炎
椎间软骨水分含量↓	脊柱萎缩、压缩性骨折发病↑
骨内矿物质↓	骨质疏松症发生率↑、骨折危险性↓
脊柱后凸↑	身高↓
神经系统：	
神经细胞内脂褐素↑	神经系统的稳定性↓、神经过程的灵活性↓
脑血流量↓	兴奋和抑制之间的转换速度↓
心血管系统：	
心脏细胞萎缩	冠状动脉易发生粥样硬化
结缔组织↑和脂肪沉积	心脏易发生异位节律、心肌收缩力量↓
心肌纤维的 ATP 性性↓	每分输出量、第搏输出量、心率均↓
样体各处毛细血管弹性↓	易发生破裂出血
呼吸系统：	
肺弹性支持结构状况↓	呼吸作功↑
支持结构弹性↓	肺的弹性回缩力↓
肺泡体积↑	扩散能力↓，死腔↑
肺毛细血管数目↓	通气/扩散当量↓
内分泌系统：	
甲状腺功能↓	易出现心跳迟缓、怕冷、疲倦等症状
胰岛腺功能↓	易发生高血糖和糖尿病
肾上腺功能↓	糖和蛋白质代谢调节能力↓
性腺功能↓	肌肉力量、骨骼健康和红细胞状态↓
免疫系统：	
T 细胞数目↓	
免疫细胞因子↓	易感染传染性疾病

注：部分内容依据 Brooks，1988。

（二）老年人的物质和能量代谢特点与运动

1. 日常能量消耗少

研究证实，随着年龄的增长人体基础代谢逐渐下降。成年以后基础代谢率每隔10年约降低2%。例如，20岁成年男性的基础代谢率为161.5 kJ/m^2（38.6 kcal/m^2），50岁成年男性的基础代谢率下降为149.8 kJ/m^2（35.8 kcal/m^2）。另外，45~75岁人体的能量消耗平均减少0.8 MJ/d，有些老年人能量消耗下降高达1.2 MJ/d。美国国家研究委员会推荐20~39岁的成年男性需要每天以运动的方式多消耗12.6 MJ的热量，20~39岁的成年女性需要每天以运动的方式多消耗9.6 MJ的热量，而对于60~69岁的男女老年人则仅分别需要每天以运动的方式多消耗9.6 MJ和8.0 MJ的热量。

2. 异化作用大于同化作用

新陈代谢是一切生物体所共有的特点。人体在不同的年龄阶段新陈代谢的特点有所不同。老年时期身体内的合成代谢（糖原、蛋白质的合成）趋于下降，肌纤维萎缩，组织细胞再生能力下降，脏器功能减弱，体力衰退易疲劳，且恢复慢，身体出现整体衰退的现象。

3. 代谢调节能力降低

老年人肌肉中无氧代谢酶系和有氧代谢酶系的活性均下降，导致老年人代谢调节能力下降，但有氧代谢能力减退速度比无氧代谢能力慢。老年人体内水、无机盐、酸碱平衡的代谢调节能力也下降，易疲劳。

（三）老年人的科学健身

老年人在参加体育锻炼时，应根据年龄、身体状况、环境条件及个人爱好等选择适合自己的运动项目。常见的适合老年人的运动项目有行走、慢跑、健身操、气功、太极拳等。运动时一定要严格掌握运动量和运动强度，一般运动强度控制在有氧代谢范围内，可用心率来衡量，计算公式如下：

$$适宜的运动心率 = 180 - 年龄（或 170 - 年龄）$$

同时应做到循序渐进、持之以恒、因人而异，并配合合理的营养，达到科学健身的目的。

（四）体育锻炼对老年人身体机能的影响

1. 体育锻炼对运动系统的影响

随着年龄的增长，老年人的骨和肌肉发生退行性改变。老年人进行体育锻炼可以延缓退性改变的速度和程度，可以有效地提高饮食量和钙吸收等，使脊柱外形异常减少，脊柱的活动能力加强，骨密度减少的速度延缓和肌力变化幅度减小（表11－9）。

2. 体育锻炼对神经系统的影响

体育锻炼可以改善中枢神经系统的机能，延缓大脑功能的衰老速度，表现出大脑皮层神经过程的兴奋性、均衡性和灵活性提高。另外，体育锻炼可以有效预防老年性中枢神经系统疾病的发生，尤其能防止脑动脉硬化，维持大脑良好的血液供应。

表11－9　有氧运动对老年人肌肉力量的影响

性别	组别	右手握力/kg	腿力/kg	背力/kg	单臂弯举成绩/次/30 s
男性	普通老年组	32.43 ±7.97	79.34 ±18.34	73.12 ±19.39	26.40 ±5.24
	有氧运动组	42.69 ±4.21	86.31 ±10.32	85.12 ±16.42	29.12 ±5.42
女性	普通老年组	22.15 ±6.82	48.07 ±22.40	50.34 ±14.03	25.90 ±6.48
	有氧运动组	26.92 ±4.64	51.42 ±15.57	57.48 ±13.41	26.58 ±3.21

引自：顾丽燕，等，2001。

3. 体育锻炼对心血管系统的影响

经常参加体育锻炼的老年人可以有效地减少心血管系统疾病的发生率。研究证实，太极拳等体育活动可降低血液LDL、甘油三酯和总胆固醇的含量和提高HDL的水平（表11－10）。体育锻炼减少冠心病的发生率。适当的体育运动（如低强度、长时间的耐力性放松式活动如太极拳、步行、慢跑、健身操等）可以有效地改善大脑皮质的调节功能，缓解小动脉的痉挛，减小血流阻力。有氧运动可以有效地降低老年人血压（表11－11）。

表 11－10 太极拳锻炼（1 个月）前后血清脂质和脂蛋白变化 mg/dL

组别	测试时间	甘油三酯	总胆固醇	高密度脂蛋白	低密度脂蛋白
太极拳组	练习前	148.9 ±46.9	161.2 ±28.5	56.4 ±12.6	74.7 ±25.7
	练习后	137.6 ±41.9	165.1 ±17.8	67.4 ±9.8	70.3 ±15.9
对照组	实验前	136.5 ±28.0	170.6 ±29.5	63.4 ±14.3	79.8 ±28.9
	实验后	148.9 ±37.1	151.8 ±17.9	54.9 ±7.7	68.7 ±13.4

引自：姜剑心，1984。

表 11－11 有氧运动（6 个月）前后血压和心率变化

测试时间	例数	收缩压/mmHg	舒张压/mmHg	心率/（次/min）
运动前	54	156 ±10	86 ±8	67 ±17
运动后	54	148 ±9	76 ±6	62 ±18

引自：于兰，2002。

4. 体育锻炼对呼吸系统的影响

体育锻炼可以保持肺组织的弹性，提高呼吸肌的收缩力，加强胸廓的活动幅度，改善肺脏的通气和换气功能，进而提高全身各内脏器官的新陈代谢。研究证实，适当的体育运动可以提高呼吸差和肺活量（表 11－12）。

表 11－12 有氧运动对老年人呼吸系统有关指标的影响

性别	组别	静气围/cm	吸气围/cm	呼气围/cm	呼吸差/cm	肺活量/mL
男性	普通老年组	90.34 ±4.32	93.12 ±3.34	89.45 ±3.59	4.05 ±1.04	2165.06 ±756.38
	有氧运动组	95.21 ±3.23	98.45 ±3.72	91.36 ±3.45	7.21 ±1.45	2659.12 ±542.42
女性	普通老年组	87.26 ±7.52	90.79 ±6.89	86.57 ±6.43	4.04 ±1.68	1924.19 ±605.87
	有氧运动组	89.48 ±3.24	93.02 ±3.72	87.46 ±4.05	6.95 ±1.04	2186.58 ±543.21

引自：顾丽燕，等，2001。

5. 体育锻炼对内分泌系统的影响

适当的体育锻炼可以调节内分泌系统，改善神经—内分泌的调节功能。随着年龄的增长机体的内分泌系统也出现衰退的特点，而适当的有氧运动（如太极拳等）可以使老年人血清甲状腺素、睾酮、促性腺激素水平等出现不同程度的提高（表

11－13）。

表 11－13　太极拳运动对老年人内分泌激素的影响

激素种类	激素名称	太极拳老年组	一般老年组	一般成年组
性激素	血清睾酮/（ng/dL）	680.0 ± 430.0	510.0 ± 151.0	679.0 ± 173.0
促性腺激素	促黄体生成素/（mIU/mL）	11.74 ± 13.19	8.03 ± 5.95	4.41 ± 1.31
	促卵泡刺激素/（mIU/mL）	16.54 ± 15.16	11.05 ± 6.08	4.85 ± 1.58
	促甲状腺激素/（μu/mL）	4.80 ± 3.05	3.80 ± 1.55	3.10 ± 1.15
甲状腺素	二碘甲状腺原胺酸/（ng/mL）	0.93 ± 0.20	0.84 ± 0.21	1.51 ± 0.31
	甲状腺素/（ng/mL）	69.97 ± 23.87	73.60 ± 31.96	104.99 ± 38.6
	反三碘甲状腺原胺酸/（ng/mL）	30.26 ± 7.77	28.79 ± 4.96	37.22 ± 7.64

引自：许胜文，等，1986。

6. 体育锻炼对免疫系统的影响

人体的免疫系统随着年龄的增长会发生生理性的衰退变化，包括胸腺缩小、淋巴细胞数量和功能的下降，抗体生成、淋巴因子合成和分泌能力低下等。适当的体育运动可能通过改善机体免疫机能而延缓衰老（表 11－14、表 11－15）。

表 11－14　健身跑对老年人机体免疫功能的影响

组别	平均年龄岁	人数	早期 E－玫瑰花环形成率		玫瑰花环形成率	
			百分率/%	绝对值	百分率/%	绝对值
老年健身跑组	65.9	17	32.24 ± 5.45	474.5 ± 166.7	67.26 ± 8.35	1051 ± 379.5
一般老年人组	58.1	9	22.71 ± 6.26	332.5 ± 135.3	55.08 ± 7.39	908.5 ± 489.9
一般成年人组	－	26	33.38 ± 6.8	581 ± 229	69.13 ± 5.48	1211 ± 381

引自：袁家齐，1984。

表 11－15　运动后机体免疫功能的变化

组别	lgG	lgM	lgA	CD4/%	CD8/%	CD4/CD8
运动前	11.6 ± 2.3	1.18 ± 0.45	2.88 ± 0.75	31.85 ± 3.28	29.4 ± 3.62	1.08 ± 0.23
运动后	12.56 ± 3.2	1.22 ± 0.89	3.25 ± 1.17	40.85 ± 4.21	22.85 ± 5.47	1.82 ± 0.22
对照组	11.34	1.09 ± 0.67	2.22 ± 1.13	31.2 ± 2.04	32.7 ± 2.11	0.95 ± 0.16

引自：张勉，2002。

第二节 女子的生物化学特点和运动

女子在身体的解剖结构、各器官系统的功能、代谢能力等方面与男子不同，有其特殊性。因此，应根据女子的身体特点有针对性地安排运动训练和营养恢复。

一、女子的身体发育特点与运动

（一）女子运动系统的特点

与男子比较，女子骨骼短且细，骨密质的厚度薄、坚固性差，重量较轻（比男子轻20%左右），抗弯能力较差（仅为男子的67%）。和男子相比，女子的关节囊和韧带要薄。因此，女子宜从事体操、武术、舞蹈等运动项目，应当谨慎从事举重等运动项目。女子肌肉重量约为身体总重量的32%～35%左右，低于男子（35%～45%）的比例，所以女子肌肉力量较差。女子肌肉生理横断面小，肌肉内含水分、脂肪量较高而含糖量较低。因此，女子从事体育运动时易疲劳而不易恢复。另外，由于性别的差异，女子的速度和耐力素质表现出低于男子的规律。

（二）女子心血管系统的特点

在心脏体积、心容积、血容量、血压、每搏输出量、血红蛋白、红细胞数目等方面，女子均表现出弱于男子的特点。但是心率指标表现出女子高于男子的特点。因此，女子的运氧能力弱于男子（表11－16）。另外，女子体内的碱储备和pH值维持稳定的能力弱于男子，这在一定程度上降低了女子的耐力素质。

表11－16 男女血液循环及心血管系统有关指标的性别差异

指标	男	女
血量占体重的百分比/%	8	7
红细胞数目/（$\times 10^{12}$/L）	4.5～5.5	3.8～4.2
血红蛋白/（g%）	12～15	11～14

续表

指标	男	女
心脏质量/g	272	239
心容量/mL	600 ~ 700	455 ~ 600
心率/（次/min）	60 ~ 70	70 ~ 80
血压/mmHg	110/70	100/70
每搏输出量/mL	50 ~ 70	30 ~ 50

引自：全国体育学院通用教材《运动生理学》，1989。

（三）女子呼吸系统的特点

女子的胸廓、胸围、呼吸差均小于男子，呼吸肌力弱，以胸式呼吸为主。女子的呼吸频率快，肺活量为男子的 69.12%，肺通气量和最大吸气量均小于男子（表 11 - 17、图 11 - 8）。另外，女子的血液运输氧能力差、呼吸和循环机能水平低、基础代谢率较低，所以吸氧量和最大摄氧量皆比男子低。

表 11 - 17　男女呼吸机能的比较

性别	呼吸频率/（次/min）	肺通气量/（L/min）	肺活量/mL	摄氧量/（mL/min）	最大摄氧量（l/min）
男	16 ~ 18	5 ~ 7	3 500 ~ 4 000	180 ~ 250	5 ~ 6
女	18 ~ 20	6 ~ 8	2 500 ~ 3 500	150 ~ 160	3 ~ 4

引自：全国体育学院通用教材《运动生理学》，1989。

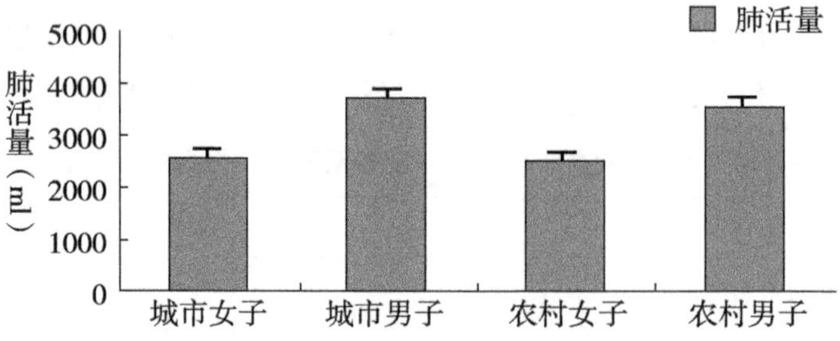

图 11 - 8　18 - 25 岁男女肺活量比较

（引自《中国国民体质监测系统的研究》，2000）

（四）女子基本形态和机能指标的特点

女子的身高较低、骨盆较宽、皮下脂肪较厚、下肢相对较短，因此身体重心较低、稳定性好，女子的坐位体前屈等柔韧性指标比男子好，有助于其进行艺术体操、高低杠、平衡木及自由体操等运动项目。另外，对于肌肉力量指标握力、纵跳，女子显著低于男子，女子在进行力量性运动项目时应注意自身相适宜的原则，适当加强运动项目相关的肌肉力量（表 11－18）。

表 11－18 中国 15～25 岁男女性形态和机能指标比较

项目	男	女
身高/cm	170.5	159.3
体重/kg	63.3	53
小腿长/cm	37.2	34.8
肩宽/cm	38.6	35.0
骨盆宽/cm	27.5	27.3
坐高/身高	54.1	54.3
腿长/身高	45.9	45.7
肩宽/身高	20.9	22
骨盆宽/身高	16.1	17.2
坐位体前屈/cm	11.5	11.1
握力/N	455	280
纵跳/cm	45	29.6
10 m×4 往返跑/s	12.5	14.5

注：依据不同时期中国国民体质研究的结果。

二、女子的物质和能量代谢特点与运动

（一）磷酸原代谢供能系统

女子骨骼肌内 ATP、CP 的浓度大致和男子相同，分别为约 14 mmol/kg 湿肌和

约 16 mmol/kg 湿肌。但是，女子骨骼肌总量少于男子，因此女子骨骼肌内 ATP、CP 的总量低于男子，运动中依靠 CP 再合成 ATP 的能力也低于男子。

（二）糖酵解供能系统

研究证实，女子高强度运动后的血乳酸浓度低于男子，且糖酵解供能系统的酶活性低于男子。因此，女子的糖酵解供能系统的供能能力弱于男子（表 11－19）。另外，女子机体抗酸中毒的能力弱于男子。女子体内的碱储备低于男子，即维持机体酸碱平衡的能力差，导致女子的糖酵解供能系统的供能能力弱于男子。

表 11－19　男女三角肌内糖酵解代谢相关酶活性　　U/g·wm

酶名称	男	女
磷酸己糖异构酶	271.5 ± 70.0	260.3 ± 44.5
丙酮酸激酶	245.5 ± 71.5	233.4 ± 60.0
乳酸脱氢酶	391.0 ± 120.6	329.2 ± 65.0
烯醇化酶	303.6 ± 94.0	238.3 ± 55.0

引自：Haralernbie，1979。

（三）有氧代谢供能系统

女子的有氧代谢酶活性和脂肪储量较男子高（表 11－20），但血红蛋白、最大摄氧量低于男子。因此，女子总的有氧代谢的输出功率低于男子。

表 11－20　男女三角肌内有氧代谢相关酶活性

酶名称	男	女
柠檬酸合成酶	16.45 ± 6.34	16.85 ± 7.6
异柠檬酸脱氢酶	16.16 ± 6.45	17.45 ± 5.10
延胡索酸酶	29.1 ± 10.30	27.4 ± 5.9
苹果本脱氢酶	369.3 ± 97.3	433.0 ± 100.4

引自：Haralernbie，1979。

脂肪是有氧代谢供能的重要能源物质之一，女子在长时间的耐力运动中比男子更依赖脂肪供能。脂肪氧化分解时先水解成甘油和脂肪酸，后者随血液循环供肌肉氧化供能。在长时间的耐力运动过程中，血清 FFA、甘油和酮体的水平变化表现出性别的差异，女子血清游离甘油水平显著高于男子，但血清 FFA 水平则显著低于男子，提示耐力运动过程中女子利用脂肪酸供能的能力高于男子（图 11－9）。因此，女子利用脂肪供能能力较男子强。

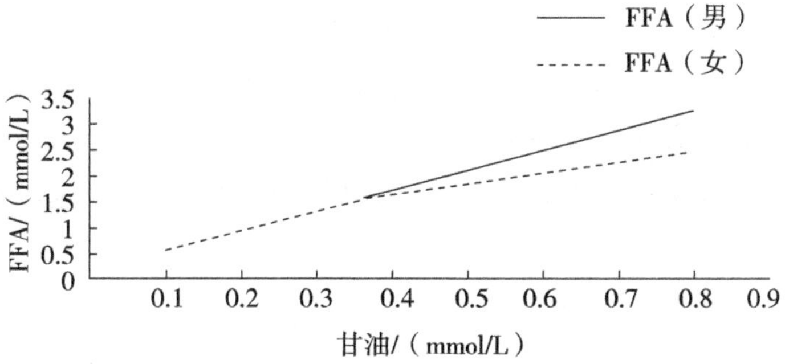

图 11－9　男女运动员耐力运动后血清 FFA/甘油变化

（引自 Berg，1981）

女子的最大摄氧量显著低于男子（表 11－21），说明女子的供氧能力低于男子，导致女子的有氧代谢能力弱于男子。其原因可能是血红蛋白水平、心肺功能存在着明显的性别差异。

表 11－21　不同年龄阶段男女最大摄氧量的正常参考值　mL/kg/min

年龄/岁	男子	女子
20～29	43	36
30～39	42	34
40～49	40	32
50～59	36	29
60～69	33	27
70～79	29	27

引自：Amencan Heart Associarion，1990。

三、运动训练对女子身体机能的影响

（一）运动训练与运动性贫血

运动性贫血的狭义定义是剧烈运动导致的贫血现象。日本学者 Yoshimura（1970）在运动训练与贫血综述一文中首次提出上述概念，该观点也为运动医学界所接受和认可。研究证实，女性是贫血的高发人群，女性运动员是运动性贫血的高发人群。剧烈的运动训练会引起红细胞的破坏增加，导致女运动员红细胞数量下降，血红蛋白浓度降低。

大量研究结果证明，运动训练会导致运动性贫血的出现几率上升。运动训练会导致女运动员铁代谢紊乱，从而使运动员缺铁性贫血在运动性贫血中占有较大的比例。研究发现，加拿大和美国女性运动员的铁营养状态远远低于正常水平，其中 20% ~47% 的女性运动员血清铁蛋白低于 12 μg/L，而与正常男性对照组比较仅为后者的 2% ~13%。因此，防治和延缓女性运动员运动性贫血的发生是提高运动训练效果的关键。

（二）运动训练与女子月经失调

运动性月经失调（Athletic menstrual cycle irregularities，AMI）是女性运动员参加训练后的常见医学问题之一。一般而言，女性运动员月经失调的发生率大约为 30% ~35%，而非运动员月经失调的发生率仅为 4% ~5%。

运动训练的强度和持续时间与运动性月经失调的发生有密切关系。长期高强度大负荷运动训练影响机体正常体重和内分泌系统的平衡。此外，女性运动员在从事竞技比赛时的精神应激和情绪大幅度变化可以影响机体中整体内分泌系统的平衡。女子的月经失调是机体内分泌系统失衡的重要表现之一，其中，运动过程中与月经周期相关激素的代谢失常诱发女子运动性月经失调。

运动性月经紊乱同样包括女性运动员的月经量增多，当月经量超过 60 mL/d，月经持续时间超过 5 d 时，运动员一般会出现缺铁状态。尽管许多研究表明，女运动员铁蛋白降低并没有表现出低血红蛋白和红细胞压积的现象，但运动性贫血是一个由缺铁状态或其它因素引发的渐变过程，铁的缺乏可能正是运动性贫血的先兆。

并且，月经量增多往往被运动员所忽视，40%的女性在80 mL/d的月经量时仍认为自己的月经量正常。因此，女性运动员的月经量过多也是运动性贫血的发生机理之一。

女运动员的继发性闭经也是运动性月经紊乱的主要内容之一。通常，控体重项目女运动员运动性闭经的发生率高于非控体重项目运动员的发病率；长跑、体操、芭蕾舞运动员运动性闭经的发生率高于其它运动项目的女运动员。研究表明，长期运动训练后，女运动员机体内雌激素水平的显著性降低是运动性闭经的重要因素，而女运动员摄入的脂肪和总热量不足可能也是运动性闭经的原因之一。

（三）运动训练与女子骨质疏松症

骨质疏松症是以骨量减少、骨组织显微结构退化为特征，以致骨的脆性增高而骨折危险性增加的一种全身性骨病。并且，女性是骨质疏松症的高发人群。尽管许多运动（尤其是抗阻力运动）可以有效地防治骨质疏松症的发生，但是某些项目的女性运动员也表现出骨密度（Bone mass density，BMD）水平低于同年龄段正常对照组人群的特点。

研究发现，月经紊乱的女性运动员常表现有BMD下降和骨折发生率高于正常运动员的现象，尤其是从事控体重项目的女运动员，月经正常女运动员的骨折发生率为20%左右，而月经紊乱女性运动员的骨折发生率可高达50%以上。女运动员，尤其是长期进行大负荷运动训练的女运动员在表现出BMD相对较低的同时，往往伴随出现内分泌系统的紊乱和饮食紊乱甚至是厌食的情况，这就是女运动员经常出现的“三联症”。

预防骨质疏松症的最终目的是防止骨质疏松症性骨折的发生。并且，防止骨质疏松症的途径包括在骨量增长期提高人体骨量蜂值水平和在骨量减少期减缓人体骨量丢失。因此，女性运动员在进行竞技体育运动训练的同时，应当考虑机体的骨健康问题。

思考：

女性在代谢供能方面有哪些特点？女性运动员在运动训练过程中比较容易出现的问题有哪些？

本章小结

本章从运动系统、心血管系统、呼吸系统、内分泌系统以及物质和能量代谢等几个方面分析了儿童、老年人和女性的生长发育与身体结构的特点，以及代谢方面的特点。在此基础上剖析了儿童、老年人和女性的运动能力特点，最后阐明了针对这3类人群的科学健身运动及其对健康的积极作用。

思考题：

1. 儿童身体生长发育的特点是什么？为什么不适合过早地从事专项力量训练？
2. 儿童物质和能量代谢的特点是什么？
3. 老年人物质和能量代谢的特点是什么？适合老年人的健身运动有什么特点？
4. 女性身体发育的特点是什么？科学健身对女性骨健康有哪些好处？

（崔玉鹏）

参考书目

[1] 王希成. 生物化学 [M]. 北京：清华大学出版社，2005.

[2] 童坦君，李刚. 生物化学 [M]. 北京：北京大学医学出版社，2009.

[3] 冯美云. 运动生物化学 [M]. 北京：人民体育出版社，1999.

[4] 金国琴，等. 生物化学 [M]. 第二版. 上海：上海科学技术出版社，2011.

[5] 张爱芳. 实用运动生物化学 [M]. 北京：北京体育大学出版社，2005.

[6] 查锡良. 生物化学 [M]. 第7版. 北京：人民卫生出版社，2008.

[7] 王元勋，陈永清. 运动生物化学指南 [M]. 北京：人民体育出版社，1990.

[8] 冯连世，冯美云，冯炜权. 运动训练的生理生化监控方法 [M]. 北京：人民体育出版社，2006.

[9] 冯连世，冯美云，冯炜权. 优秀运动员身体机能评定方法 [M]. 北京：人民体育出版社，2003.

[10] 冯炜权，谢敏豪，王香生，等. 运动生物化学研究进展 [M]. 北京：北京体育大学出版社，2006.

[11] Vern Gambetta. 竞技能力的全面发展 [M]. 刘宇，等译. 北京：北京体育大学出版社，2011.

[12] Gray Kamen. 基础运动科学 [M]. 谢申裕，等编译. 台湾：台湾易利图书有限公司，2007.

[13] 孙小礼. 科学方法中的十大关系 [M]. 上海：学林出版社，2004.

[14] 郑集，陈钧辉. 普通生物化学 [M]. 北京：高等教育出版社，2007.

[15] David L. Nelson，Michael M. Cox. 生物化学原理 [M]. 第3版. 周海梦，等译. 北京：高等教育出版社，2005.

[16] 罗纳德·J·莫恩. 运动营养 [M]. 第1版. 北京：人民体育出版社，2005：135.

[17] 谢敏豪，林文弢，冯炜权. 运动生物化学 [M]. 北京：人民体育出版社，2008.

[18] 张蕴琨，丁树哲. 运动生物化学 [M]. 北京：高等教育出版社，2006.

[19] 周爱儒主编. 生物化学 [M]. 第5版. 北京：人民卫生出版社，2001.

[20] R. J. 谢泼德，P. O. 阿斯特拉德. 运动耐力 [M]. 田麦久，许小东，译审. 北京：人民体育出版社，2006.

[21] 林文弢，林建棣，冯炜权. 运动能力的生物化学 [M]. 北京：人民体育出版社，1995.

[22] 雷纳·马滕斯. 执教成功之道 [M]. 第3版. 钟秉枢，等译. 北京体育大学出版社，2007.

[23] 威尔莫尔，科斯蒂尔，凯尼. 运动生理学 [M]. 王瑞元，汪军，译. 北京：北京体育大学出版社，2011.

[24] 郑丕媚，马华梅，苏喆，等. 雌激素与C型利尿钠肽介导的青春期线性生长的关系 [J]. 中国病理生理杂志，2013 (10)：1832-1838.

[25] 陈非. 瘦素与男性青春期发育 [J]. 国外医学. 妇幼保健分册，2002 (4)：177-178.

[26] 曹阳，陈扬熙. 尿中生长激素浓度与青春发育期关系的初步探索 [J]. 华西口腔医学杂志，2001 (5)：325-327.

[27] 潘复平，徐苏恩，张国栋，等. 214名青少年血清生长激素与骨龄及生长突增高峰的相关 [J]. 上海第一医学院学报，1984 (5)：357-360.

[28] 袁其晓. 儿童尿中排出的免疫反应的黄体生成素释放激素样物质与青春发育期相关 [J]. 国外医学. 妇产科学分册，1982 (6)：367.

[29] 福永哲夫，蒋小兵. 体育训练效果和年龄的关系 [J]. 湖北体育科技，1990 (2)：29-32.

[30] 徐向军. 解析遗传对青少年田径运动员运动能力发展的影响 [J]. 西安体育学院学报，2002 (2)：66-67.

[31] 曾凡辉，全志伟，谢琳琳，等. 对青少年最大摄氧量年龄变化规律的研究

与评价［J］. 体育科研，1991（3）：30－37.

［32］G・盖斯尔，陈宝祥. 运动才能的遗传因素［J］. 体育科研，1981（2）：38－39.

［33］林华，马荣. 13～16岁优秀青少年游泳运动员乳酸阈的分析［J］. 山东体育学院学报，2008（1）：45－46.

［34］陈吉棣，陈志民，焦颖，等. 体育运动对人体血液免疫球蛋白影响的研究［J］. 中国运动医学杂志，1983，2（3）：19－23.

［35］陈伟，马琳. 高原训练对优秀女子赛艇运动员血红蛋白，血清睾酮，血尿素和身体成分的影响［J］. 中国体育科技，2008，44（4）：95－99.

［36］张迥，陈瑞克，董素心，等. 少年游泳运动员的免疫功能［J］. 中国体育科技，1983（1）：30－32.

［37］叶超群，康玉华，杨俊卿. 肥胖、耐力运动对单纯性肥胖少年儿童免疫功能的影响［J］. 中国运动医学杂志，2000（1）：45－48.

［38］杜俐，康玉华，叶超群. 耐力运动对单纯性肥胖少儿免疫功能的影响［J］. 北京体育师范学院学报，1998（2）：68－73.

［39］鄢春风，巩俊卿. 老年甲状腺功能减退症56例临床分析［J］. 武警后勤学院学报：医学版，2013（7）：630－631.

［40］刘艳. 甲状腺功能减退症合并心力衰竭的临床观察［J］. 中国医药指南，2013（24）：107－108.

［41］王营营，邹洪斌，张立. 老年慢性肾脏病甲状腺功能低下的研究进展［J］. 中国老年学杂志，2012（3）：641－643.

［42］顾丽燕，张一民，章岚，等. 长期坚持有氧运动锻炼对老年人体质状况影响的调查［J］. 中国运动医学杂志，2001（1）：97－99.

［43］许胜文，王文健，沈自尹. 太极拳对内分泌影响的研究（一）［J］. 中国运动医学杂志，1986（3）：150－151.

［44］陆一帆，王丽丽. 老年体育与健康（一）：老年人的身体心肺功能状态及运动的影响［J］. 北京体育大学学报，2002（1）：66－68.

［45］袁家齐，陈秀芬，杨卫新，等. 慢跑对老年人免疫功能的影响［J］. 中国运动医学杂志，1984（1）：41－43.

[46] 任保莲，许颖丽，陈叶坪．健身跑对老年人淋巴细胞转化率及血清免疫球蛋白的影响 [J]．北京体育大学学报，2006（3）：349－350.

[47] 傅忠义，门建明，朱朝阳．全国跆拳道锦标赛中女运动员血乳酸分析 [J]．解放军体育学院学报，2003（4）：100－101.

[48] 陆兰芬，朱子平．运动员贫血的调查 [J]．中国体育科技，1981（Z1）：21－25.

[49] 郑四勤．国外对运动性贫血的研究 [J]．中国体育科技，1982（20）：33－34.

[50] Blomstrand E, Ekblom B, Newsholme EA. Maximum activities of key glycolytic and oxidative enzymes in human muscle from differently trained individuals [J]. J Physiol, 1986, 381: 111 - 118.

[51] Soderlund K, Hultman E. ATP and phosphocreatine changes in single human muscle fibers after intense electrical stimulation [J]. Am J Physiol 1991; 261: E737 - E741.

[52] Poortmans JR. Principles of Exercise Biochemistry [M]. 3rd revised edition. KARGER, Switzerland, 2004.

[53] Maughan R, Gleeson M, Greenhaff PL. Biochemistry of exercise and training [M]. New Youk: Oxford University Press Inc., 1997.

[54] Tiidus PM, Tupling AR, Houston ME. Biochemistry Primer for Exercise Science [M]. 4th, IL, USA, Human Kinetics, 2012: 77.

[55] Powers SK, Howley ET. Exercise physiology: theory and application to fitness and performance [M]. 8th edition. McGraw - Hill, 2011.

[56] Foss ML, Keteyian SJ. Fox's Physiological basis for exercise and sport [M]. 6th edition. WCB/McGraw - Hill Companies, Inc., 1998.

[57] Miller WC. The biochemistry of exercise and metabolic adaptation [M]. WCB Brown Benchmark, IA, 1992.

[58] Mougios V. Exercise Biochemistry [M]. Human Kibetucs, New Zealand, 2006.

[59] MacLaren D, Morton J. Biochemistry for sport and exercise metabolism [M]. Wiley - Blackwell, 2012.

[60] Creighton TE. Proteins: structures and molecular properties [M]. 2nd edition. New York: W. H. Freeman, 1983.

[61] Mougios V. Exercise Biochemistry, Human Kinetics [M]. 1st edition, 2006.

[62] Viru A, Viru M. Biochemical Monitoring of Sport Training [M]. Human Kinetics, New York. 2001

[63] Maud PJ, Foster C. Physiological assessment of human fitness [M]. New York: Human kinetics, 2006.

[64] Sahlin K, Soderlund K, Tonkonogi M, *et al.*: Phosphocreatine content in single fibers of human muscle after sustained submaximal exercise [J]. Am J Physiol, 1997, 273: C172 - C178.

[65] Gleeson HK, Shalet SM. Endocrine complications of neoplastic diseases in children and adolescents [J]. Curr Opin Pediatr, 2001, 13 (4): 346 -351.

[66] Gleeson HK, Gattamaneni HR, Smethurst L, *et al.* Reassessment of growth hormone status is required at final height in children treated with growth hormone replacement after radiation therapy [J]. J Clin Endocrinol Metab, 2004, 89 (2): 662 -666.

[67] Eronen M, Siren M K, Ekblad H, *et al.* Short- and long-term outcome of children with congenital complete heart block diagnosed in utero or as a newborn [J]. Pediatrics, 2000, 106 (1 Pt 1): 86 -91.

[68] Nottelmann E D, Susman E J, Inoff-Germain G, *et al.* Developmental processes in early adolescence: relationships between adolescent adjustment problems and chronologic age, pubertal stage, and puberty-related serum hormone levels [J]. J Pediatr, 1987, 110 (3): 473 -480.

[69] Tolfrey K, Armstrong N. Child-adult differences in whole blood lactate responses to incremental treadmill exercise [J]. Br J Sports Med, 1995, 29 (3): 196 -199.

[70] Beneke R, Hutler M, Leithauser R M. Carbohydrate and fat metabolism related to blood lactate in boys and male adolescents [J]. Eur J Appl Physiol, 2009, 105 (2): 257 -263.

[71] Eliakim A, Wolach B, Kodesh E, *et al.* Cellular and humoral immune response to exercise among gymnasts and untrained girls [J]. Int J Sports Med, 1997, 18 (3): 208

-212.

[72] Mcmurray RG, Zaldivar F, Galassetti P, *et al*. Cellular immunity and inflammatory mediator responses to intense exercise in overweight children and adolescents [J]. J Investig Med, 2007, 55 (3): 120-129.

[73] Nemet D, Eliakim A, Mills P J, *et al*. Immunological and growth mediator response to cross-country training in adolescent females [J]. J Pediatr Endocrinol Metab, 2009, 22 (11): 995-1007.

[74] Rowland T, Unnithan V, Roche D, *et al*. Myocardial function and aerobic fitness in adolescent females [J]. Eur J Appl Physiol, 2011, 111 (9): 1991-1997.

[75] Rowland TW. The role of physical activity and fitness in children in the prevention of adult cardiovascular disease [J]. Prog Pediatr Cardiol, 2001, 12 (2): 199-203.

[76] Haralambie G, Senser L, Sierra-Chavez R. Physiological and metabolic effects of a 25 km race in female athletes [J]. Eur J Appl Physiol Occup Physiol, 1981, 47 (2): 123-131.

[77] Ward KD, Hunt KM, Berg MB, *et al*. Reliability and validity of a brief questionnaire to assess calcium intake in female collegiate athletes [J]. Int J Sport Nutr Exerc Metab, 2004, 14 (2): 209-221.

[78] Yoshimura H. Anemia during physical training (sports anemia) [J]. Nutr Rev, 1970, 28 (10): 251-253.

[79] Gibson JH, Mitchell A, Reeve J, *et al*. Treatment of reduced bone mineral density in athletic amenorrhea: a pilot study [J]. Osteoporos Int, 1999, 10 (4): 284-289.

[80] Fagan KM. Pharmacologic management of athletic amenorrhea [J]. Clin Sports Med, 1998, 17 (2): 327-341.